Von 0 zur ersten Million

Wie du mehr Geld verdienst und weniger arbeitest

Von Marc Galal

Copyright © 2018 by Marc M. Galal Institut

Alle Rechte vorbehalten. Das Werk darf – auch teilweise – nur mit Genehmigung des Verlages wiedergegeben werden.

Verlag
Marc M. Galal Institut
Lyoner Straße 44-48
60528 Frankfurt
www.marcgalal.com

Druckabwicklung ONE WORLD DISTRIBUTION, Remscheid

ISBN-Nummer: 978-3-00-058780-1

Über den Autor Marc M. Galal

Marc M. Galal ist einer der bekanntesten deutschen Trainer für den Bereich Erfolg und Persönlichkeitsentwicklung sowie Wegbereiter für eine völlig neue Art der Verkaufslinguistik und Verkaufspsychologie. Als Trainer des Jahres, FOCUS Top Coach und einer der Top 100 Erfolgstrainer Deutschlands begeisterte er bereits mehr als 1,9 Millionen Menschen mit seiner nls®-Strategie (neuro linguistic selling®) und seinem umfangreichen NLP-Wissen (Neuro Linguistic Programming).

Das Marc M. Galal Institut gehört zu den führenden Weiterbildungs-Instituten in Deutschland. Mit ISO-zertifizierten Konzepten und geschützten Patenten trainierte Marc M. Galal unter anderem Unternehmen wie Toyota, Renault, Adidas, Bang & Olufsen, AXA und Generali.

Marc M. Galal wurde als NLP-Trainer direkt von Dr. Richard Bandler, dem Begründer von NLP, ausgebildet. Er ist zudem Hypnose-Therapeut und wurde von Frank Farelly in der provokativen Therapie persönlich ausgebildet.

Er lebt mit seiner Frau und seinen zwei Kindern in einer Villa in der hessischen Landeshauptstadt Wiesbaden. Er ist Multi-Millionär und führt heute das Leben, dass er sich erträumt hat.

Doch das war nicht immer so.

Das Verkaufstalent Marc M. Galal wurde 1974 in Stuttgart geboren. Seine Familie war weder reich, noch verfügte sie über große Mittel. Marc M. Galal lernte schon früh, dass er hart arbeiten muss, wenn er etwas erreichen will.

Während seiner Lehre als Groß- und Außenhandelskaufmann konnte er allerdings erst einmal nur „kleine Brötchen backen". Lehrjahre sind ja bekanntlich keine Herrenjahre. Sein Monatsgehalt betrug nach seiner Ausbildung 2.200 DM und er fuhr einen alten klapprigen roten Corsa. Der heute mehrfache Millionär war damals sehr skeptisch gegenüber Menschen eingestellt, die mehr als 5.000 DM im Monat verdienten. Diese Vorstellung schien für ihn utopisch und unerreichbar. Er hatte kein Geld. Doch er wollte mehr. Mehr für sich, sowohl im persönlichen Bereich als auch auf der finanziellen Seite, und mehr für andere. Er wollte sich selbst weiterentwickeln und auch anderen Menschen helfen, das Beste aus sich herauszuholen. Er setzte sich das ambitionierte Ziel, Multi-Millionär zu werden.

Bereits als Jugendlicher machte Marc M. Galal durch sein außerordentliches Durchhaltevermögen, seine Ausdauer und seinen eisernen Willen auf sich aufmerksam und begann, seine Energie in den Sport zu lenken. Das Bodybuilding weckte sein Interesse. Sein Vorbild, Arnold Schwarzenegger, gab ihm durch seine eigene Lebensgeschichte die Motivation, sein Ziel zu verfolgen. 1995 wurde Marc M. Galal mit nur 21 Jahren Vize-Weltmeister in dieser Sportart.

Doch auch außerhalb des Sports wollte der junge Marc M. Galal erfolgreich sein und endlich seine Berufung finden.
Nach dem Bodybuilding entschied er sich für eine Tätigkeit im Import/Export-Geschäft. Er bewarb sich Ende 1995 an der Börse, wurde auch genommen, lehnte allerdings ab. 1996 reiste er nach Dubai, um dort sein eigenes Business aufzubauen. Kurz vor Vertragsabschluss mit seinen Kooperationspartnern – es wartete bereits alles in den Startlöchern – entschied sich Marc anders. Er stand auf seinem Balkon in Dubai und traf die Entscheidung, nicht dem Geld zu folgen, sondern seinem Herzen, seiner Leidenschaft, die Weiterbildungsbranche.

Während dieser Zeit wurde ihm nämlich ein NLP-Buch geschenkt, das sein Denken in eine andere Richtung lenkte. Eine Leseratte konnte man ihn bis zu diesem Zeitpunkt nicht gerade nennen, doch dieses Buch veränderte alles. Es öffnete ihm die Augen und zeigte ihm, was man durch Selbstmotivation, Konditionierung und Programmierung von positiven Glaubenssätzen alles erreichen konnte. Dass man aus seiner Komfortzone aussteigen und über den Tellerrand blicken muss, wenn man wirklich etwas erreichen möchte. Es zeigte, ihm, dass es mehr gibt. Und wenn er dieses „Mehr" haben wollte, dann musste er etwas anders machen. Getreu dem Motto: Wer immer nur das macht, was er schon kann, wird auch immer nur das bekommen, was er schon hat. Er wusste, dass viele Menschen ihrem Glück und Erfolg immer nur hinterherlaufen, und diesen Menschen wollte er helfen. Das Buch gab ihm die Werkzeuge in die Hand, um seinen Erfolgsweg zu starten und seinem Ziel, anderen Menschen dabei zu helfen, sich selbst zu verwirklichen einen Schritt näher zu kommen. Auch sein persönliches Ziel, Multi-Millionär zu werden, verlor er nicht aus den Augen. Er begann, noch mehr Bücher zu lesen und an Seminaren teilzunehmen, um sich weiterzubilden. Er stellte sich zum ersten Mal be-

Richard Bandler (Begründer des NLP, 2004 und 2014)

Frank Farrelly
(Begründer der provokativen Therapie)

Robert Dilts   Stephen Gilligan (Hypno-Therapie)
(Mitbegründer und Weiterentwickler des
NLP)

wusst die Frage: Was kann ich tun, um ganz vielen Menschen zu helfen, dass sie sich selbstverwirklichen?

Die Antwort, und seine Berufung, fand Marc M. Galal in den Seminaren. Er verlor sein Herz an die Weiterbildungsbranche. Dabei bildeten seine Passion, das Verkaufen, das er bereits durch seine Ausbildung kennen und lieben gelernt hatte sowie seine Leidenschaft zum NLP den Ausgangspunkt für seine Karriere.

In ihm reifte der Wunsch, von den Besten der Besten zu lernen und dieses Wissen weiterzugeben. Sein Plan führte ihn in die USA. Um diese Reise und die Weiterbildungs-Kurse dort zu bezahlen, nahm Marc M. Galal einen Kredit über 50.000 DM auf und verschuldete sich damit sehr hoch.

Doch er wollte seinen Plan unbedingt durchziehen und die Urquelle des Wissens finden. Der Mentor von Anthony Robbins, seinem damaligen Vorbild, war Dr. Richard Bandler, der Begründer des NLP (Neuro Linguistic Programming). Marc M. Galal reiste zu Dr. Bandler, um von ihm alles über NLP zu lernen. Einige Jahre später traf er auch Frank Farelly, den Erfinder der provokativen Therapie.

Marc M. Galals Ziel war klar: Er wollte nicht auf seinem Wissenstand stehen bleiben, er wollte immer weiter von den Besten lernen.

Und dieses Wissen wollte er nicht nur für sich nutzen, sondern weitergeben. Er kombinierte die NLP-Methode mit Verkaufssystemen und entwickelte die nls®-Strategie, ein einzigartiges Verkaufskonzept, das alle wichtigen Bereiche des Verkaufsalltags umfasst und es dem Verkäufer ermöglicht, seinen Kunden zu verstehen, in die tiefsten Denkstrukturen der Gesprächspartner einzutauchen, deren Entscheidungsmuster positiv zu beeinflussen, die Bedürfnisse zu befriedigen und ihn zu begeistern.

1999, im Alter von 24 Jahren, arbeitete er als Selbstständiger in Kooperation mit einem Weiterbildungsinstitut. Er stieg dort kometenhaft auf und hatte einen Tagessatz von 8.000 DM. Bestärkt durch diese Erfolge wollte er sein eigenes Unternehmen aufbauen und eine eigene Marke kreieren.

Dabei stieß Marc M. Galal jedoch an seine Grenzen. Er hatte kaum Erfahrung in der Planung und Umsetzung von Seminaren und war total überfordert. Durch diese Einschnitte entstanden negative Glaubenssätze wie „ Ich bin noch nicht gut genug. Ich bin zu jung.", die ihn blockierten und daran hinderten, sein volles Potenzial zu entfalten. Sein Tag bestand aus Ablehnungen und Neins. Sein Umfeld, seine Familie und auch manche Kunden hielten ihn mit 24 Jahren noch für zu jung und unerfahren, um anderen beizubringen, wie man richtig verkauft. Die Zweifel und der Druck zerfraßen ihn fast.

Er saß alleine in seiner kleinen Wohnung, in der er auch sein Büro eingerichtet hatte und erhielt eine Absage nach der anderen. Aufstehen, Anziehen, an den Schreibtisch setzen, Telefonieren – er bekam einen echten Horror vor diesen alltäglichen Dingen. Keine Umsätze, kaum Buchungen, kein Geld – so endete jeder Tag.

Marc M. Galal konnte das alles irgendwann nicht mehr ertragen und verkroch sich voller Selbstzweifel in seinem kleinen Büro. Dann kam der 11. September 2001. Der nächste Schicksalsschlag traf ihn und sämtliche Seminare, die er vorher so mühsam mit Anmeldungen versucht hatte zu füllen, wurden storniert. Er hatte nichts mehr. Vollkommen abgebrannt und pleite musste er sich wieder Geld bei einer Bank leihen. Es dauerte lange, bis er eine Bank fand, die ihm erneut einen Kredit gewährte.

Das Geld nutzte Marc M. Galal jedoch zunächst nicht für neue Investitionen in sein Business. Dieses Geld brauchte er in erster Linie zum Überleben, um seine Miete zu bezahlen und sich etwas zu essen zu kaufen. Diese ganze Situation belastete ihn so stark, dass er 2002 erkrankte und einen Tinnitus bekam. Durch Selbsthypnose und NLP verschwand dieser zum Glück wieder, doch diese Zeit war unheimlich hart für den heutigen Erfolgstrainer und prägte sein komplettes weiteres Leben. Er dachte oft darüber nach, einfach aufzugeben.

Doch eines blieb ihm während dieser harten Lehrjahre erhalten: seine Vision. Marc M. Galal hat nie aufgegeben, an seine Vision zu glauben. All das hat ihn zu dem gemacht, der er heute ist. Er weiß, wie es ist, ganz unten zu sein. Wenn man kein Licht mehr am Ende des Tunnels sieht. Er weiß, wie es ist, vollkommen pleite zu sein und kein Geld mehr für die Stromrechnung, die Miete oder das nächste Mittagessen zu haben. Doch er weiß auch, wie es möglich ist, aus diesem Loch wieder herauszukommen. Wenn Marc M. Galal jetzt wieder dort anfangen würde, wo er vor 20 Jahren war, würde er die Abkürzung zum Erfolg kennen. Er würde keine drei Jahre für diesen Erfolg mehr benötigen. Marc M. Galal ist der beste Beweis dafür, dass man alles schaffen kann, was man sich vornimmt. Er kennt den Weg, wie man von 0 zur ersten Million kommt – ohne Umwege.

Seine Mission und das zahlreiche fantastische Feedback, dass er von seinen Teilnehmern täglich erhält, bestärken ihn darin, mit voller Power und Leidenschaft alles dafür zu geben, die Welt ein Stückchen positiver zu machen. Marc M. Galal möchte, dass die Menschen Ja sagen zu ihrem Leben. Sie sollen den Mut bekommen, das Leben zu leben, das sie sich schon immer gewünscht haben. Sein persönliches Ziel ist es, 5 Millionen Menschen dabei zu helfen, erfolgreicher Designer ihres eigenen Lebens zu werden.

Und mit diesem Buch möchte er auch dir diese Chance geben.

Vorwort

Menschen haben große Träume. Tief in unserer Seele glauben wir, dass wir über eine besondere Gabe verfügen und etwas Besonderes und Einzigartiges bewirken können. Wir haben eine bestimmte Vorstellung über unsere Lebensqualität und unsere Wünsche, die wir gerne erreichen wollen. Doch diese Träume sind für viele von uns im Nebel von Frustration alltäglicher Routine verborgen und deshalb nur noch vage vorhanden. Irgendwie wissen wir nicht mehr, was wir wollen. Oder noch schlimmer, wir haben schlichtweg aufgegeben, unsere großen Träume zu verwirklichen.

Vielleicht ist irgendwann einmal etwas Unerwartetes passiert, ein negatives Erlebnis, eine schlechte Erfahrung, wodurch wir beginnen, an unseren Fähigkeiten zu zweifeln. Dann überlegen wir, ob die Träume nicht doch zu groß sind oder waren und beginnen, sie kleiner zu machen. Wir akzeptieren es und denken, es gibt keinen anderen Ausweg. Diesen schleichenden Prozess nehmen wir möglicherweise gar nicht wahr. Menschen in unserem Umfeld – Eltern, Freunde, Bekannte, Verwandte und Kollegen – geht es möglicherweise genauso. Unsere Welt wird immer kleiner und kleiner. Unsere Vorstellungskraft und unsere Träume werden immer weniger. Unsere Ziele werden immer kleiner. Und letztendlich nehmen wir auch unsere kleinen Ergebnisse hin. Unbewusst beginnen wir zu lernen, dass es nicht möglich ist, seine Träume und sein wirkliches Lebensglück zu erreichen.

Wir lernen unbewusst und bewusst von unserem Umfeld. Ich habe mir die Frage gestellt, warum es erfolgreiche und warum es erfolglose Menschen gibt. Hat es etwas damit zu tun, in wel-

chem Umfeld wir aufgewachsen sind? Hat es etwas mit unserer Schulbildung zu tun? Oder hat es mit irgendwelchen besonderen Ereignissen beziehungsweise Umständen in unserem Leben zu tun? Gibt es so etwas wie Schicksal? Sind wir Opfer unserer Umstände? Oder können wir unsere Träume tatsächlich leben und Designer unseres Lebens werden? Ist es möglich, alles zu erreichen, was man sich erträumt? Hat der Erfolg eines Menschen damit zu tun, ob man tiefsitzende Überzeugungen hat, also unbewusste Programme, oder sind es die Persönlichkeitsmerkmale, die zum Erfolg führen? Gibt es ein Geheimnis für Erfolg? Gibt es eine Erfolgsstrategie?
Im Volksmund wird immer darüber geredet, man werde entweder glücklich oder erfolgreich. Beides gehe nicht! Ist das wirklich so? Entweder hat man immateriellen Reichtum, ist spirituell glücklich aber finanziell arm oder man ist materialistisch erfolgreich und hat viel Geld. Sind dies auch nur Gedankenmodelle, also tief verwurzelte Überzeugungen, die uns unbewusst beeinflussen? Es wird auch immer wieder gesagt, man müsse hart arbeiten, um erfolgreich zu sein. Oder: Die anderen haben's einfach leichter als wir.

Schon immer haben mich diese Fragen beschäftigt. Schon immer wollte ich wissen, was das Geheimnis des Erfolges – und des Glücks – ist? Machen wir doch ein kleines Gedankenexperiment. Stellen wir uns einmal vor, du bist in einer erfolgreichen Familie aufwachsen. Die Familie lebt in einer schönen Umgebung und du bist mehrfacher Millionär, also finanziell frei. Du würdest in eine Privatschule gehen, permanent gefördert werden und deine Familie wäre davon überzeugt, dass man seine Träume leben kann und im Einklang von innerem Reichtum, Glück, Liebe und äußerem Reichtum leben kann. Was für ein Mensch wärst du dann? Genau diesem Traum widme ich dieses Buch.

Ich hatte nicht das Glück, in so einer Familie aufzuwachsen – wie die meisten von uns. Doch ich hatte eine große Vision ...

1

Wie an jedem verflixten Morgen klingelt mein Wecker pünktlich um halb sieben. Müde und erschöpft stehe ich auf. Mein Rücken schmerzt als hätte ich die ganze Nacht Kohlen geschaufelt. Noch im Halbschlaf gehe ich ins Bad. Ich mache den Lichtschalter an und wasche als allererstes mein Gesicht, blicke in den Spiegel und betrachte mich etwas genauer: Die eine oder andere Falte wird langsam sichtbar. Mein Haar war auch schon mal dichter und an den Schläfen färbt es sich langsam grau. Die verkürzte letzte Nacht rächt sich zusehends. Meine Haut ist fahl, unter den Augen habe ich dunkle Ringe, die einen deutlichen Kontrast zu dem leicht blutunterlaufenen Weiß rund um die Iris bilden. Es schwirren immer noch ganz viele Dinge durch meinen Kopf. Privat und in der Firma läuft es gerade nicht so gut. Ich mache mir Gedanken, wie ich die ganze Arbeit überhaupt noch bewältigen soll. Wie kann ich das alles schaffen, was mein Boss von mir verlangt? Ich habe keine Lust und setze mich wie immer unter Druck. Vielleicht sollte ich mich jetzt in diesem Moment einfach nur auf das Wesentliche konzentrieren.

Als ich mir die Zähne putzen will, bemerke ich, dass die Zahnpasta leer ist. Ich spüre, dass mich das schon wieder aufregt, weil ich erst gestern einkaufen war und bereits da nur noch ein paar Cent im Geldbeutel hatte. Schon wieder etwas vergessen und mein Geld wird knapp. Genervt quetsche ich die Zahnpastatube, so als würde ich jemanden würgen. Auch eine Art, mit der merklich angespannten Situation umzugehen. Zurzeit nervt mich so vieles in meinem Leben. Leider wird es durch meine Überreaktion auch nicht besser. Mit dem letzten kläglichen Rest der Zahnpasta putze ich mir die Zähne, springe schnell unter die Dusche und ziehe mich an.

Wie jeden Morgen nehme ich den Bus und fahre zum Frankfurter Hauptbahnhof. Es ist mittlerweile fast acht Uhr, es sind viele ruhelose, scheinbar schwer beschäftigte Menschen unterwegs – alle strömen in den Hauptbahnhof hinein. Die meisten von ihnen wirken gestresst. Viele laufen schnellen Schrittes zu ihrem Zug und werfen dabei einen gehetzten Blick auf ihre Uhr. Ich stehe bereits am Bahngleis und warte auf meinen Zug, der sieben Minuten nach acht kommen soll. Wie immer begegne ich dort den gleichen Menschen, die ebenfalls ungeduldig auf den Zug warten. Die eine oder andere Person kennt man schon länger vom Sehen, aber ich glaube, keiner hat je mit dem anderen gesprochen. Die meisten Wartenden beschäftigen sich mit ihrem Handy. Manchmal treffen sich für einen kurzen Moment die Blicke der Handy-Junkies, aber dann starrt jeder wieder schnell zurück auf sein Display. Ich schaue mich betont langsam um und sehe nur Menschen, die in sich gekehrt sind. Vielleicht sind sie ja gedanklich bereits im Büro. Oder sie überlegen sich, was sie ihrer Frau heute Abend erzählen, wenn es wieder einmal später wird. Wirklich glücklich wirkt hier am Bahngleis keiner.

Bei meiner ungeplanten Beobachtungstour fällt mir ein Mann in einem schicken Nadelstreifenanzug auf, der ein leichtes Schmunzeln im Gesicht hat, als er ebenso wie ich das Geschehen betrachtet. Ich frage mich, warum er so verschmitzt lächelt? Hier gibt's doch wirklich nichts zu grinsen! In diesem Moment fährt mein Zug in den Bahnhof ein. Ich werfe noch einen letzten Blick auf die merkwürdige Frohnatur. Kein Irrtum möglich, der Mann lächelt immer noch. Merkwürdig. Kopfschüttelnd steige ich in den Zug.

Im Zug bleibt wie immer jeder nur für sich. Auch hier spielen viele gelangweilt mit dem Handy. Ein junger Anzugträger blättert in einer Wirtschaftszeitschrift, ein anderer Mann liest sichtlich gespannt in einem Buch. Ich habe den Eindruck, dass einige im Zug gedanklich in sich vertieft sind und einige andere sich noch ein Schläfchen gönnen, bevor die Hektik des Büros sie – wie jeden Tag – einholt. Ich versuche, schnell einen Sitzplatz zu erhaschen, an dem sich möglichst wenig Menschen befinden. Sobald ich eine ruhige Ecke gefunden habe, setze ich mich erleichtert hin.

Beim Blick in die Runde entdecke ich, dass der Mann mit dem Nadelstreifenanzug ebenfalls im Zug ist. Noch immer hat er dieses Schmunzeln im Gesicht. Ich frage mich, warum er wohl so gut gelaunt ist? Was ist der Grund seines Grinsens unter all den introvertierten, griesgrämigen Menschen? Doch allzu schnell schweifen meine Gedanken wieder zur Arbeit ab. Ich stelle mir vor, was alles auf meinem Schreibtisch liegt und was alles erledigt werden muss. Diese Gedanken lenken mich so sehr ab, dass ich fast meinen Ausstieg am Zielbahnhof verpasse. In letzter Minute hetze ich aus dem Zug und gehe zu meiner Arbeitsstätte. Zwei Kreuzungen und einmal abbiegen später bin ich nach fünf Minuten Fußmarsch an der Eingangstür meines Arbeitgebers angekommen.
Ich arbeite in einem mittelständischen Unternehmen als Sachbearbeiter für den Export. Die Arbeit stapelt sich und es muss wie immer alles ganz schnell gehen. Kaum angekommen, versuche ich sofort den Ansprüchen zu genügen und meine Arbeit fehlerfrei so schnell wie möglich zu erledigen. In diesem Moment kommt mein Vorgesetzter zu mir und sagt: „Leon, hier ist dir leider ein Fehler unterlaufen. Bitte korrigiere ihn und arbeite zukünftig konzentrierter, damit so etwas nicht wieder

passiert." Ich denke: Sieht er denn nicht, was ich hier alles Tag für Tag leiste? Jetzt kommt er mir mit solch einer Kleinigkeit und bauscht alles auf. Statt mich auf den banalen Fehler hinzuweisen, könnte er mich für die vielen gelungenen Dinge eher mal loben. Aber dazu sagt eh keiner etwas. Das ist hier alles selbstverständlich! So plötzlich wie der Chef an meinem Schreibtisch stand, so plötzlich ist er wieder verschwunden. Leicht niedergeschlagen stürze ich mich in meine Arbeit.

Bei all den Aufgaben vergeht der Arbeitstag wie im Flug. Noch eine kurze Besprechung am späten Nachmittag, dann ist mein Bürojob auch schon zu Ende und ich fahre nach Hause. Unterwegs hole ich mir meine fehlende Zahnpasta aus dem nahegelegenen Supermarkt. Zu Hause angekommen, setze ich mich auf meine Couch und schalte den Fernseher an, um mich dumpf berieseln zu lassen. Doch irgendwie geht mir der Mann mit dem Nadelstreifenanzug nicht aus dem Kopf. Warum hat er die ganze Zeit gelächelt? Er schien irgendwie glücklich zu sein. Um ihn herum waren alle gestresst und genervt, er allerdings nicht. Warum!? Meine Gedanken schweifen wieder zu irgendwelchen belanglosen Dingen des Lebens ab. Im Fernsehen läuft ein Krimi, so dass ich abgelenkt bin. Irgendwann übermannt mich die Müdigkeit, und ich gehe zu Bett. Es ist schon wieder sehr spät geworden.

Am nächsten Morgen fahre ich mit dem Bus zum Frankfurter Hauptbahnhof. Und wieder fällt mir der Mann von gestern ins Auge. Diesmal hat er zwar einen anderen, dunkelblauen Anzug an, aber seine Mimik ist dieselbe. Er wirkt auf mich sehr charismatisch und so, als ob er etwas wüsste, was kein anderer weiß. So als ob er einen Plan des Lebens hätte. Ich frage mich, was er wohl anders macht als ich? Der Zug kommt und ich steige ein. Neugierig beobachte ich den Mann, der seit gestern mein Interesse geweckt hat. Aus einer eleganten schwarzen Aktentasche nimmt er ein Buch heraus und beginnt zu lesen. Aber auch das macht er anders als alle anderen um uns herum. Irgendwie liest er anders, mit Leichtigkeit und Neugierde. Ich kann sehen, dass er sich Notizen am Buchrand macht. Und dann kommt auch schon wieder mein Zielbahnhof. Fast hätte ich ihn verpasst.

Auch dieser Tag hat ein Ende. Und wieder mache ich abends den Fernseher an und lasse mich berieseln. Dabei nehme ich mir vor, den lächelnden Mann am nächsten Morgen anzusprechen. Doch der nächste Tag verläuft anders als geplant. Als ich morgens wie immer zum Bahnhof komme, ist der mysteriöse Mann nicht da. Auch im Zug kann ich ihn nirgends entdecken. Irgendwie macht mich das traurig. Es schien so, als ob er das Geheimnis des Lebens hätte, und ich habe es mit ihm verpasst.

„Typisch Leon", sage ich zu mir selbst, „Du versäumst halt jede Gelegenheit." Ich gehe zur Arbeit und hetze wie gewohnt von einer Aufgabe zur nächsten, bis auch dieser Tag vorbei ist. So geht es tagein und tagaus. Ich komme mir vor wie in einem schlecht funktionierenden Hamsterrad! Und ich bin der dicke Hamster, der alles am Laufen hält. Aber das bringt mich nicht davon ab, auch an den nächsten Tagen immer wieder Ausschau nach dem Mann zu halten. Er scheint jedoch spurlos verschwunden.

Es vergehen zwei Wochen ohne merkliche Änderungen. Der Alltag ist ein graues Einerlei, das mich gänzlich zu verschlucken droht.
Als ich das Erlebte fast schon für einen Traum halte, sehe ich den charismatischen Mann eines Morgens wieder am Bahn-

steig auf den Zug warten. Wieder lächelt er und wirkt innerlich glücklich. Ich sage zu mir selbst: „Leon, das ist deine Chance, nutze sie!" Es gibt nur ein gravierendes Problem: Ich bin menschenscheu und traue mich nicht, irgendjemanden und noch dazu einen völlig Fremden, einfach so anzusprechen.

Noch heute bin ich über mich selbst erstaunt. Aber ich habe es tatsächlich geschafft, meinen ganzen Mut zusammenzunehmen, auf den Mann zuzugehen und ihn zu fragen: „Waren Sie auf Geschäftsreise? Ich habe Sie die letzten Wochen gar nicht im Zug gesehen." Er antwortet mir mit einem kurzen und knappen „Ja". Allerdings lächelt er mich, wie sollte es auch anders sein, dabei freundlich an. Daraufhin setze ich zu einem Gespräch an: „Ich habe mal eine blöde Frage", doch er unterbricht mich und sagt zu mir: „Es gibt keine blöden Fragen, es gibt nur blöde Antworten. Doch was ist Ihre Frage?" „Ich habe Sie beobachtet und mir ist aufgefallen, dass Sie, während Sie auf den Zug warten, immer wieder grinsen und innerlich ausgeglichen wirken. Nicht wie alle anderen Menschen hier, die immer genervt und gestresst sind. Warum ist es bei Ihnen anders?" Er antwortet mir: „Warum nicht? Was hindert Sie daran, glücklich zu sein?"

So eine blöde Frage! Doch was hat er gerade gesagt? Es gibt keine blöden Fragen, nur blöde Antworten. Ehe ich länger darüber nachdenken kann, bricht es aus mir heraus:
„Ja, da habe ich viele Gründe!", antworte ich ihm. „Jeden Tag der gleiche Mist, eigentlich gefällt mir mein Job nicht und außerdem verdiene ich zu wenig für das, was ich leiste. In meiner Freizeit habe ich keine Lust, etwas zu unternehmen, mit wem auch, meine Freunde haben ja schon alle Familie. Da passe ich irgendwie nicht mehr dazu."

Anstatt mir darauf zu antworten, sagt er: „Ich heiße Felix – wie heißt du, wenn es für dich okay ist, dass wir uns duzen?" Ich antworte: „Ja, das ist okay. Ich heiße Leon." Felix fragt mich noch einmal: „Was hindert dich daran, glücklich zu sein?"

Der Zug trifft im Bahnhof ein, wir steigen ein und suchen uns zwei nebeneinanderliegende Sitzplätze. Mir geht seine Frage nicht aus dem Kopf. Sobald wir sitzen, frage ich nach: „Was genau meinst du, Felix, mit der Frage ‚Was hindert dich daran, glücklich zu sein?' Das hört sich so an, als ob wir eine Wahl hätten?". Felix blickt mir kurz in die Augen und sagt: „Leon, wir haben immer eine Wahl. Du könntest zum Beispiel kündigen und etwas tun, was dich wirklich glücklich macht." Ich antworte ihm: „Das ist doch ein Scherz, Felix? Ich bin seit acht Jahren in einer Festanstellung. Das schmeißt man nicht so einfach weg. Eigentlich geht es mir ja ganz gut." „Ja eigentlich, Leon", kommentiert Felix. „Du bist nicht wirklich glücklich in deinem Job." Ich erwidere: „Ja schon aber, wenn das alles so einfach wäre. In der momentanen Arbeitslage einen geeigneten Job zu finden, der auch einigermaßen gut bezahlt wird, ist nicht so einfach!" Aber so leicht gibt er nicht auf: „Leon, du sagtest mir gerade, dass du nicht glücklich bei deiner Arbeit bist und du eigentlich zu wenig Geld dafür bekommst. Also was hindert dich daran, glücklich zu sein?"

Irgendwie fühle ich mich genervt und denke: Er versteht meine Situation nicht. Ihm geht es einfach besser. Aber irgendwie bin ich neugierig, was genau er mit dem Satz meint. Und dann kommt meine Haltestelle. Ich nehme meine Tasche und sage zu Felix: „Ich muss leider schon gehen. Bist du morgen früh auch wieder am Hauptbahnhof?" Felix antwortet: „Ja, bis morgen dann, Leon. Und denk über die Frage nach ‚Was hindert dich daran, glücklich zu sein?'" Wir sehen uns noch einen Augenblick an, bevor ich mich umdrehe. Mit schnellem Schritt gehe ich zur Tür, um gerade noch rechtzeitig aus dem Zug zu steigen, bevor sie sich wieder schließt. Ich frage mich, wohin Felix jetzt wohl fahren wird?

Ganz automatisch schlage ich den Weg zur Arbeit ein und denke dabei über den Satz nach, den Felix zu mir gesagt hat. Während ich so in Gedanken versunken bin, merke ich, dass ich viel langsamer gelaufen bin als sonst. Die Frage spukt in meinem Kopf herum wie ein nervender kleiner Geist. Was hindert mich daran, glücklich zu sein? Gedankenverloren komme ich zu spät zur Arbeit. Am Schreibtisch angekommen, sagt mein Chef als allererstes zu mir: „Leon, du bist schon wieder zu spät!" Ich denke mir nur: Schon wieder? Was meint er damit? Ich komme doch eigentlich nie zu spät. Tatsächlich habe ich aber überhaupt keine Zeit, mir länger Gedanken über seine Bemerkung zu machen, schließlich wartet eine Menge Arbeit auf mich. Und so vertiefe ich mich sofort in meine Mühsal.

Nach einer Weile, es ist schon später Vormittag, sehe ich meine von mir geschätzte Arbeitskollegin Maggie aus dem Büro des Vorgesetzten herauskommen. Sie hat leichte Tränen in den Augen. Schnell geht sie in ihr Büro und schließt hektisch die Tür hinter sich. Ich denke: Sie hat vielleicht einen Fehler gemacht und unser Vorgesetzter war wieder einmal wenig einfühlsam. Kurze Zeit später erzählen mir andere Kollegen brühwarm, dass Maggie, die seit sechs Jahren für das Unternehmen arbeitet, gekündigt worden ist. Das Unternehmen muss Stellen abbauen, um die Kosten zu senken. Irgendwie habe ich jetzt auch Angst um meinen Arbeitsplatz und beginne noch zügiger zu arbeiten. Ich sage zu mir selbst: „So schnell kann es gehen und plötzlich hat man keinen Job mehr. Ob Maggie bald einen neuen Arbeitsplatz finden wird?"

Aber nicht nur ich mache mir Sorgen. Ich bemerke schnell, dass es meinen anderen Kollegen ähnlich ergeht. Diesmal zieht mein Arbeitstag in Windeseile vorbei, weil ich mich auf meine verschiedenen Aufgaben voll konzentriere. Auf dem Weg nach Hause denke ich noch mal über den ganzen Tag nach. In meiner Wohnung angekommen, kann ich nicht wie sonst einfach den Fernseher anschalten. Mir kommt Maggie in den Sinn und ich merke, dass sie mir leidtut. Und ich denke an Felix, der mich permanent gefragt hat: „Leon, was hindert dich daran, glücklich zu sein?" Felix hatte doch keine Ahnung, wie schwer es war, einen Job zu finden. Und dass es nun mal nicht hilft zu träumen. Letztendlich muss man einfach durchhalten, auch wenn es einem keinen Spaß macht. Ich denke: Wie viele Menschen haben keinen Spaß an ihrem Job? Ich bin doch nicht der einzige Mensch auf der Welt, der keinen Traumjob hat. Es gibt ganz viele Menschen, die nicht zu 100 Prozent von ihrem Job begeistert sind. Man muss es einfach hinnehmen.

Es ist schon spät und ich gehe zu Bett, jedoch kann ich diesmal nur sehr schwer einschlafen. Immer wieder schießen mir die Bilder von Maggie durch den Kopf. Ich sehe sie mit Tränen in den Augen zu ihrem Arbeitsplatz gehen. Sie fürchtet sich bestimmt und hat Angst vor der Zukunft. Irgendwann bin ich scheinbar dann doch eingeschlafen.

Am nächsten Morgen stehe ich wie gewohnt um halb sieben auf, beschließe aber, früher zum Bahnhof zu fahren, um Felix zu treffen. Ich erreiche den Bahnhof 15 Minuten früher, doch er ist nicht da. Ich möchte ihm berichten, dass glücklich sein nicht so einfach ist, wie er sich das vorstellt und ihm beweisen, dass man nicht einfach so eine Wahl hat und im Leben machen kann, was man will. Nachdem ich mir alles gedanklich zurechtgelegt habe, kommt Felix auch schon um die Ecke. Natürlich mit einem leichten Grinsen im Gesicht und wie immer ist er sehr elegant gekleidet. Er hat eine Ausstrahlung, die mich fasziniert und immer wieder anzieht. Er wirkt, als wäre er sich seiner Sache einfach sicher. Es scheint von ihm alles nicht nur so dahingesagt, sondern er ist wirklich zu 100 Prozent davon überzeugt, dass er eine Wahlmöglichkeit in seinem Leben hat. Und er vermag tatsächlich genau das Leben zu führen, das er sich wünscht.

Lächelnd reicht er mir seine Hand. „Guten Morgen Leon, hast du über den Satz nachgedacht? Und hast du eine Antwort gefunden?", fragt er mich amüsiert. „Guten Morgen Felix, ja und nein." „Hat dich etwas beschäftigt?" „Ja Felix, so war es tatsächlich. Gestern bei der Arbeit ist eine Kollegin, die seit sechs Jahren in unserem Unternehmen tätig ist, gekündigt worden, weil Kosten eingespart werden müssen. Ehrlich gesagt, mache ich mir momentan einfach nur Sorgen um meinen Job."

Felix fragt: „War die Arbeitskollegin denn glücklich mit ihrer Stelle?" Ich wusste, dass Maggie eigentlich nicht glücklich an ihrem Arbeitsplatz war. „Nein, nicht so ganz, aber sie braucht eine sichere Festanstellung, weil sie alleinerziehende Mutter ist." Felix sagt daraufhin: „Siehst du Leon, es kann ihr nichts Besseres passieren. Sie wird nun vom Leben gezwungen, einen neuen Job zu suchen. Und es liegt jetzt an ihr, ob sie das Gleiche wie bisher macht und einfach nur einen Job sucht, mit dem sie Geld verdient. Oder ob sie sich einen Job sucht, der sie wirklich erfüllt und mit dem sie glücklich ist. Erkennst du den Unterschied, Leon? Sie hat jetzt eine Wahl und du hast diese Wahl auch, was du aus deinem Leben machst."

2

In der Zwischenzeit fährt unser Zug im Bahnhof ein. Wir steigen ein und suchen uns wieder einen Platz, an dem wir uns gemeinsam hinsetzen können. Langsam wendet sich Felix mir zu, sieht mir tief in die Augen und sagt: „Leon, was hindert dich daran, wirklich glücklich zu sein? Die meisten Menschen haben große Angst, Angst zu versagen oder Angst, nicht gut genug zu sein. Und diese Angst lähmt uns, uns unsere Wünsche wirklich zu erfüllen. Die meisten Menschen übernehmen nicht die Verantwortung für ihr Leben, für ihr Dasein. Menschen schieben die Verantwortung gerne vor sich hin oder von sich ab. Immer ist ein anderer Schuld, niemals sie selbst. Sobald du die volle Verantwortung für dein Leben übernimmst, erhältst du wirklich Kontrolle und Macht über dein Leben. Die erste Lektion, die du lernen solltest, ist, die Verantwortung für dein Leben zu 100 Prozent anzunehmen."

Während Felix mir diese mächtigen Worte mit tiefer Stimme und ernstem Blick offenbart, beginnt mein ganzer Körper darauf zu reagieren und ich bekomme Gänsehaut. Was meint er mit Verantwortung? Ich trage doch die Verantwortung für mein Leben. Oder hat Felix tatsächlich Recht, dass ich meine Verantwortung, glücklich zu sein, abgegeben habe und nun Angst habe, Fehler zu machen? Traue ich mich nicht, mein Leben selbst in die Hand zu nehmen? Felix hält sich mit weiteren Äußerungen merklich zurück, um seinen Worten noch mehr Nachdruck zu verleihen und ermöglicht mir, kurz darüber nachzudenken. Aber dann überrascht er mich mit einer Geschichte.

„Weißt du Leon, das erinnert mich alles an eine junge Frau, die ich mal kannte. Die junge Frau war sehr verliebt und begehrte einen jungen Mann aus der Nachbarschaft. Sie wusste nicht, wie sie ihn ansprechen sollte. Sie wusste auch nicht, was sie zu ihm sagen sollte. Also beriet sie sich mit ihrer Freundin. Rein zufällig hatte die Freundin mitbekommen, dass der begehrenswerte junge Mann gerne Fußball spielt. Etwas, was der jungen Frau gar nicht lag. Trotzdem riet sie ihr, sie solle mit ihm über Fußball reden und Interesse heucheln. Der jungen Frau war bei diesem Gedanken unwohl, aber vertraute auf ihre erfahrene Freundin. Eines Morgens ging die junge Frau aus ihrem Haus und traf den Mann, den sie so begehrte. Sie nahm all ihren Mut zusammen und sprach ihn an und fragte, was er heute noch so vorhätte. Er erzählte ihr, dass er mit Freunden zum Fußball spielen gehen wollte. Die junge Frau befolgte den Rat ihrer Freundin und tat so, als ob ihr Fußball sehr gefallen würde. Sie sagte, dass das ein toller Mannschaftssport sei. In welcher Position spielst du?', fragte sie ihn. Verwundert antwortete er ihr: ‚Ich bin Stürmer.' Auch ihm war die junge Frau schon aufgefallen und auch er hatte sich bereits über sie erkundigt. So gerne er der jungen Frau glauben wollte, so sehr musste er mit der Enttäuschung kämpfen. Schließlich hatte er schon längst gewusst, dass sie Fußball so gar nicht mochte. Die Beziehung war beendet, bevor sie begonnen hatte. Der junge Mann merkte also schnell, dass sie nur versucht hatte, ihm irgendetwas vorzumachen. Das alles hat letztendlich dazu geführt, dass der junge Mann von ihr Abstand genommen hat und die junge Frau enttäuscht über sich selbst zurückblieb. Bildlich gesehen war das ein Eigentor."

Felix erklärt mir weiter: „Hätte die junge Frau die Verantwortung nicht abgegeben und selbstständig entschieden, hätte sie die

Kontrolle und Macht über ihr Leben gehabt. So konnte die junge Frau immer wieder sagen ‚Meine Freundin war schuld'. Die meisten Menschen neigen dazu, die Verantwortung über ihr Leben abzugeben, weil sie dann einen Schuldigen haben und nicht selbst schuld an ihrem Versagen sind. Sobald du, Leon, die volle Verantwortung für dein Leben übernimmst, erhältst du auch die volle Kontrolle und Macht über dein Leben. Wenn du aber die Verantwortung abgibst, dann akzeptierst du den Kontrollverlust über dein Leben, suchst die Schuld bei anderen und bist nie um Ausreden verlegen. Die Medaille hat zwar immer zwei Seiten, aber dafür hast du eine Medaille."

Noch in Gedanken versunken, merke ich plötzlich, dass ich den Zug verlassen muss – meine Haltestelle ist gekommen. Viel zu früh, zumindest dann, wenn ich mich so intensiv mit Felix unterhalte. „Felix ich muss leider aussteigen. Ich danke dir für das tolle Gespräch und ich würde sehr gerne öfter mit dir reden!" Als ich ihm meine Visitenkarte reiche, kommt mir die Frage wie selbstverständlich über die Lippen: „Wollen wir nicht mal miteinander einen Kaffee trinken gehen? Dann haben wir mehr Zeit." Felix antwortet wohlwollend: „Ja, sehr gerne Leon, wenn ich dir dabei helfen kann, dass du glücklicher wirst im Leben! Du musst mir nur ein Versprechen geben." „Was für ein Versprechen?", frage ich ihn verwundert. „Das werde ich dir zu einem späteren Zeitpunkt erklären. Lass uns doch heute am späten Nachmittag telefonieren."
Ich verlasse eilig den Zug und mache mich auf den Weg zum Büro. Und während ich schnellen Schrittes zur Arbeit hetze, schwirren all die neuerworbenen Gedanken, die mir Felix implantiert hat, durch meinen Kopf. Bei der Arbeit angekommen, gehe ich sofort an meinen Schreibtisch und stürze mich in die Arbeit.

In meiner Mittagspause treffe ich an der Imbissbude zufällig meinen Kollegen Michael. „Leon, wusstest du eigentlich, dass Maggie selbst Schuld hat, dass ihr gekündigt wurde?" „Warum? Wie kommst du denn darauf?" „Ihr wurde vor drei Wochen von ihrem Vorgesetzten eine Weiterbildung im Bereich Projektmanagement empfohlen. Sie wollte sich noch Gedanken darüber machen, ob sie diese Weiterbildung wirklich angehen will. Ich habe mitbekommen, dass sie mit einem Kollegen darüber geredet hat und dieser hat ihr abgeraten: Sie bräuchte doch bei ihrer jetzigen Tätigkeit gar keine Weiterbildung im Projektmanagement. Daraufhin hat Maggie die Weiterbildung abgelehnt, mit der Begründung, mit ihrer jetzigen Tätigkeit hoch zufrieden zu sein. Es wäre eh zu zeitintensiv. Anscheinend schloss ihr Vorgesetzter daraus, dass Maggie nicht bereit sei, sich weiterzuentwickeln. Zwei Wochen später musste ihr Chef eine Kündigung aufgrund innerbetrieblicher Umstrukturierung aussprechen. Er hat sich entschieden, sich von Maggie zu trennen, weil sie unflexibel ist." Ich bin verwundert und bestürzt zugleich. „Willst du damit etwa sagen, hätte Maggie dieser Weiterbildung zum Projektmanagement zugestimmt und nicht auf ihren Kollegen gehört, dann hätte sie ihren Job noch?"

Ich bin plötzlich wie versteinert und schockiert – aber nicht schockiert über diese Situation, sondern darüber, dass Felix Recht hatte. Sobald ich meine Verantwortung für meine Entscheidungen anderen übertrage und nicht auf mein Bauchgefühl höre, gebe ich die Kontrolle über mein Leben ab.

Ich weiß nicht, warum ich jetzt erst verstehe, was es bedeutet, die Verantwortung seines Lebens auf andere Menschen zu übertragen. Und warum fielen mir gerade jetzt diese Dinge auf? Gab es vielleicht auch früher schon solche misslichen Situationen, in denen einer seine Verantwortung abgegeben hatte und mir war es nur noch nie aufgefallen?

Gut gesättigt und nach dem aufreibenden Gespräch mit Michael kehre ich an meinen Arbeitsplatz zurück. Dort angekommen, nimmt die Arbeit ihren Lauf und ich konzentriere mich stärker als sonst auf meine Tätigkeit. Das lenkt mich zumindest etwas von den schwierigen Themen ab, die mich derzeit beschäftigen. Doch so sehr ich mich bemühe, irgendwie geht mir die ganze Zeit über das Gespräch mit Felix im Zug nicht aus dem Kopf.

Was mir wirklich merkwürdig vorkommt, ist die Tatsache, dass es mir erst jetzt auffällt, wie die meisten Menschen ihre Verantwortung weggeben, um nicht für mögliche Fehler selbst geradestehen zu müssen. Ich frage mich, ob ich meine Verantwortung für mein Leben abgegeben habe? Habe ich die Verantwortung dafür, glücklich zu sein, von mir geschoben?" Ich unterbreche mein Gedankenkarussell und sage im Stillen erneut zu mir, dass ich mich jetzt auf meine Arbeit konzentrieren muss.

Der Klingelton meines Handys reißt mich abrupt aus meinen Überlegungen. Felix ist am Telefon. „Hallo Felix", sage ich, „Wie verlief dein Tag bis jetzt?" „Alles bestens!", erwidert er und kommt sofort zur Sache: „Wann wollen wir uns treffen? Heute Abend oder am morgigen Samstag – ich habe frei." „Hast du denn morgen Zeit? Wäre mir lieber", werfe ich ein. „Ja", antwortet Felix, „besuche mich doch in meinem Haus, morgen um zwölf Uhr. Ich sende dir nachher meine Adresse zu. Hast du Lust, Leon?" „Ja, sehr gerne. Ich freue mich darauf, ich habe dir viel zu berichten. Ich hatte eine Erkenntnis und ich danke dir jetzt schon für die tollen Gespräche, die wir bis jetzt geführt haben. Du hast meine Augen geöffnet! Ich sehe die Dinge jetzt anders!"

„Das freut mich sehr", sagt Felix, „und ich freue mich darauf, dich morgen um zwölf Uhr bei mir zu Hause zu treffen. Bis morgen Leon, ich muss weiter." Ich lege mein Handy langsam wieder auf den Schreibtisch. Dabei fällt mir auf, dass ich gar nicht weiß, was Felix beruflich macht. Wir haben auch nicht über meinen Job gesprochen. Die ganze Zeit haben wir uns nur über das Leben unterhalten. Jetzt bin ich neugierig, wie Felix lebt. Welchen Beruf übt er aus und lebt er allein? Die Zeit heute ist nur so dahingeflossen. Es ist schon sechs Uhr abends, also packe ich meine Sachen und fahre nach Hause.

Während meiner Heimfahrt erhalte ich von Felix eine SMS mit seiner Adresse. Zu Hause angekommen, will ich mir erst einmal etwas zu essen machen. Ich gehe in die Küche zu meinem Kühlschrank, öffne diesen und sehe, dass er fast leer ist. Ich nehme mir vor, morgen bevor ich zu Felix fahre, unbedingt einkaufen zu gehen. Zum Glück finde ich im Gefrierfach meines Kühlschranks noch eine tiefgefrorene Pizza. Ich versuche mithilfe meines Backofens, die Tiefkühlpizza akzeptabel zuzubereiten. Bei einem Glas Wasser denke ich noch einmal über das gesamte Gespräch mit Felix nach. Darüber, dass ich die Verantwortung über mein Leben habe, dass ich verantwortlich für meinen Erfolg bin und nicht die Konjunktur, dass ich verantwortlich für meine Zufriedenheit und Erfüllung meiner Wünsche bin und nicht darauf warten muss, dass plötzlich oder vielleicht irgendwann einmal alles besser wird.

In der Küche duftet es wie bei meinem Lieblingsitaliener. Gierig nehme ich die Pizza aus dem Backofen heraus, setze mich an den Küchentisch und beginne zu essen. Meine Gedanken kreisen um Felix, wie er mich fragte: „Was hindert dich daran, glücklich zu sein?" Er erwähnte im Zug, dass die meisten Menschen das Ziel ihrer Träume nicht erreichen, weil sie Angst haben zu versagen. Eine ständige Angst, nicht gut genug zu sein. Auch darüber denke ich kauend nach. Nachdem ich meine Pizza zu Ende gegessen habe, räume ich auf und mache ein wenig sauber. Mein eigenes Leben kommt mir dabei in den Sinn.

Ich lebe allein in einer Sechzig-Quadratmeter-Wohnung – seit mehr als fünf Jahren. Mit 42 Jahren im besten Alter, unverheiratet, Single und meine Freunde kann man an fünf Fingern abzählen. Ich zweifle an meiner Existenzberechtigung, weil ich eigentlich nicht viel erreicht habe. Ich arbeite seit acht Jahren in derselben Firma und es gibt keine Aufstiegschancen, das Gehalt ist dürftig. Wenn ich mein Leben so betrachte, dann wird es tatsächlich Zeit, etwas zu verändern, mich zu verändern und – ja – die Verantwortung für meine Existenz zu übernehmen.

3

Ich verspreche mir insgeheim selbst, ab dem heutigen Tage die Verantwortung für mein Leben zu übernehmen. Nicht länger die Schuld bei anderen Personen zu suchen oder irgendwelche Umstände für mein Versagen verantwortlich zu machen. Ich muss lernen, flexibel zu werden, um auf die gegebenen Umstände besser reagieren zu können. Ich verspreche mir die Wiedererlangung der Kontrolle über mein Leben.

Erstaunlich, aber allein durch diesen einsamen Beschluss – schließlich habe ich noch keinem von meinem Vorhaben erzählt – fühle ich mich irgendwie befreit. Ich atme einmal tief und kräftig durch. Irgendwie fühlt es sich tatsächlich so an, als hätte ich jetzt schon mehr Kontrolle und Macht über mein Leben, obwohl ich immer noch in meiner kleinen Wohnung stehe und derselbe Mensch bin. So ganz derselbe bin ich aber anscheinend doch nicht mehr. Irgendetwas hat sich durch die Begegnung mit Felix grundlegend verändert. Ich denke über vieles nach, was vorher selbstverständlich war und merke, wie resigniert ich in Wirklichkeit war.

Es ist schon spät und ich gehe erschöpft und beschwingt zugleich zu Bett. Doch statt zu schlafen, starre ich unentwegt an die Decke und obwohl ich mich schon befreiter fühle, mache ich mir Gedanken, was es wohl für mich bedeuten würde, die volle Verantwortung für mein Leben zu übernehmen. Gedankenversunken schlafe ich endlich ein.

Am nächsten Morgen stehe ich auf und irgendwie fühle ich mich besser. Ich beschließe einkaufen zu gehen, um meinen leeren Kühlschrank zu füllen. Im nächstgelegenen Supermarkt kaufe ich lebensnotwendige Lebensmittel ein. Zu Hause angekommen mache ich mir schon mal beim Einräumen der Nahrungsmittel Gedanken darüber, was ich Felix alles fragen möchte. Zuerst möchte ich unbedingt von ihm wissen, was es konkret bedeutet, die Verantwortung für mein Leben zu übernehmen. Danach bitte ich ihn darum, mir zu erklären, wie ich meine Angst überwinden kann, um glücklicher und erfolgreicher zu werden. Natürlich möchte ich auch erfahren, was ich ihm versprechen sollte.

So gegen elf Uhr mache ich mich fertig, um Felix zu besuchen. Ich ziehe eine dunkelblaue Jeans an, schwarze Lederschuhe und ein schwarzes T-Shirt, draußen ist noch sehr schönes Wetter und es ist circa 20° C. Mit den öffentlichen Verkehrsmitteln erreiche ich auf dem schnellsten Weg das Haus von Felix. Er wohnt in einem sehr schönen Stadtteil von Frankfurt, welchen ich zugegebenermaßen nicht kenne. Überall stehen hübsche große Villen und jedes Haus hat einen großen Garten. Positiv überrascht, wo Felix wohnt, erreiche ich schließlich sein Haus. Ein wunderschönes großes Haus im Bauhaus-Stil mit einem Flachdach und vielen großen Fenstern. Vor dem Haus und ringsherum stehen große Bäume, es gibt bunte Blumen und edle Rosensträucher. Eindeutig ein wunderschöner Garten, der mit sehr viel Liebe angelegt wurde und auch gepflegt wird. Oberhalb der Klingel entdecke ich eine Kamera und als ich klingele, höre ich auch schon Felix sagen: „Hallo Leon, schön, dass du da bist!" Der Summer ertönt und ich öffne das Gartentor. Vom Tor bis zum Hauseingang sind es circa 15 Meter, die ich durch einen wunderschönen Vorgarten zurücklege. Unter dem

Vordach der Eingangstür wartet Felix und sagt: „Leon, komm herein!" Ich begrüße ihn freundlich mit den Worten: „Hallo Felix, du lebst hier wirklich wunderschön." Ich muss zugeben, ich finde es beeindruckend. Ich habe nie vermutet, dass Felix in einer so schönen und großen Villa lebt. Sicherlich hat er es mir angesehen, dass ich von seinem Anwesen und seinem Haus schier überwältigt bin.

Der Eingangsbereich ist hell und modern eingerichtet. Eine Glastür trennt den Flur von dem riesengroßen Wohnzimmer, das vermutlich 100 Quadratmeter groß ist. Direkt vom Wohnzimmer aus kann man in den Garten hinausblicken. Eine komplette Glasfront reicht bis an die Decke, circa drei Meter hoch und acht Meter breit. Man hat das Gefühl, dass das Wohnzimmer und der Garten ineinanderfließen. Felix' Sofa ist felsengrau und steht auf einem wunderschönen Travertin-Boden, eingerahmt von einer sehr eleganten, weiß lackierten Wohnwand. Ein Kamin in Kombination mit einem runden weißen Sofa unterstreicht das idyllische Wohnambiente.

Nach diesem ersten begeisterten Blick in die Runde fragt Felix mich: „War es kompliziert hierher zu kommen?" und ich antworte: „Nein, es hat alles wunderbar geklappt." „Komm, lass uns in den Garten gehen. Meine Frau und meine Kinder sind unterwegs, sie werden später kommen. Möchtest du etwas trinken, Leon?" „Ja gerne, ein Glas Wasser." „Du kannst dich schon mal nach draußen in den Garten setzen. Ich komme gleich nach."
Die große Glasfront ist geöffnet, also gehe ich hinaus. Ich setze mich auf einen weißen Gartenstuhl, der verdächtig nach einem Designermöbelstück aussieht und warte. Auf der linken Gartenseite stehen für die Kinder eine Schaukel, eine Rutsche und ein Sandkasten. Etwas Luxus bieten ein wunderschöner Swim-

mingpool und ein feststehender Pavillon. Und wieder erwische ich mich dabei, wie ich mich leise frage: „Wie hat Felix das geschafft, was macht er anders als ich?"

4

Da erscheint Felix auch schon mit einer wunderschönen Karaffe gefüllt mit Wasser und zwei Gläsern in der Hand. Er setzt die Gläser leise ab und schenkt mir etwas ein. Ich bin sehr ungeduldig und aufgeregt, weil ich wissen will, wie er es geschafft hat, so ein Leben zu führen und was er beruflich macht. Ich rutsche auf dem Sofa hin und her, bis sich Felix direkt neben mich setzt. „Felix, darf ich dich etwas Persönliches fragen?" „Ja klar, Leon." „Was machst du eigentlich beruflich und wie schaffst du es so ein schönes Leben zu führen?" Felix antwortet mir nicht direkt, sondern stellt mir eine Gegenfrage: „Möchtest du gerne auch so ein schönes Leben haben?" „Ja klar", sage ich. „Dann musst du deine Komfortzone verlassen", erwidert er.

„Was meinst du mit Komfortzone?" Felix schaut mir genau wie im Zug wieder tief in die Augen und sagt: „Jetzt kommt die zweite Lektion. Du musst immer wieder deine Komfortzone verlassen, Leon. Die Komfortzone ist dein gewohntes Umfeld, dein bisheriges Verhalten und deine bevorzugte Denkweise. In diesem Bereich fühlst du dich wohl, weil du keine Gefahr spürst und dir alles bekannt ist. Sobald du dich außerhalb dieser Box bewegst, also etwas Neues versuchst, was du vorher noch nie gemacht hast, wie zum Beispiel einen neuen Job suchen, eine Weltreise machen, in eine andere Stadt ziehen, in deine Zukunft investieren, wird es spannend. Die meisten Menschen, Leon, fühlen sich richtig wohl in ihrer Komfortzone und versuchen, sich so wenig wie möglich aus ihr heraus zu bewegen oder gar sie zu verlassen. Doch je öfter du deine Komfortzone verlässt, desto mehr erweiterst du deinen Horizont und deine Möglichkeiten, du beginnst, persönlich zu wachsen. Und je mehr du persönlich wächst, desto erfolgreicher und glücklicher bist du."

„Du hast leicht reden, dir geht es sehr gut und du hast viel mehr Möglichkeiten als ich oder die meisten Menschen. Du hast ja nichts zu verlieren", erwidere ich. Felix lacht. „Ganz im Gegenteil. Ich habe womöglich mehr zu verlieren als du. Was hast du denn zu verlieren? Einen Job, den du nicht magst und der dich nicht erfüllt? Vielleicht lebst du in einer kleinen Stadtwohnung und hast kaum Freunde, du bist womöglich Single. Und du bist die meiste Zeit zu Hause und nicht wirklich glücklich."

Ich bin überrascht, dass er mich so gut einschätzen kann. Woher nimmt er seine Informationen? Strahle ich das alles etwa aus, steht es auf meiner Stirn geschrieben? Und noch einmal fragt mich Felix ganz konkret: „Was hast du zu verlieren?"

In diesem Moment fühle ich mich ein wenig angegriffen und sage mit forscher Stimme: „Woher willst du wissen, wie ich lebe?" Felix lächelt mich wieder an und antwortet sanft: „Dass du nicht zufrieden bist mit deinem Job, hast du mir erzählt und die anderen Dinge sind nur Annahmen von mir. Stimmen sie etwa?" Ich bin erstaunt, wie gut Felix meine Lage taxiert hat und antworte ihm mit einer bekennenden Haltung und mit gedämpfter Stimme: „Ja Felix, du hast Recht - mit allem! Nur bin ich zugegebenermaßen ein wenig durcheinander. Ich verstehe nicht ganz, was du damit meinst. Verlasse deine Komfortzone, übernehme Verantwortung für dein Leben, die meisten Menschen haben Angst und denken, sie wären nicht gut genug oder haben Angst zu versagen."

„Das ist gut, dass du durcheinander bist. Du bist gerade im Lernprozess und beginnst vieles zu hinterfragen und lernst eine neue Sichtweise des Lebens kennen. Dieses Geschehen ist außerhalb deines Denkmodells und das verwirrt logischerweise erst einmal jeden. Verantwortung zu übernehmen für dein Leben heißt nicht, dass du die ganze Last, die ganze Verantwortung des Lebens auf deinen Schultern trägst. Du darfst nur die Schuld nicht länger bei anderen oder bei den Umständen suchen, sondern bei dir selbst. Es geht aber nicht darum, dass du dich dann schuldig fühlst und verzweifelst, sondern dass du dann beginnst, dich ganz konkret zu fragen: Was muss und kann ich selbst tun, um erfolgreich und glücklich zu sein? Es geht darum, die Entscheidungen für dein Leben selbst zu treffen und nicht anderen zu übertragen. Du musst wissen, dass du dein Leben selbst gestalten kannst und dass es alle Möglichkeiten auf dieser Welt für dich gibt, um erfolgreich und glücklich zu sein – wenn du dir nur nicht länger eigene Grenzen setzt."

Für einen kurzen Augenblick lasse ich das Gesagte auf mich wirken. „Das heißt also, wenn ich die Verantwortung für mein Leben selbst übernehme und nicht mehr anderen die Schuld für meine Situation gebe, dann bin ich automatisch erfolgreicher?" „Nein, ganz so einfach ist es nicht, du musst noch viele andere Dinge lernen und beachten. Aber das ist der erste Schritt", versichert mir Felix. „Okay, den ersten Teil habe ich verstanden, aber was meinst du mit ‚seine Komfortzone verlassen'? Soll ich jetzt einfach viele verschiedene Dinge machen, die ich noch nie gemacht habe? Was bringt mir das?" Auch darauf hat Felix eine passende Antwort parat: „Nein Leon, so ist es auch nicht gemeint, sondern du musst dir erst einmal bewusst werden, was du willst, was dich wirklich erfolgreich und glücklich macht. Und dann, nur dann solltest du alles dafür geben, um dieses Ziel zu erreichen. Schlägst du diesen Weg ein, wirst du merken, dass du ganz viele Dinge zum allerersten Mal machst und womöglich Angst hast, diese Schritte zu gehen. Doch wenn du permanent deine Komfortzone verlässt und dich der Angst stellst und sie überwindest und immer wieder einen Schritt nach dem nächsten gehst, dann wirst du unablässig näher an dein Ziel kommen und es früher oder später auch erreichen. Es geht also nicht darum, dass du einfach in eine neue Stadt ziehst, nur um deine Komfortzone zu verlassen. Du musst dir die Frage stellen, welcher deiner Schritte dich weiter zum Erfolg und zum Glück bringt. Und auf diesem Weg musst du immer wieder deine Komfortzone verlassen. So beginnst du persönlich zu wachsen und dein Horizont, deine Vorstellungskraft wächst mit." Ah, jetzt verstehe ich es endlich.

„Weißt du Leon, ich war nicht immer so erfolgreich und glücklich. Vor etwas mehr als acht Jahren war ich am Boden zerstört. Ich hatte gerade meinen Job verloren, kaum Freunde und meine Freundin hatte mich wegen eines anderen sitzen gelassen. Ich lebte in einer kleinen Wohnung und hatte keine finanziellen Mittel. Eines Morgens, an einem wunderschönen sonnigen Frühlingstag, ging ich im Park spazieren. Dort ist mir ein besonderer Mensch aufgefallen. Er war in sich gekehrt und es schien so, als ob er meditieren würde und dabei die Welt um sich herum voll und ganz vergessen konnte. Ich war nicht so der Typ, der einfach Menschen anspricht, genau wie du. Neben diesem Mann war noch eine leere Bank und ich setzte mich spontan hin, weil ich irgendwie in seiner Nähe sein wollte, damit ich ihn so besser beobachten konnte. Er muss meine Blicke wohl irgendwie bemerkt haben, kam zu mir herüber und setzte sich neben mich. Er schaute mich an und sagte zu mir ‚Ist die

Welt nicht wunderbar?' Ich dachte mir nur: ‚Was erzählt der da für einen Blödsinn? Die Welt ist schrecklich ungerecht.' Er sagte mir: ‚Du siehst nicht glücklich aus', und dann fragte er mich: ‚Was hindert dich daran, erfolgreich und glücklich zu sein?'

Wir unterhielten uns den ganzen Vormittag. Es war sehr spannend, ihm zuzuhören, was er alles erlebt hatte. Seine Sichtweise auf das Leben hat mich fasziniert. Gegen Mittag tauschten wir die Telefonnummern aus und trafen uns immer wieder. Er wurde zu meinem Mentor und hat mir sehr viel beigebracht. So wie ich dir, Leon, jetzt etwas beibringen möchte. Ich kann mich genau daran erinnern, als ob es erst gestern gewesen wäre. Wir hatten eine Vereinbarung getroffen, ich musste ihm ein Versprechen geben und dafür würde er mir helfen. Nur dann würde er mir die Geheimnisse des Erfolges und des Glücklichseins verraten. Selbstverständlich nahm ich die Gelegenheit wahr und war sehr dankbar für sein Hilfsangebot.

Nach vielen Treffen und unzähligen Erzählungen, einem intensiven Austausch und zahlreichen Tipps von meinem Mentor hat er mir schließlich empfohlen, ein Seminar zu besuchen. Ich sollte daran teilnehmen, um mich persönlich weiterzubilden, meinen Horizont und mein Wissen zu erweitern und um neue Sichtweisen kennenzulernen. Ich sollte dadurch die Geheimnisse des Erfolges und des Glückes noch konkreter erfahren. Er gab mir die Kontaktdaten der Webseite, bei der man sich anmelden kann und sagte ‚Mach das und verändere dein Leben.'"

„Alsbald schaute ich mir die Webseite an und es gab schon bald die nächsten Kurse. Die Seminare waren für meine Verhältnisse sehr teuer. Ein Kurs kostete mehr als 2.000 Euro und ich hatte kein Geld und keinen Job. Aber die ganze Zeit konnte ich nur daran denken, was mein Mentor zu mir gesagt hatte: ‚Mach das und verändere dein Leben.' Ich war überzeugt davon, dass er mir wirklich helfen konnte. Deswegen nahm ich es mir sehr zu Herzen, einen Weg zu finden, um diesen Kurs zu besuchen.

Ich hatte noch einen Notgroschen auf meinem Bankkonto – ein paar 1.000 Euro. Genau die Hälfte davon investierte ich in den Kurs, der angeblich mein Leben verändern sollte. Meinen wenigen Freunden, die ich damals hatte, erzählte ich davon. Alle haben mir jedoch davon abgeraten, diese hohe Investition zu tätigen. Das war wohl auch meiner Situation geschuldet. Doch ich erinnerte mich daran, was mein Mentor mir gesagt hat: ‚Übernehme Verantwortung für dein Leben! Verlasse deine Komfortzone. Denk daran – Angst ist ein schlechter Berater.' Schließlich dachte ich mir, ich muss es einfach versuchen.

Ohne zu zögern verließ ich meine Komfortzone, Leon. Trotz Abraten meiner Freunde und dem unterschwelligen Angstgefühl übernahm ich die Verantwortung für mein Leben. Und was soll ich sagen, es hat dazu geführt, dass ich die Gesetze des Erfolges und des Glücklichseins kennengelernt habe. Es fiel mir auch nicht schwer, die neuen Anforderungen in meinem Leben umzusetzen. Ich war sehr motiviert nach der Absolvierung des Kurses und begab mich voller Tatendrang sofort auf die Suche nach einem neuen Job. Wie der Zufall es wollte, habe ich sehr zügig eine neue, für mich sehr gut geeignete Anstellung gefunden. Heute weiß ich, dass es kein Zufall war, sondern sicherlich eine Auswirkung meiner veränderten Einstellung.

Zurück zum Seminar, welches mein Leben komplett verändert hat: In diesem Kurs ging es auch darum zu investieren. In sein Leben zu investieren, in seine Wünsche zu investieren, in seine Karriere zu investieren. Und ich habe mir gedacht, ich investiere erstmal in Immobilien. Überall in der Stadt suchte ich nach einer geeigneten Immobilie, weil ich mir ein Haus kaufen wollte. Und obwohl ich nur wenig Geld und erst seit drei Monaten eine Festanstellung hatte, habe ich ganz fest daran geglaubt, dass eine Bank mir eine Finanzierung geben wird. Ich las viele Bücher über die Immobilienwirtschaft, veränderte mein Umfeld und suchte ganz konsequent Menschen, die in der Immobilien-Branche sehr erfolgreich waren. Ich erkundigte mich bei Ihnen nach dem Geheimnis ihres Erfolges. Denn was ich im Kurs auch gelernt hatte war: Suche nach Menschen, die das, was du willst, bereits geschafft haben. Befrage sie und schreibe dir alles minuziös auf. Und genau das tat ich.

Ich erstellte mir eine eigene Wissensdatenbank, recherchierte im Internet, sprach mit erfolgreichen Menschen und las ganz viele Bücher zum Thema. Ich bin bestimmt kein Lesetyp, Leon, aber ich wollte unbedingt aus meiner damaligen Situation herausfinden. Der Zweck heiligt die Mittel. Erfolgreich und glücklich sein, bedeutet auch hier wieder, endlich mein Leben selbst in die Hand zu nehmen.
Nach weiteren drei bis vier Monaten fand ich endlich eine passende Immobilie. Eine kleine Zweizimmerwohnung, sie lag im Preis deutlich unter dem Marktwert. Und wieder haben Freunde und Bekannte in meinem Umfeld auf mich eingeredet und vom Kauf der Wohnung abgeraten. Sie sagten: ‚In Immobilien zu investieren, das ist zu riskant in der momentanen Wirtschaftslage'. Diesmal war mir ihre Meinung völlig egal. Ich dachte nur, ich muss mein Leben selbst in die Hand nehmen, und die volle Verantwortung übernehmen. Ich kaufte die Zweizimmerwohnung. Nach vier Monaten verkaufte die Immobilie mit einem sagenhaften Gewinn von über 25.000 Euro. So viel Geld hatte ich noch nie auf einen Schlag verdient. Stell dir das

mal vor. Das waren circa zwei Drittel meines Jahresgehaltes. Meine Freunde spielten – wie nicht anders erwartet – meinen Erfolg herunter: ‚Das war nur Glück, Felix. Pass auf, dass du dir nicht die Finger verbrennst und dich in Schulden stürzt'. Leon, verstehst du, was ich meine? Manchmal muss man Risiken eingehen, seine Komfortzone verlassen und Verantwortung für sein Leben übernehmen.

Natürlich ist mir bekannt, dass es nicht immer so einfach ist, seine Wohlfühlzone hinter sich zu lassen. Eine gewisse Verunsicherung und Angst vor dem Ungewissen ist immer dabei. Stell dir mal Folgendes vor: Wir wären Neandertaler und lebten in einem sicheren Territorium. Dort kennen wir uns gut aus und fühlen uns wohl. Doch sobald wir unser Territorium verlassen, also unsere Komfortzone, bekommen wir Angst, weil wir in unbekanntes Land ziehen. Wir wissen nicht, ob uns ein Säbelzahntiger aus der Region jetzt gleich angreifen wird. Einen Vorteil sehe ich aber darin: Wir sind jetzt zwar ängstlicher, aber auch vorsichtiger. Um nicht zu verhungern, müssen wir letztendlich unser Territorium verlassen. Wir müssen jagen, um das Überleben unserer Familie zu sichern, neue Gegenden zu erkunden. Das kann plötzlich oder geplant geschehen.

Es ist doch völlig normal, Leon, dass man Angst hat, wenn man seinen von Bequemlichkeit und Risikofreiheit geprägten Bereich des privaten und gesellschaftlichen Lebens verlässt. Doch Angst zu haben, ist nichts Schlechtes. Im Gegenteil, sie sagt dir nur, dass du wachsamer sein musst und eine höhere Aufmerksamkeit brauchst, also sensibel auf dein Umfeld reagierst. Glaube aber nicht, dass wir unsere Komfortzone nicht verlassen dürfen. Wenn du dich entscheidest, deinen Wohlfühlbereich zu wechseln und du verängstigt bist, musst du die-

se Angst schnell überwinden. Du musst einfach vorsichtiger agieren und dich unbedingt besser vorbereiten. Mutig zu sein, Leon, heißt nicht, keine Angst zu haben, sondern sich dieser Angst zu stellen."
Felix schaut mich eine Weile an, grinst und sagt: „Leon, so gefährlich ist unsere Welt nicht mehr. Wenn du deine Komfortzone verlässt, bezahlst du meistens nicht mit deinem Leben, wenn du einen Fehler machst. Du überwindest größtenteils nur deine inneren Ängste. In der Psychologie nennt man das systematische Desensibilisierung. Konfrontiere dich immer wieder in kleinen Schritten, bis es für dich normal erscheint und du keine Angst mehr hast. Somit erweiterst du dein Territorium und deinen Horizont und du beginnst, persönlich zu wachsen. Das ist vergleichbar mit einer medizinischen Impfung. Wenn du geimpft wirst, dann bekommt du in minimal kleinen Dosen den Erreger verabreicht, damit dein Körper Abwehrkräfte entwickelt und du gegen diese Krankheit immun bist."

Felix trinkt genüsslich den Inhalt seines Wasserglases aus, schaut mir tief in die Augen und wiederholt die immerwährende Frage: „Was hindert dich daran, erfolgreich und glücklich zu sein?"

5

„Leon, wenn du wirklich erfolgreich sein möchtest, habe ich folgende wichtige Empfehlung für dich. Nur ein Beispiel: Wenn du dir eine glückliche Ehe vorstellst oder wünschst, wen fragst du? Fragst du einen Menschen, der schon dreimal geschieden ist? Oder lässt du dir von jemandem mit einer ähnlichen Geschichte einen Rat geben? Was wirst du dann wohl für Tipps erhalten? Es ist doch offensichtlich, dass du nur Empfehlungen erhalten wirst, die dich nicht zu einer glücklichen Ehe führen. Ähnlich verhält es sich, wenn du dich bei Menschen oder in deinem Freundes- und Bekanntenkreis zum Thema Selbstständigkeit erkundigst. Da sie noch nie selbstständig waren, werden sie dir wahrscheinlich davon abraten. Sonst würden sie sich ja eingestehen, dass sie erfolglos und Versager sind, du es aber schaffen kannst.

Wenn du also wirklich erfolgreich und glücklich sein möchtest, frage Menschen um Rat, die das erreicht haben, was du dir wünschst. Und nimm dir den Rat dann auch zu Herzen. Sie sind den Weg schon gegangen. Falls du in der Zukunft von irgendjemandem gut gemeinte Ratschläge erhältst und du diese überprüfen willst, dann frage dich, ob diesem Mensch das gelungen ist, was er dir empfiehlt. Und wenn er oder sie es nicht erreicht hat, dann musst du diese Empfehlung mit äußerster Vorsicht genießen."

Ich schaue Felix an und denke mir, dass er Recht hat. „Felix, du meinst also, ich sollte mir Tipps und Ratschläge von den Menschen holen, die in dem Bereich erfolgreich sind, zu dem ich

ihnen Fragen stelle, oder?" „Genau richtig, Leon, um wirklich erfolgreich und glücklich zu sein, ist dieser Aspekt sehr wichtig. Triffst du zum Beispiel einen sehr erfolgreichen Menschen und er ist überhaupt nicht glücklich, dann kannst du von ihm Tipps und Ratschläge zum Thema Erfolg bekommen. Also nicht zum Thema Glück. Umgekehrt gilt das natürlich genauso. Informierst du dich allerdings bei einem Menschen, der glücklich und erfolgreich ist, dann kann er dir die wirklich wichtigen Geheimnisse verraten. Und sicherlich viele gute Ratschläge geben."
Ich bin immer noch sehr beeindruckt und gefesselt von dem, was Felix mir erzählt hat. In meiner Fantasie kann ich mir alles bildlich vorstellen. Eines jedoch verwundert mich. Felix ging es anscheinend auch mal so wie mir. Ich dachte immer, er hätte reiche Eltern oder einfach nur Glück gehabt. Hochgradig motiviert und neugierig warte ich darauf, noch mehr von Felix zu erfahren. Zwischenzeitlich schaue ich kurz auf meine Armbanduhr und denke mir, dass die Zeit ja wahnsinnig schnell vergangen ist. Mittlerweile ist es schon fast drei Uhr nachmittags.

Es dauerte nicht lange und die Haustür öffnet sich lautstark. Eine Frau mit zwei Kindern als Nachhut betritt das Haus. Ich mutmaße, dass dies bestimmt Felix' Familie ist. Die beiden kleinen Mädchen rennen auf Felix zu und schreien laut: „Papa, Papa, Papa"" Während die größere in seine Arme springt, versucht die Kleine auf seinen Schoß zu klettern. Felix' Frau begrüßt ihn mit einem Kuss auf den Mund. Ich denke: Was für eine glückliche Familie.

Felix stellt uns einander vor: „Das ist Lisa, meine Frau, und das sind meine zwei hübschen Prinzessinnen. Das ist Mary", er zeigt auf die Ältere, „und das ist Laura" und er zeigt auf die Jüngere. Er schaut zu seiner Frau und zu seinen Kindern und sagt: „Und das ist Leon." Lisa und ich reichen uns zur Begrüßung lächelnd die Hand. Und auch die beiden Mädchen sagen schüchtern „Hallo". Lisa fragt: „Habt ihr Hunger? Möchtet ihr gerne etwas essen?" Felix antwortet: „Ja, sehr gerne, Liebes." Mit einem Lächeln in unser beider Richtung, antwortet Lisa „Okay, ich bereite uns gleich was Leckeres zu essen zu."

Die Kinder rennen ohne zu zögern in den Garten zur Schaukel und zum Sandkasten. Nachdem wir zur Begrüßung aufgestanden sind, setzen wir uns wieder hin. Es steht fest, ich will unbedingt mehr über Felix erfahren und über seine Erfolgsgeheimnisse.

„Felix, was machst du eigentlich beruflich? Mir ist aufgefallen, dass wir die ganze Zeit über das Leben geredet haben, du mich aber kein einziges Mal gefragt hast, was ich mache und ich auch nicht weiß, was dein Beruf ist." Felix schaut mich an und sagt zu mir: „Wo du heute stehst und was du bis jetzt erreicht hast, spielt keine Rolle. Welchen Schulabschluss du hast, welche Ausbildung du hast, wie viel Geld du besitzt – das alles spielt keine Rolle. Was du aus deinem Leben machst, welche Entscheidungen du heute triffst und morgen treffen wirst, darüber solltest du dir Gedanken machen. Die Vergangenheit können wir nicht mehr ändern, doch die Gegenwart und die Zukunft können wir beeinflussen." Ich lasse nicht locker: „Das ist eine interessante Sichtweise. Dennoch möchte ich gerne wissen, was du beruflich machst. Schließlich muss ich wissen, ob du ein guter Ratgeber bist." Felix lacht laut auf. „Du lernst schnell, Leon. Ich bin Investor. Ich kaufe Immobilien, saniere die Wohnbereiche und verkaufe sie dann wieder gewinnbringend. Mein Team besteht aus 25 festangestellten Mitarbeitern. Ich kann zu Recht behaupten, dass ich ein erfolgreicher Unternehmer bin. Und, Leon, bin ich ein guter Ratgeber?" Jetzt müssen wir beide lauthals loslachen. „Ja natürlich", erwidere ich.

Felix dreht jetzt den Spieß um und fragt neugierig: „Und, was machst du beruflich?" „Ich bin Sachbearbeiter in einem mittelständischen Unternehmen im Export-Bereich." Felix sagt: „Aber glücklich bist du nicht, oder?"
„Irgendwie nicht. Ich fühle mich, als ob ich im Hamsterrad eingeschlossen bin. Immer wieder frage ich mich, ob das schon alles ist. Ich bin nicht motiviert, glücklich oder gar erfüllt. Eigentlich bin ich sogar richtig frustriert." Felix schaut mich an, grinst ein wenig in seiner stillen und zufriedenen Art und sagt dann: „Was hindert dich daran, erfolgreich und glücklich zu sein?"

„Ich weiß es einfach nicht." Gleich fragt Felix nach: „Wo siehst du dich in drei, fünf oder zehn Jahren? Was für eine Vorstellung von deinem Leben hast du?" Ich schaue Felix verwirrt an und antworte: „Ich weiß es nicht." „Genau das ist der Grund", sagt Felix zu mir, „die meisten Menschen sind so beschäftigt mit ihrem Alltag, dass sie sich keine Gedanken darüber machen, was sie eigentlich in ihrem Leben alles erreichen möchten. Sie wissen nicht, was sie wirklich glücklich macht. Ohne Ziele können sie sich auch gar nicht vorstellen, supererfolgreich und glücklich zu sein."

Lisa kommt mit einem Teller voller leckerer belegter Brötchen, die wir uns gemeinsam mit den beiden Mädchen schmecken lassen. Dabei erfahre ich, dass Mary sieben Jahre ist und bereits zur Schule geht. Laura ist vier und erzählt ganz begeistert vom Kindergarten. Beide berichten so voller Begeisterung von dem, was sie an diesem Tag erlebt haben. Auch als Familie wirken sie überglücklich. Fast bin ich ein wenig neidisch auf das, was Felix hat. Aber jetzt weiß ich ja, dass ich das alles auch haben kann. Was Felix mir wohl noch alles erzählen wird?

6

Eine grundsätzliche Frage schwirrt in meinem Kopf herum: Warum möchte Felix mir überhaupt helfen? Im Zug hat er gesagt, dass ich ihm etwas versprechen soll. Was meinte er? Es wird Zeit, dass ich mehr erfahre.

„Felix, du hast mir zugesagt, dass du mir hilfst, erfolgreich und glücklich zu werden und nichts dafür verlangst, außer dass ich dir etwas versprechen sollte. Welches Versprechen meinst du?"

Felix erzählt, dass es ein sehr interessantes Projekt von seinem Mentor ist. Ich unterbreche ihn und frage: „Wie heißt dein Mentor eigentlich? Du hast noch nie seinen Namen erwähnt." „Sein Name ist Aron." Meine Neugier ist kaum zu bändigen. „Was für ein Projekt?" Felix holt tief Luft und beginnt zu erklären: „Mein Mentor Aron hatte eine Idee. Es ist ihm immer und immer wieder aufgefallen, dass die meisten Menschen nicht erfolgreich und glücklich sind. Er versuchte, die Hintergründe zu erkunden. Obwohl es doch so einfach ist, wenn man die Gesetze des Erfolges kennt und bereit ist, zu lernen und zu wachsen. Sein Ziel ist es, die Welt erfolgreicher und glücklicher zu machen. Und deshalb hat er sich Folgendes überlegt:
Wenn er drei Menschen hilft, die Gesetze des Erfolges und des Glückes zu leben und diese drei Leute ein Versprechen geben, ein Commitment eingehen, dass sie dasselbe machen, jeder also auch jeweils drei Leuten hilft, glücklicher und erfolgreicher zu werden, dann würden über kurz oder lang ganz viele Menschen auf dieser Erde sehr viel glücklicher und erfolgreicher sein. So würde sich Erfolg und Glück wie ein Virus immer weiterverbreiten.

Er nannte es das ‚Erfolgsbote-Projekt'. Und du, Leon, du bist meine dritte Person." Während Felix mir dies alles berichtet, beginnen seine Augen zu glänzen. Ich merke, es steckt eine Mission, ja vielleicht sogar ein Herzenswunsch dahinter, Menschen zu helfen und diese noch erfolgreicher und glücklicher zu machen.

„Ich möchte dir gerne helfen und dich begleiten, wenn du mir versprichst, und das Commitment eingehst, dass du danach auch so handelst wie ich. Diese Mission, dieses Projekt muss einfach am Leben gehalten werden."

Das ist wirklich eine verrückte Idee. Aber es hat auch etwas sehr Gutes. Schließlich brauchen viele Menschen einen Mentor, einen Wegweiser, ganz einfach ein klein wenig Hilfe und Unterstützung. Nach all dem, was Felix mir erzählt hatte, bin ich jetzt natürlich sehr gespannt, seinen Mentor Aron kennenzulernen. Was muss das wohl für ein Mensch sein?

Als ich noch in meinen Gedanken versunken bin, klingelt Felix' Handy. Er geht ran, wird plötzlich kreidebleich und sein Mund ist vor Schreck sperrangelweit offen. Als er auflegt, bemerkt er nur: „Das kann doch nicht wahr sein, oh mein Gott!" Er steht auf und läuft hektisch hin und her. Aus mir schießt es heraus: „Felix, was ist denn los?" „Ich habe gerade erfahren, dass mein guter Freund, mein Mentor, einen schrecklichen Autounfall hatte. Er liegt in der Notaufnahme und er muss gleich operiert werden. Leon, wir müssen unseren Termin jetzt leider abbrechen. Ich muss unbedingt ins Krankenhaus fahren und nachsehen, wie es Aron geht. Lass uns einfach die Tage telefonieren."

Felix schnappt sich die Autoschlüssel vom Sideboard im Flur, wirft seiner Frau einen Luftkuss zu und schon ist er auf dem Weg in die Notaufnahme zu seinem Mentor Aron. Ich verabschiede mich sehr höflich von seiner Frau und seinen Kindern und fahre nach Hause. Dort angekommen, mache ich mir viele Gedanken über seinen Freund und Sorgen um Felix. Immer wieder kreisen meine Gedanken um das gesamte Gespräch mit Felix, was er mir alles erzählt hat. Ich nehme ein Blatt Papier und mache mir Notizen zu den vielen Tipps, die mir Felix gegeben hat. Vielleicht kann ich sie dann besser verstehen und verarbeiten.

Es vergehen zwei Tage und ich habe immer noch nichts von Felix gehört. Die ganze Zeit habe mich gefragt, ob ich ihn anrufen soll, aber ich wollte nicht aufdringlich erscheinen. Am dritten Tag ruft mich Felix endlich an. Er erreicht mich direkt über Handy bei meiner Arbeitsstelle. „Hallo Felix, wie geht es denn deinem Freund?" Felix antwortet etwas bedrückt: „Nicht so gut. Es steht sehr schlecht um ihn!"
Nach dieser kurzen Information möchte ich nicht weiter nachhaken, um Felix nicht unnötig zu quälen. Seine zittrige Stimme hat mir verraten, wie nahe es ihm geht. Also verkneife ich mir die Frage nach Details. Dabei wüsste ich zu gerne, was genau Aron fehlt.
„Am Samstag werde ich ihn besuchen, willst du mitkommen? Ich möchte dir gerne diesen besonderen Menschen vorstellen!" Spontan sage ich Ja, ohne zu wissen, was mich erwartet. „Wir treffen uns am Samstag um zwölf Uhr vor dem St. Lazarus Krankenhaus. Ich schicke dir die genaue Adresse per SMS zu."
Nach einer kurzen Verabschiedung versuche ich mich wiedermal auf meine Arbeit zu konzentrieren, obwohl mir unendlich viele Gedanken durch den Kopf schießen. Ab jetzt vergehen die Tage wie im Flug.

Am Samstagmorgen wache ich viel zu früh auf und bin rastlos und nervös. Heute soll ich Aron persönlich kennenlernen.

Ich hoffe so sehr, dass es ihm besser geht. Nachdem ich alle Wochenendrituale erledigt habe, mache ich mich auf den Weg zum Krankenhaus. Dort angekommen, wartet Felix bereits am Haupteingang. Unterwegs habe ich als kleine Geste Blumen eingekauft. Felix hat ein Buch in der Hand.

„Hallo Felix, wie geht es dir heute?" Felix antwortet: „Sehr gut, danke. Ich hoffe nur, dass es Aron auch gut geht." Die ganzen letzten Tage war ich gespannt darauf, Aron kennen zu lernen. Was für ein Mensch er wohl ist, der so vielen Menschen helfen möchte, noch erfolgreicher und glücklicher zu sein? Am Telefon hatte mir Felix erzählt, dass Aron inzwischen in ein anderes Zimmer verlegt worden ist.

Felix fragt deshalb am Hauptempfang kurz nach: „Können Sie mir bitte sagen, wo Aron Arcadius liegt?" Der Name kommt mir irgendwie bekannt vor. Bevor ich mir allerdings weitere Gedanken machen kann, sagt die nette Dame: „Im dritten Stock, Zimmer 3.14." Wir gehen geradewegs zum Aufzug und fahren nach oben. Währenddessen herrscht bedrückende Stille und ich spüre, dass Sorge und Angst in der Luft liegen.
Im dritten Stock kommt uns eine Krankenschwester entgegen und fragt, wohin wir denn wollen. Felix sagt: „Zimmer 3.14 zu Herrn Aron Arcadius." Die Krankenschwester bemerkt beiläufig, dass Herr Arcadius wohl ein sehr beliebter Mann sei. Schließlich haben ihn schon viele Menschen besucht, Blumen geschickt und Genesungswünsche übermittelt. Recht unvermittelt nickt sie mit dem Kopf leicht nach rechts. „Gleich hier auf der rechten Seite, die zweite Tür. Ich bringe gleich schon mal eine Blumenvase." Felix geht voran, öffnet die Tür und ein riesengroßer Raum öffnet sich vor uns.

Rund um das Krankenbett stehen wohl mehr als dreißig Blumensträuße, alles ist voller wunderschöner bunter Blumen. Auf dem Nachttisch liegen vier Bücher. Felix geht besorgt an Arons Bett, nimmt seine Hand und sagt: „Wie geht's dir, mein lieber Freund?" Bis jetzt kann ich ihn noch nicht sehen, weil Felix davorsteht. „Nicht so gut, aber es wird langsam besser", antwortet Aron leise. „Was haben die Ärzte gesagt?" „Ich habe mehrere Knochenbrüche und schwere innere Verletzungen. Ich spucke die ganze Zeit Blut."
Aron muss husten und schnell gibt Felix ihm ein Stofftaschentuch. Als er es vom Mund nimmt, ist das Taschentuch voller Blut.
„Es wird schon wieder Felix, es wird schon wieder!" Da fällt sein Blick auf mich und er fragt: „Wen hast du mitgebracht?" „Ich möchte dir einen ganz besonderen Menschen vorstellen. Das ist Leon."
Felix dreht sich zu mir um und zeigt auf mich. Jetzt kann ich Aron genauer sehen. Als sich unsere Blicke kreuzen, fährt ein Schauer durch meinen ganzen Körper. Erst heiß, dann kalt, als ob ich von einem Blitz getroffen werde.
Den kenne ich doch. Kann das tatsächlich sein? Ist das Aron, mein alter Klassenkamerad, einer meiner besten Freunde aus der Schulzeit? Ich hatte alles schon so lange verdrängt.

Und plötzlich weiß ich wieder, warum mir der Name Arcadius so bekannt vorkam. Ja, es ist ein so seltener Name, das muss mein Schulfreund sein. Aron schaut mich ganz verwundert an und sagt: „Kennen wir uns von irgendwoher?" Mein erstaunter Gesichtsausdruck sprach wohl Bände.
„Bist du das, Leon?" Wieder fährt mir ein kalter Schauer über den Rücken. Er ist es, mein alter Freund aus der Schulzeit. Wir waren die besten Freunde, wir beide saßen immer zusammen

und haben so viel miteinander erlebt. Mir schießen die Tränen in die Augen. Felix geht zur Seite, damit ich meinen alten Freund begrüßen kann. Ich nehme Arons Hand und sage nur: „Ja, ich bin es, Leon."
Ich erkläre Felix kurz, dass Aron früher mein Klassenkamerad und einer meiner besten Freunde war. Später haben wir uns dann nach der Schulzeit aus den Augen verloren. „Das ist ja ein verrückter Zufall!", platzt es aus Felix heraus.

Zufall, gibt es so etwas wirklich? Mir schießen unendlich viele alte Erinnerungen durch den Kopf. Bilder davon, wie Aron und ich Streiche gespielt haben, wie wir gelacht haben und wie wir gemeinsam gelernt haben. Wir haben so vieles miteinander erlebt. Mit Tränen in den Augen strahle ich erst Aron und dann Felix an. Auch Aron lächelt uns beiden zu und fordert uns auf, zwei Stühle ans Bett zu ziehen und uns hinzusetzen. „Leon, es ist wirklich verrückt, dich hier zu sehen." Ich stimme Aron nickend zu: „Das kannst du wohl laut sagen." Es ist schier unglaublich für mich, dass mein ehemaliger Schulfreund Aron Felix' Mentor ist und mit seinem Erfolgsbote-Projekt so etwas in Gang gesetzt hat.

Einerseits bin ich überaus glücklich, Aron wiederzusehen. Aber andererseits betrübt es mich, ihn schwer verletzt nach einem Autounfall im Krankenhaus anzutreffen. Ich weiß nicht, ob ich lachen, mich freuen oder ob ich weinen soll. Felix und ich sitzen einfach nur ruhig da und schauen Aron an. Und obwohl wir alle gerade noch gelacht haben, sind Felix und ich jetzt gemeinsam sehr traurig. Das liegt wohl auch daran, dass Aron erneut einen Hustenanfall hat, sich dabei krümmt und wieder Blut spuckt. Nachdem sich Aron wieder einigermaßen gefangen hat, versucht er, uns aufzumuntern.

„Schaut nicht so traurig, es wird alles wieder gut." Nichts schien wieder gut zu werden, denn kaum, dass er ausgesprochen hat, hustet Aron wieder und spuckt noch mehr Blut. Irgendwie glaube ich Aron nicht, was seinen Gesundheitszustand betrifft. Ich glaube, die Situation ist ernster als gedacht. Felix schaut mich besorgt an. Aron versucht, uns zu beruhigen und abzulenken: „Die Ärzte müssen noch mehrere Untersuchungen machen. Ich werde bald ein genaueres Ergebnis erhalten. Aber lassen wir das jetzt."

Aron fängt an, über alte Erinnerung zu reden, die wir gemeinsam in der Schulzeit erlebt hatten. Wir lachen und unterhalten uns über belanglose Dinge. Die Zeit vergeht rasend schnell. Und schon steht die Krankenschwester im Zimmer und fordert uns auf zu gehen. Schließlich braucht Herr Arcadius jetzt Ruhe und muss etwas schlafen. Aron sagt zu mir: „Wie wäre es Leon, wenn du mich morgen besuchen kämest?" Freudig sage ich ihm zu. Felix und ich verlassen das Krankenhaus zügig und sprechen noch kurz darüber, was gerade geschehen ist. „Ich hoffe, Aron wird bald wieder gesund!", merkt Felix an. „Das hoffe ich auch. Es ist schon alles ein verrückter Zufall, das denkst du doch auch."
„Wer weiß, wenn du Aron zu einem anderen Zeitpunkt in deinem Leben wiedergesehen hättest, dann wärst du vielleicht nicht offen gewesen für die Dinge, die dir Aron erzählen kann."
„Weißt du was Aron beruflich macht?" „Eine Frage, die du ihm morgen selbst stellen kannst. Ich kann dir nur eines verraten, er ist eine überaus interessante Persönlichkeit und er hilft sehr vielen Menschen erfolgreicher und glücklicher zu werden." Wie bei den anderen Treffen trennen wir uns mit dem Versprechen, demnächst miteinander zu telefonieren.
So fahren wir beide getrennt nach Hause. Während des Heimwegs denke ich über alles nach und kann kaum fassen, was mir

in den letzten Wochen alles widerfahren ist. Zu Hause angekommen koche ich mir erstmal Spaghetti Bolognese. Während ich so mein Essen zubereite und es mir anschließend schmecken lasse, denke ich weiter über all die neuen Erkenntnisse nach. Über das Erfolgsbote-Projekt, über die Dinge, die mir Felix gesagt und beigebracht hat und vieles mehr.

Langsam bemerke ich, wie sich der Horizont um meine Gedanken verändert. Ich beobachte, dass ich mich mit ganz anderen Dingen beschäftige als sonst. Erstaunlich, aber ich mache mir wirklich das erste Mal in meinem Leben Gedanken darüber, was und wie ich denke. Absurd! Neben meiner Gedankenanalyse erledige ich noch ein wenig Hausarbeit, mache sauber, räume die Küche auf und schalte noch schnell eine Waschmaschine ein. Mit einem Glas Wasser mache ich es mir dann auf der Couch gemütlich. Ich schalte den Fernseher ein und zappe einmal quer durch alle Programme. Da mich keines der laufenden Programme auch nur annähernd interessiert, schalte ich den Fernseher einfach wieder aus. Ich muss immer wieder über alles nachdenken und freue mich wirklich sehr, Aron wieder zu sehen. Ich lege mich ins Bett und schlafe diesmal sofort ein.

Am nächsten Morgen stehe ich nicht gerade früh auf, trinke schnell einen Kaffee, frühstücke ein Brot vom Vortag und mache mich fertig für den Krankenhausbesuch. Diesmal möchte ich früher bei Aron sein, damit ich mehr Zeit mit ihm verbringen kann. Ich komme so um 10 Uhr im Krankenhaus an. Da ich jetzt ja weiß, wo Aron liegt, gehe ich direkt in den dritten Stock zu seinem Zimmer mit der Nummer 3.14. Ich klopfe an die Tür und gehe nach Aufforderung hinein.
„Hallo Aron wie geht es dir heute?" „Hallo Leon, mir geht es schon viel besser. Bitte hol dir doch einen Stuhl und komm zu mir."

Zugegeben, heute sieht Aron wirklich schon viel besser aus. Aron fragt mich sofort, was ich beruflich mache. Ich beginne zu erzählen:
„Was soll ich dir sagen, ich bin im Angestelltenverhältnis, arbeite in einem mittelständischen Unternehmen, seit acht Jahren, und bin nicht wirklich glücklich. Ich habe mit Felix schon darüber geredet und er hat mir von deinem Projekt erzählt. Erfolgsbote – das finde ich wirklich sehr interessant. Erzähl mir doch bitte mehr darüber, Aron."

„Leon, das Konzept ist eigentlich ganz einfach und du kannst es täglich beobachten. Ein Großteil der zivilisierten Menschheit ist nicht wirklich glücklich. Tagein tagaus gehen wir zur Arbeit, aber der Sinn des Lebens ist gar nicht vorhanden. Die meisten Menschen gehen nur wegen des Geldes arbeiten, nicht wegen einer Erfüllung oder Berufung. Viele bekommen meines Erachtens eher Schmerzensgeld", und er grinst. „Was meinst du denn mit Schmerzensgeld?", frage ich neugierig.
„Na ganz einfach, sie erhalten Geld dafür, dass sie die Arbeit, die sie erledigen müssen, ertragen. Sehr viele Menschen empfinden keinen Spaß an der Arbeit, obwohl sie doch die meiste Zeit am Arbeitsplatz verbringen – wertvolle Lebenszeit." Grinsend nicke ich ihm zu, da ich ja genauer betrachtet auch zu diesen Menschen gehöre. Und schon stellt mir Aron diese immer wiederkehrende Frage: „Was hindert dich daran, Leon, erfolgreich und glücklich zu sein?" Jetzt muss ich laut lachen und erkläre Aron sofort, dass es mich überhaupt nicht wundert, dass Felix und er immer wieder denselben Satz sagen, dieselbe Frage stellen.

„Ganz einfach, Leon, im Laufe der letzten Jahrzehnte habe ich sehr viel gelernt, vor allem über die menschliche Psyche. Wir

Menschen leben alle in einer subjektiven Realität. Wir leben alle in unserer eigenen Welt. Wir sehen die Welt nicht wie sie ist, sondern wie wir sind." „Was meinst du damit, Aron?"

7

Aron schaut mich genau an und stellt mir eine nicht gerade leichte Frage. „Warum gibt es erfolgreiche Menschen und warum gibt es erfolglose Menschen? Egal, wie hart und diszipliniert ein Mensch arbeitet, wenn im Unterbewusstsein negative Programme ablaufen und eine falsche Konditionierung, dann ist es sehr schwer – fast unmöglich – erfolgreich zu sein. Was meinst du Leon? Welche tiefen Überzeugungen hatten Arnold Schwarzenegger, Bill Gates oder Steve Jobs? Was denkst du ganz tief im Inneren über dich?" „Ehrlich gesagt, weiß ich das nicht wirklich!" „Es ist doch aber ganz einfach", kontert Aron. „Schau dir dein Leben an und du erkennst, welche tiefen Überzeugungen du gegenüber deinem Job, deiner Familie, dem Geld, dem Glück und gegenüber dir selbst hast. Die Annahme, es nicht wert zu sein, Glück und Erfolg zu haben, ist falsch. Viele Menschen denken, sie sind nicht gut genug für all das. Sie denken, Geld ist böse und negativ. Sätze wie ‚Geld verdirbt den Charakter', ‚Geld macht dich zu einem schlechteren Menschen' – die meisten Menschen sind davon überzeugt, dass man nur eins sein kann: glücklich ja, aber nicht gleichzeitig wohlhabend. Geld macht nicht glücklich, beruhigt aber ungemein. Ich könnte noch mehr Sprüche aufsagen, aber warum? Und all dies nennen wir in der Psychologie Glaubenssätze, tiefe Überzeugungen, die aus der Vergangenheit kommen, die in uns – oftmals unbewusst – programmiert sind. Unser gesamtes Leben wird jedoch entscheidend davon beeinflusst." Ich höre davon zum ersten Mal und bin neugierig, mehr zu erfahren. Aron kommt meinem Wunsch gerne nach. Wie er da so weitererzählt, merke ich von Wort zu Wort, von Satz zu Satz, wie groß sein Wissen in diesem Bereich wirklich ist und wie sehr ihm daran gelegen ist, dieses Wissen mit anderen, ja mit mir, zu teilen.

„Ivan Pawlow hat 1904 den Nobelpreis erhalten, weil er die Konditionierungstheorie aufdecken und belegen konnte. Pawlow hat folgendes Experiment gemacht. Er hat Hunden etwas zu fressen gegeben und gleichzeitig eine Glocke geläutet. Dies hat er mehrmals hintereinander gemacht. Und dann hat er nur noch die Glocke geläutet. Die Hunde hatten Speichelfluss, obwohl es nichts zu fressen gab. Dieses Experiment beweist, dass Hunde mit einfachen Mitteln ganz leicht zu konditionieren sind. Und bei uns Menschen ist das ganz ähnlich." Ich bin erstaunt und mir liegen bereits viele Fragen auf der Zunge. Doch schon erzählt Aron weiter.

„Unsere bewussten und unbewussten Überzeugungen kannst du dir ähnlich vorstellen wie die Konditionierung der Hunde bei Pawlows Versuch. Genau diese bewussten und unbewussten Überzeugungen beeinflussen unsere Emotionen. Unsere Emotionen beeinflussen unser Handeln und unser Verhalten. Unser Verhalten beeinflusst wiederum unsere Ergebnisse. Was aber geschieht, wenn Menschen gerne bessere Ergebnisse erhalten möchten?
Richtig, die meisten Menschen arbeiten daran, wie sie ihr Verhalten verändern können, wie sie etwas effektiver machen können oder sie arbeiten einfach härter. Verwundert stellen sie dann fest, dass sich die Ergebnisse und ihr Leben einfach nicht ändern. Dabei wäre die eigentliche Aufgabe gewesen, an unseren tiefen Überzeugungen und unbewussten Konditionierungen zu arbeiten. Arbeitest du an deinen Überzeugungen und tief sitzenden Konditionierungen, dann veränderst du dei-

ne Emotionen und dein Verhalten. Du bekommst unweigerlich andere, bessere, ja sogar grandiose Ergebnisse."

Jetzt musste ich doch einmal fragen: „Aber was sind Glaubenssätze und Überzeugungen?" Aron schmunzelt, weil er sich offensichtlich freut, dass ich ihm an den Lippen hänge und gedanklich so bei der Sache bin.

„Leon, ich werde es dir in ganz einfachen Worten erklären, was Glaubenssätze und Überzeugungen bedeutet. Siehst du diesen Tisch dort?"

Ich schaue hinüber und nicke.

„Prima, stell dir vor, auf dieser Tischplatte wäre eine Überzeugung von dir. Zum Beispiel, du wärst davon überzeugt, dass du attraktiv und sexy bist. Mir stellt sich die Frage: Wie kommt ein Mensch zu dieser Annahme, zu dieser tiefen Überzeugung? Dieser Tisch hat verschiedene Tischbeine, um die Tischplatte tragen zu können. Genauso ist es mit den Glaubenssätzen. Diese Tischbeine sind Erlebnisse. Stell dir vor, deine Oma hätte zu dir gesagt, vielleicht als du vier Jahre alt warst: ‚Mensch, bist du aber ein süßer Junge. Wenn du älter bist, dann rennen dir die Mädels hinterher' und hätte dich dabei liebevoll in deine Wange gekniffen. Schon hast du ein Referenzerlebnis und die Tischplatte wird von einem Bein gehalten. Dann kommst du in die Schule und in der Schule würdest du merken, dass die Mädels hinter dir herschauen und über dich flüstern. Du bekommst die ersten Liebesbriefchen und vielleicht verteilst du selbst auch welche. Auf dem Zettel steht: ‚Willst du mit mir gehen? Kreuze an: ja, nein oder vielleicht'. Und du bekommst öfter ein ‚Ja´. Das war für dich wieder ein Referenzerlebnis. Jetzt ist ein zweites Tischbein entstanden. Ein paar Jahre später ziehst du mit ein paar Kumpels am Sonntagnachmittag um die Häuser und eine gute Freundin sagt zu dir: ‚Leon du siehst so gut aus, jedes Mädchen möchte gerne mit dir zusammen sein'. Und wieder fühlst du dich bestätigt und ein drittes Tischbein entsteht. Du wirst älter, gehst vielleicht in eine Diskothek und während du der Musik zuhörst oder dich auf der Tanzfläche bewegst, bemerkst du, dass die jungen Frauen hinter dir herschauen. Es entwickelt sich dadurch das vierte und letzte Tischbein. Jetzt ist der Glaubenssatz gefestigt und die Tischplatte ist stabil. Meistens sind es aber noch extrem viel mehr Tischbeine, die im Laufe eines Lebens dazukommen.

Und jetzt, Leon, passiert etwas Verrücktes. Stell dir vor, auf dieser Tischplatte würde jetzt eine Kamera stehen und diese Kamera beginnt jetzt, diesen Glaubenssatz zu suchen und zu bestätigen, dass es auch wirklich stimmt. Sofort beginnen wir Menschen unbewusst, in unserem Leben zu suchen, weil wir unbedingt Bestätigungen haben wollen." Ich schaue Aron etwas ratlos an. „Das mit den Tischbeinen habe ich verstanden, aber das mit der Kamera musst du mir bitte noch einmal erklären." Er lässt sich nicht lange bitten.

„Lass uns doch ein kleines Experiment machen. Bitte suche hier in dem Raum mal die Farbe Rot. Wie oft findest du die Farbe Rot in diesem Raum? Zähle einfach mal durch." Ich finde die Farbe in den Rosen, in einem Buch, in einem Bild, im Stift und in einer Vase.

„Prima Leon, zähle in aller Ruhe durch und sage mir dann deine Zahl. Und Leon, wie oft erscheint die Farbe Rot hier im Raum?"

„Soweit ich es sehe, 27-mal."

„Sehr gut und jetzt schließe bitte deine Augen."

Während ich meine Augen geschlossen habe, fragt mich Aron: „Und wie oft findet man die Farbe Blau hier im Raum?"

„Das ist jetzt aber gemein von dir. Ich habe mich die ganze Zeit auf die Farbe Rot konzentriert und nicht auf die Farbe Blau."

„Ich weiß", antwortet Aron, „aber versuche, dich bitte trotzdem einmal zu erinnern. Stell es dir einfach vor und zähle gedanklich die blauen Gegenstände im Raum." „Okay, Aron, ich würde sagen drei- oder viermal."
„Sehr gut. Öffne jetzt bitte deine Augen und schau dich noch mal in dem Raum um, und erfasse wie viel Blau tatsächlich im Raum ist."
Ich beginne zu zählen und stelle fest, dass es die Farbe Blau 31-mal gibt. Das war ganz schön trickreich von Aron. Das ist doch klar, dass wenn ich mich die ganze Zeit auf die Farbe Rot konzentriere, ich auf die Farbe Blau nicht besonders achten werde. Aron erklärt mir, dass wenn ich meinen Fokus auf die Farbe Rot lege, dann blende ich zwangsläufig alle anderen Farben aus und sehe nur noch die Farbe Rot. „Und genau das passiert in unserem Gehirn, wenn du noch einmal an den Tisch und die Tischbeine denkst.

Leon, wir Menschen sehen nur das, was wir sehen wollen und wenn ein Mensch davon überzeugt ist, dass er sexy ist, dann wird er nach dieser ‚Farbe' SEXY, nach dieser Sache SEXY suchen und alles andere blendet man unbewusst aus. Das, was du in der Welt siehst, basiert auf deinen tief sitzenden Überzeugungen. Du wirst nur das sehen, wovon du selbst überzeugt bist. Wenn du also davon überzeugt bist, dass du sexy bist, dann suchst du nach Bestätigungen dafür, dass es stimmt. Und du wirst unzählige davon finden. Und du löschst alles andere um dich herum. Du hast dich zum Beispiel nicht auf die Farbe Grün konzentriert, oder auf die Farbe Gelb oder auf die Farbe Lila."
„Das war ja auch nicht dein Auftrag an mich!", antworte ich ein wenig beleidigt.
„Das stimmt! Ich wollte dir damit nur erklären, dass du nur das siehst, was du sehen willst. Im Zweifelsfall siehst du auch nur

das, was von dir verlangt wird. Wir sehen die Welt nicht wie sie ist, sondern wie wir sind!" Ich muss ihn wohl fragend oder zweifelnd angesehen haben, denn er beginnt zu erklären.

8

„Wenn du jetzt gehst und dein Leben anschaust in der Überzeugung, dass es schwer ist, viel Geld zu verdienen und glücklich zu sein, dann siehst du in der Welt, dass viele Menschen es nicht schaffen, erfolgreich und glücklich zu sein. Vielleicht wirst du Menschen sehen, die glücklich und arm sind. Und vielleicht wirst du ganz wenige Menschen sehen, die viel Geld haben, weil du davon überzeugt bist, dass Reichtum – viel Geld zu besitzen – sehr schwer, ja sogar unmöglich zu erreichen ist. Und unbewusst beginnst du dich immer nur auf diese Dinge zu konzentrieren. So funktioniert unser Nervensystem, unser Gehirn. Es muss so funktionieren, sonst würde es überkochen. Pro Sekunde stürzen circa acht Millionen Eindrücke auf uns ein und nur etwa 2.000 Eindrücke verarbeiten wir unbewusst. Wir Menschen müssen also eine selektive Wahrnehmung haben, um Wichtiges von Unwichtigem zu unterscheiden. Das heißt, wenn du denkst, das Leben sei schwer und ungerecht, dann wirst du unbewusst in deinem Kopf eine innere Kamera haben, stellst sie darauf ein und suchst unbewusst nach Bestätigungen. Und jeder Mensch könnte schwören, dass das die Realität der Welt ist. Und ja, das stimmt auch, Leon, jeder hat mit seiner Realität Recht. Jeder lebt in seinem Muster der Welt, die er als real empfindet. Jeder hat für sich Recht." Ich nicke, denn alles, was Aron mir gerade erzählt, kommt mir irgendwie vertraut vor. Und es macht plötzlich alles Sinn. Und Aron ist noch nicht fertig für heute.

„Leon, ich gebe dir gerne noch ein Beispiel. Kennst du die Situation: Du fährst ein sehr altes, klappriges Auto und hast dir vorgenommen, alsbald ein neues zu kaufen. Du sitzt in deiner alten Schüssel, fährst zur Arbeit oder zum Einkaufen und hast dich schon längst für ein neues Modell von einer bestimmten Marke in einer bestimmten Farbe entschieden. Deine innere Kamera, dein Fokus beginnt jetzt nach diesem speziellen Auto zu suchen. Und plötzlich fällt dir auf, dass es überall auf der Straße zu finden ist. Sehr viele Menschen sind genau mit diesem Auto unterwegs. Jedes Mal, wenn du die Straßen entlangfährst, siehst du genau diesen Wagen in vielfacher Ausführung. Dann fragt man sich doch selbst, war dieses Auto schon die ganze Zeit so oft auf der Straße? Ich habe gar nicht bemerkt, dass das Modell so häufig in unseren Straßen zu sehen ist. Erst jetzt, als meine Entscheidung zum Autokauf gefallen ist, sehe ich mein Wunschauto überall. Das kennst du bestimmt auch."

Aron lächelt und ich merke, dass er gerade so gar nicht an seine schlimme Situation oder seine Schmerzen denkt. Schön, ihn so glücklich zu sehen, also unterbreche ich ihn nicht.

„Weißt du Leon, ich kann mich noch genau daran erinnern, als meine Frau das erste Mal schwanger mit unserer lieben Tochter Lena war. Damals habe ich nur noch schwangere Frauen gesehen. Wirklich überall waren schwangere Frauen. Und überall habe ich plötzlich Kinder gesehen. Mir ist es vorher gar nicht so aufgefallen. Und man kann es gar nicht glauben, dass es so viele schwangere Frauen und so viele Kinder gibt. Hast du eigentlich Kinder?"

„Nein, leider nicht. Ich habe noch nicht die passende Partnerin gefunden." „Das wird schon", tröstet Aron und kommt gleich wieder auf sein Thema zurück.

„Jetzt überleg mal, wie oft hattest du in deinem Leben so eine ähnliche Situation? Vielleicht wolltest du dir ein besonderes

Handy kaufen oder eine besondere Jacke oder einen speziellen Beruf wählen oder du wolltest in einen bestimmten Stadtteil ziehen. Es gibt ganz viele Beispiele.
Und wie oft ist es dann passiert, dass, wenn du vielleicht zufällig darüber erzählt hast, plötzlich sehr viele andere Menschen auch eine Wohnung suchen oder in diesen Stadtteil ziehen wollen? Plötzlich hast du hier und dort von genau diesem speziellen Beruf etwas gelesen. Und viele andere Personen haben genau das gleiche Handy oder die besondere Jacke." Ich beginne zu lachen und sage: „Ja, Aron, du hast vollkommen Recht."
„Aber was bedeutet das?"

Ich überlege kurz und schaue zur Decke. „Wir sehen nur das, was wir sehen wollen und wenn man sich auf etwas fokussiert und konzentriert, beginnt man plötzlich nur noch das zu sehen und alles andere wird ausgeblendet."
„Stimmt genau, Leon, und jetzt gehen wir noch einen Schritt weiter. Als du hier in diesem Zimmer die Farbe Rot gesucht hast, hast du auch Rosa oder Bordeauxrot oder Dunkelrot als Rot akzeptiert, nur um mir eine hohe Anzahl zu nennen?"
„Ja, logisch, warum nicht?" „Weil wir fast zwanghaft nach einer Bestätigung suchen. Und auch wenn die Farbe nur eine Rotnuance ist, akzeptieren wir Rosa oder Dunkelrot." Jetzt kann ich erahnen, worauf er hinauswill.
„Das heißt also, wenn du davon überzeugt bist, du bist nicht gut genug, passiert ganz schnell Folgendes: Ein Erlebnis tritt auf, das eigentlich gar nichts oder nur sehr wenig mit deiner Situation zu tun hat, welches auch kein Beweis dafür ist, dass du nicht gut genug bist. Jetzt schaltet sich deine innere Kamera ein und ist so stark auf den Suchmodus ‚nicht gut genug' eingestellt, dass du dies als Bestätigung einfach mit annimmst, nur um noch mehr Tischbeine aufzubauen. Das funktioniert

übrigens in beide Richtungen – egal, ob deine Glaubenssätze, deine Überzeugungen, positiv oder negativ sind. Das bedeutet aber auch, dass viele Dinge nur eingebildet sind, unsere tief sitzende Überzeugung aber weiterhin stärken." Wieder nicke ich zustimmend.

„Leon, du kannst auf diese Tischplatte alles schreiben, was du dir nur vorstellst. Vielleicht Sätze wie: ‚Ich bin es nicht wert, erfolgreich zu sein', ‚Ich schaffe das sowieso nie', ‚Ich bin nicht gut genug', ‚Geld verdirbt den Charakter', ‚Es ist sehr schwer, viel Geld zu verdienen'.
Überzeugungen wie: Ich kann nicht tanzen, ich kann nicht singen, ich bin kein guter Vater, ich werde niemals eine Führungskraft sein, sich selbstständig zu machen, ist sehr gefährlich etc. Ganz egal, welche Überzeugungen man hat, es ist alles nur eine Illusion. Hast du das verstanden, Leon?", fragt Aron mich sehr eindringlich.

Mit direktem Blickkontakt und fester Stimme antworte ich ohne zu zögern: „Ja, das klingt alles vollkommen logisch. Aber es ist auch ein so ganz anderes Weltbild, von dem ich vorher ausgegangen bin. Ich muss das wohl alles erst einmal verdauen, was du gerade gesagt hast!"
Irgendwie fühle ich mich plötzlich leer, verwirrt und durcheinander. Es ist anstrengend und ich zweifle an mir, an allem. Alles, was ich bisher gedacht habe, wie ich gelebt habe, stimmt nicht mehr.

„Aron, heißt das, dass alles, was ich von meinen Eltern oder von meinem Umfeld gelernt habe, falsch ist?"

„Nicht falsch, sondern das ist nicht dein, sondern ihr Modell der Welt, ihre Kamera, ihre tief sitzenden Überzeugungen und Glaubenssätze. Dabei solltest du noch eines wissen, Leon. Es gibt beflügelnde Glaubenssätze, die dich weiterbringen und es gibt lähmende Glaubenssätze, die uns blockieren. Wenn du zum Beispiel Menschen kennenlernst, die eine glückliche Ehe führen, und nicht nur nach außen, sondern wirklich verliebt sind, obwohl sie schon seit 20 oder 30 Jahren verheiratet sind, dann hat dieses Paar gute und beflügelnde Glaubenssätze und Überzeugungen über das Thema Ehe und Partnerschaft. Wenn du einen Menschen kennen lernst, der chronische Geldprobleme hat, egal ob er 2.500 Euro oder 5.000 Euro monatlich verdient oder er sogar etwas geerbt hat. Wenn jene Person immer klagt, dass das Geld nicht ausreicht, dann hat dieses Individuum einen negativen Glaubenssatz und negative Überzeugungen zum Thema Geld.

Ich kann mich noch an das Coaching mit einer 55-jährigen Frau erinnern. Sie kam zu mir und klagte: ‚Ich bin selbstständig und verdiene gutes Geld. Mal sind es 5.000 Euro, mal 15.000 Euro monatlich und das schon seit vielen Jahren, ja bereits seit Jahrzehnten. Jedoch habe ich nichts, keine Rücklagen, kein Eigenheim, nichts. Mein Nachbar, der Brezeln mit einem kleinen Wagen unten an der Straße verkauft, hat schon vier Eigentumswohnungen gekauft. Mit seinem Verdienst, ich verstehe das nicht.' Sie fragte mich mit Tränen in den Augen, was sie denn falsch mache." Neugierig bitte ich Aron, mir die Geschichte weiter zu erzählen.

„Dir ist inzwischen wahrscheinlich auch schon vollkommen klar, dass sie einen tief sitzenden Glaubenssatz, eine negative Überzeugung hatte. Also haben wir einen Glaubenssatzveränderungsprozess durchgeführt. Ich habe viele psychologische Ausbildungen abgeschlossen, die ganze Welt umreist und mir die besten psychologischen Techniken angeeignet. Unter anderem Hypnose, NLP, was Neuro Linguistisches Programmieren bedeutet, und sehr vieles mehr. Und ich konnte bei dieser Frau tatsächlich mit einer Sitzung diese Glaubenssätze verändern."

Überrascht und erstaunt schaue ich Aron an. Erst jetzt fällt mir auf, dass ich gar nicht weiß, was er beruflich macht. Ist er denn überhaupt erfolgreich und glücklich? Ich verkneife mir die Frage und verschiebe sie auf einen späteren Zeitpunkt. Ich möchte von Aron wissen, ob es wirklich möglich ist, so schnell tief sitzende Überzeugungen zu verändern. Er ist sichtlich amüsiert, antwortet aber beherzt:
„Ja, wenn die Person bereit ist, an sich zu arbeiten und sich mir öffnet." Sofort überlege ich, welche blockierenden oder negativen Glaubenssätze ich wohl habe. Aber wenn ich schon einen Experten wie Aron vor mir sitzen habe, frage ich doch diesen: „Was meinst du, Aron, welche negativen Glaubenssätze habe ich?"

„Das ist einfach Leon." Ich schaue ihn mit großen Augen an und bin verwundert. Kann er in mich hinein oder sogar durch mich hindurchschauen?
„Schau dir dein Leben an, wirklich alle Bereiche deines Lebens, und stell dir eine Skala von null bis zehn vor. Wie viele Punkte würdest du dir bei dem Thema Finanzen/Geld geben, wie viele Punkte bei Familie/Beziehung und wie sieht es bei Gesundheit, Freizeit, Arbeit und Karriere, Mission, Selbstverwirklichung, Spiritualität, Weiterbildung aus?" „Halt, warte, das kann ich mir ja unmöglich alles merken!" Ich nehme mir ein Blatt, das auf dem Tisch liegt und einen Stift und schreibe mir sämtliche Punkte auf.

Wir waren so ins Gespräch vertieft und das, was Aron mir erzählte, war vollkommen neu und spannend für mich, dass ich gar nicht merkte, wie spät es schon wieder geworden war. Unser langes Gespräch hat Aron doch sehr angestrengt und er wirkt jetzt sehr müde. Obwohl ich neugierig bin, will ich ihn nicht noch mehr strapazieren. „Es ist schon sehr spät geworden und du solltest dich ausruhen." „Ja, du hast Recht, ich bin müde. Wenn du gerne mehr erfahren möchtest, dann besuche mich doch einmal in der Woche und ich bringe dir noch vieles über die menschliche Psyche bei. Natürlich auch wie du erfolgreich und glücklich werden kannst."

Ich bin ihm sehr dankbar für dieses Angebot, obwohl mich die vielen Informationen auch verwirrt haben. Trotzdem sage ich ihm natürlich zu.
„Na, dann treffen wir uns ab sofort einmal in der Woche, immer samstags um zwölf Uhr." „Gut", sage ich, packe meine Sachen ein und will mich verabschieden. Doch Aron packt mich am Arm und hält mich zurück. „Warte kurz, ich gebe dir noch einen ganz wichtigen Tipp. Kaufe dir ein wunderschönes leeres Notizbuch und bringe es zu jedem unserer Treffen mit. Schreibe dir alles auf, damit du die Dinge besser wiederholen und rekapitulieren kannst, um alles besser zu verdauen." Ein Lächeln huscht über seine Lippen. Dankend und ebenfalls lächelnd verabschiede ich mich ganz herzlich von ihm. Ich bin noch nicht ganz an der Tür, da schläft Aron auch schon tief und fest. Es ist mir gar nicht aufgefallen, wie sehr ihn unser Gespräch angestrengt hat. Allerdings nicht nur ihn.
Beim Verlassen des Krankenhauses entdecke ich auf der gegenüberliegenden Seite einen kleinen Park. Mir ist noch nicht danach, gleich nach Hause zu laufen, also gehe ich noch etwas spazieren. Hier gibt es wunderschöne alte und saftig grüne

Bäume, die majestätisch und kraftvoll aussehen. Ich entdecke eine Bank und setze mich hin, schaue zu, wie der Wind die Blätter von den Bäumen weht und denke über das gesamte Gespräch mit Aron nach. Immer noch bin ich durcheinander und verwirrt. Wenn ich das richtig verstanden habe, leben wir Menschen alle in einer subjektiven Welt und jeder sieht sie durch seine eigene Brille. Jeder hat eigene Erfahrungen und Referenzerlebnisse. Diese Referenzerlebnisse konditionieren uns und machen uns zu dem, was wir sind. Überzeugungen beeinflussen unser Verhalten, unsere Möglichkeiten im Leben. Versunken in meine Überlegungen schaue ich mich um und sehe ein kleines Kind spielen, lachen und rennen.

Ich versuche mir vorzustellen, wie dieser kleine Junge wohl die Welt sieht. Vielleicht mit sehr viel Spaß, Spiel und Leichtigkeit? Er kann einfach träumen und alles machen, wenn er groß ist. Vielleicht ist das die richtige Brille, durch die auch wir als Erwachsene die Welt noch einmal sehen müssten. Eine schöne Brille und ein schöner Blick.

Ich lasse meinen Blick weiter schweifen und entdecke einen älteren Herrn, der niedergeschlagen am anderen Ende des Parks auf einer Bank sitzt. Seine Kleidung ist abgetragen und schäbig. Wie er wohl die Welt sieht? Womöglich denkt er, dass die Welt ungerecht, schwer und kompliziert ist. Dass es nicht so einfach ist, erfolgreich und glücklich zu sein. Wahrscheinlich hat er resigniert und glaubt nicht mehr an seine Träume und Wünsche.
Ich beobachte den Alten noch ein wenig, bis mir auf der anderen Seite des Parks ein adretter junger Mann in einem schönen Anzug auffällt. Immer wieder schaut er sich um. Da sehe ich, wie eine junge Frau den Park betritt und beschwingt auf ihn

zugeht. Bereits von weitem strahlen sich die beiden an. Als sie aufeinandertreffen, umarmen sie sich herzlich und küssen sich. Dieser Mann sieht die Welt wieder aus einer ganz anderen Perspektive. Er sieht vielleicht, wie toll heute das Wetter ist, welche außergewöhnlichen Geschäftsgelegenheiten sich ergeben. Er sieht gute Chancen, beruflich vorwärts zu kommen und privat mit seinem Mädchen glücklich zu werden. Vielleicht denkt er gerade nach, wie er noch mehr Geld verdienen kann, um sich bald ein schönes Haus kaufen zu können. Er läuft sehr aufrecht, die Schultern zurück, die Brust stolz gestärkt. Seine Persönlichkeit vermittelt Selbstsicherheit. Vermutlich denkt er: „Ich kann alles erreichen, was ich will!"

Plötzlich stelle ich mir vor, wie ich aus meinem Körper schwebe und von oben herab die gesamte Situation betrachte. Mir fällt auf, dass wir alle den gleichen Tag erleben. Dass wir alle in der gleichen wirtschaftlichen Konjunktur leben. Und doch sieht jeder einzelne – der kleine Junge, der alte und der junge Mann, die Frau, Felix, Aron und ich – jeder von uns sieht die Welt aus seiner eigenen Perspektive. Und diese Perspektive blockiert oder beflügelt uns.

Und wieder auf der Bank im Park gegenüber dem Krankenhaus gelandet, stelle ich mir vor, alle meine negativen Gedanken über Bord zu werfen. Einfach nur mal so tun, als ob ich ein erfolgreicher Mensch wäre. Wie würde ich mich dann verhalten? Wie würde ich dann mein Leben meistern? Dieses Spiel gefällt mir und ich bin zuversichtlich, dass es nun leichter ist, neue Überzeugungen zu finden. Voraussetzung ist, dass ich meine innere Kamera neu einstelle. Das heißt, wenn ich nur mal so tue, als ob ich ein erfolgreicher und glücklicher Mensch wäre. Bestimmt ist es jetzt einfacher, meine Gedanken auf Erfolg

einzustellen und mich langsam neu zu konditionieren. Beschwingt stehe ich auf, spaziere noch ein wenig durch den Park und beschließe dann, endlich nach Hause zu fahren. Gleich im Frankfurter Hauptbahnhof kaufe ich mir ein wunderschönes DIN A4 Notizbuch, in weiches, schwarzes Leder gebunden mit einem roten Lesebändchen. Zu Hause schreibe ich gleich alles auf, was ich bis jetzt gelernt habe. Erst notiere ich Felix' Erzählungen und Ratschläge der letzten Tage und ende mit dem, was Aron mir heute alles beigebracht hat.
Erstens: Verantwortung übernehmen für mein Leben.
Zweitens: Verlassen der Komfortzone in Richtung meines Zieles und mutig sein.
Drittens: Glaubenssätze, Überzeugungsmuster erkennen und verändern. Sich eine neue Sichtweise aneignen.

Ich schreibe unendlich viel auf. Mittlerweile habe ich bereits sechs Seiten gefüllt. Das macht hungrig und müde, also lege ich das Notizbuch zur Seite und mache mir etwas zu essen. Nach dem Essen räume ich auf, lege mich ins Bett und versuche noch einmal über alles nachzudenken. Doch kaum berührt mein Kopf das Kissen, schlafe ich auch schon erschöpft ein. Den Sonntag verbringe ich ebenfalls mit Schreiben. Es sind so viele wichtige Dinge, die ich in den letzten Wochen gelernt habe und ich befürchte, dass ich irgendetwas Wichtiges vergesse, wenn ich nicht alles in meinem Notizbuch festhalte.

Montagmorgen gehe ich wie immer, als ob nichts gewesen wäre, zur Arbeit. Doch irgendetwas hat sich verändert. Ich schaue meine Kollegen an und erkenne, dass jeder in seiner eigenen Welt lebt und jeder seine innere Kamera in eine besondere Richtung eingestellt hat. Und dass jeder nach Bestätigungen für seine Überzeugungen sucht. Von außen wirke ich wahrscheinlich auf die anderen so wie immer, innerlich hat sich bei mir allerdings sehr viel getan. Ich bin nicht mehr der Mensch, der ich noch vor wenigen Wochen, ja sogar noch vor ein paar Tagen war. Irgendwie ist die Situation zugleich spannend und beängstigend.

Da fällt mir plötzlich auf, dass sich meine innere Kamera verstellt hat. Arons Beispiel mit dem Autokauf ist sehr anschaulich. So etwas Ähnliches erlebe ich gerade. In meiner Mittagspause treffe ich Michael wieder, der große Angst vor einer Kündigung hat. Sein Vorgesetzter hat ihm zum Termin gebeten und dabei anscheinend ganz komisch angesehen. Ich versuche ihn zu beruhigen. „Hör auf, Gespenster zu sehen, du bildest dir das nur ein. Du machst doch einen fantastischen Job und bist seit mehr als fünf Jahren in unserem Unternehmen tätig."
„Ja, du hast Recht, aber ich weiß nicht." Seine innere Kamera ist definitiv falsch eingestellt. Die Mittagspause ist beendet und wir gehen wieder an unseren Arbeitsplatz zurück.
Ich konzentriere mich auf meine Arbeit und der Tag geht schnell vorbei. Auf dem Heimweg schreibe ich eine SMS an Felix und frage, wo er heute Morgen war. Ich will mich nochmals für alles bedanken, was er für mich getan hat. Natürlich will ich ihm auch von meinem Gespräch mit Aron und der Vereinbarung berichten, und dass wir uns ab sofort jeden Samstag treffen.
Felix schreibt mir sofort zurück: „Hallo, lieber Leon. Das habe ich gerne gemacht und ich freue mich, dass du deine Sichtweise über das Leben veränderst. Ich musste nach Bangkok fliegen. Eine dringende Geschäftsreise. Ich werde zwei Monate dortbleiben. Es geht um ein 22 Millionen-Projekt. Du bist in guten Händen bei Aron, schließlich ist er ja auch schon lange mein Mentor, und denke daran – verlasse deine Komfortzone!"

Als ich seine Zeilen lese, überlege ich mir, wie klein ich denke und wie groß der Horizont von Felix ist. Ich stelle mir vor, wie es wohl wäre, wenn ich eine Woche das Denkmodell von ihm übernehmen würde. Sofort wird mir bewusst, dass ich an meine Grenzen stoße und ich mir das ganz und gar nicht vorstellen kann.

Vielleicht ist das aber auch gar nicht so schlimm, kein Grund, deshalb aufzugeben. Ich halte mich einfach daran, was Felix gesagt hat. Mach kleine Schritte. Wichtig ist nur, dass du deine Komfortzone immer wieder verlässt. Womöglich hat Felix auch mit kleinen Schritten begonnen, bis er dort angekommen ist, wo er jetzt steht. Er hat gesagt, dass es egal ist, was in der Vergangenheit passiert ist. Was zählt, sind die Gegenwart und die Zukunft. Das ermutigt mich, weiter an mir zu arbeiten.

Daheim merke ich, dass ich innerlich motiviert bin, ja geradezu wissenshungrig und einfach immer mehr erfahren will. Ich freue mich schon auf den nächsten Termin am Samstag mit Aron. Es macht mir Spaß, mein Notizbuch zur Hand zu nehmen, darin zu lesen und verschiedene Passagen immer wieder zu ergänzen.
Ich frage mich, was ich tun muss, um die nächsten Schritte zu machen, um die nächste Entwicklung in meinem Leben zu erreichen? Ich spüre Tatendrang, Lust, Freude und Spaß, mein Leben neu zu gestalten. Keine Vorstellung mehr davon, mich abends einfach nur vom Fernseher berieseln zu lassen. Anstatt nur zuzuschauen, wie andere ein tolles Leben führen, denke ich lieber darüber nach, was ich noch so alles Tolles im Leben erreichen will. Der Tag geht langsam zu Ende und ich schlafe wie gestern fast augenblicklich ein.

Am nächsten Morgen kommt mir die Idee: Anstatt jeden Abend alleine zu verbringen, sollte ich einmal ausgehen. Ich schreibe eine SMS an eine alte Freundin und frage ob sie Lust und Laune hat, heute Abend etwas mit mir trinken zu gehen. Eine halbe Stunde später erhalte ich eine positive Antwort von ihr. Bei der Arbeit geht der Tag wieder einmal wie im Flug vorbei. Gegen 18 Uhr verlasse ich die Firma und treffe mich mit Laura in einer nahe gelegenen Bar. Ich freue mich sehr, sie wiederzusehen.

In der Bar unterhalten wir uns eine Weile über Belangloses bis Laura mich fragt, wie es mir geht. „Mir geht es sehr gut, so gut wie schon lange nicht mehr."

„Das dachte ich mir schon, du wirkst irgendwie anders. Was ist passiert?"

„Ich habe einen alten Klassenkameraden wieder getroffen."

„Das ist schön, Leon, und freut mich sehr." Nachdem sie nicht weiterspricht, stelle ich ihr die gleiche Frage. Sie wirkt etwas bedrückt. „Geht so. Ich habe mich erst kürzlich von meinem Freund getrennt."

„Oh, das ist aber schade."

„Ach weißt du, ich treffe immer wieder auf dieselben Kerle. Sie nutzen mich aus und sind nicht gut zu mir. Wenn ich mein Leben so anschaue, habe ich immer die gleichen Typen von Männern kennengelernt."

Ich bemerke ein Muster. Ihre innere Kamera ist bestimmt auf solche Typen von Männern eingestellt. Kein Wunder, dass sie sich auch immer wieder dieselben Männer aussucht.

„Laura, vielleicht musst du ganz einfach einen anderen Typ als Mann suchen!"

„Was meinst du damit, Leon?"

„Ich meine, wie sieht dein Traummann aus? Welche Charakterzüge und was für eine Persönlichkeit sollte er haben? Wie

wäre es, wenn du einfach mal einen anderen Typ Mann ausprobierst? In der Tierwelt bedeutet es, du musst dein Beuteschema wechseln."
„Ja, das habe ich mir auch schon gedacht. Aber wenn es nur so einfach wäre."
„Hast du dir schon einmal wirklich ganz genau Gedanken gemacht, wie dein Traummann sein soll?"
„Ehrlich gesagt, noch nicht so genau, bislang habe ich einfach abgewartet. Ich habe mich immer leiten und einfach alles auf mich zukommen lassen." Jetzt muss ich kontern.
„Da wäre es doch mal an der Zeit, dass du etwas Anderes ausprobierst, oder?
Schreibe dir doch einfach mal ganz genau auf, wie dein Traummann aussehen soll. Welche Charakterzüge soll er haben, wie soll seine Persönlichkeit sein und wie soll er aussehen?"
„Das ist doch albern."
„Warum? Wenn du es dir ganz konkret aufschreibst, dann wirst du unbewusst deine innere Kamera anders einstellen und anders suchen."

Währenddessen ich dies zu Laura sage, bemerke ich, dass Aron und Felix mich tatsächlich bereits stark beeinflusst haben. Ich habe unbewusst Laura genau das geraten, was ich selbst tun muss. Ich muss mir selber über mein Leben schriftlich Gedanken machen, damit ich meinen Fokus, meine innere Kamera lenke. Wir unterhalten uns noch ein wenig und dann trennen wir uns. Es ist tatsächlich spät geworden. Aber bevor ich einschlafe, nehme ich mir noch fest vor, gleich am nächsten Tag alles aufzuschreiben, was ich in meinem Leben gerne machen möchte, um meine innere Kamera zu beeinflussen und zu lenken.

Mein Arbeitstag ist heute genauso stupide und langweilig wie einige Tage zuvor vergangen. In meiner heimischen Komfortzone nimmt mich mein Notizbuch sofort in seinen Bann und ich notiere mir: „Was möchte ich eigentlich?" „Ich möchte erfolgreich und glücklich sein." Und dann starre ich auf das leere Blatt Papier und weiß irgendwie nicht weiter. Wie soll ich weitermachen? Ich überlege, was Felix und Aron mir erzählt haben und erinnere mich an die verschiedenen Lebensbereiche. Um mich nicht zu verzetteln, beginne ich mit dem Punkt Arbeit und Karriere. Wie viele Punkte würde ich mir hier wohl geben? Naja, mit gutem Willen, vielleicht drei bis vier. Aber was möchte ich in diesem Bereich wirklich erreichen? Und dann schreibe ich auf:
„Ich möchte in meiner Firma leitender Angestellter werden." Einigermaßen zufrieden mit meinem Ergebnis, schließe ich mein Notizbuch und lege es zur Seite. Die nächsten Tage ziehen an mir nur so vorbei, bis es endlich wieder Samstag ist.

Am Samstag verlasse ich bereits frühmorgens das Haus, gönne mir ein leckeres Frühstück beim Bäcker und mache mich auf den Weg zu Aron ins Krankenhaus. Natürlich habe ich wie vereinbart mein Notizbuch dabei. Aron wird staunen, was ich dort schon alles aufgeschrieben habe. Auf dem Weg zum Bus mache ich einen kurzen Abstecher in eine Buchhandlung. Das, was Felix und Aron mir erzählt haben, macht mich einfach neugierig und ich möchte sehen, ob es zu den Themen ein spannendes Buch gibt. Irgendetwas über Glaubenssätze oder wie man sein Leben ändern kann. Ich staune nicht schlecht, wie viele Bücher es tatsächlich zu diesen Themen gibt. Anscheinend gibt es viele Menschen, die so wie ich nicht glücklich mit ihrem Leben sind und gerne erfolgreicher wären. Ich schmökere mal hier, schaue mal in das Inhaltsverzeichnis, lese ein paar Buchdeckel, aber nichts spricht mich wirklich an. Also verlasse ich die Buchhandlung wieder und fahre zu Aron, damit ich auch pünktlich um zwölf Uhr bei ihm bin.

Im Krankenhaus gehe ich ohne Umwege in Arons Krankenzimmer. „Hallo Aron", begrüße ich ihn erwartungsvoll.
„Hallo Leon." Höflich erkundige ich mich nach seinem Gesundheitszustand und er berichtet, dass er noch einige Untersuchungen über sich ergehen lassen und zur Beobachtung auf der Station bleiben muss. Seine inneren Verletzungen seien schlimmer als vermutet. „Es wird bestimmt wieder gut, Aron." Wie am letzten Samstag nehme ich mir einen Stuhl und setze mich zu ihm ans Bett.

„Ich sehe, du hast dir ein schönes Notizbuch gekauft. Kannst du dich noch an unser letztes Gespräch erinnern?"
„Selbstverständlich, und ich habe mir gleich alles in meinem Notizbuch aufgeschrieben, so wie du es mir geraten hast."
„Das ist sehr gut, Leon. Weißt du noch, was ich dir über Glaubenssätze und Überzeugungsmuster erzählt habe? Es gibt noch ein paar wichtige Punkte und Ergänzungen dazu. Du erinnerst dich an die Tischbeine und die Tischplatte? Diese Tischbeine, die unsere Glaubenssätze, unsere Überzeugungen tragen, davon gibt es insgesamt drei wichtige Varianten." „Was für Varianten?"
„Ein solches Tischbein kann auf drei verschiedene Arten entstehen. Erstens kann ein Tischbein durch Referenzerlebnisse entstehen. Also die Dinge, die du tatsächlich selbst erlebt hast – in deiner Kindheit, in deiner Jugend, in deinem Leben. Die zweite Variante ist eine so genannte mündliche Konditionierung."
„Was bedeutet das genau, Aron?"

„Ich erkläre es dir. Eine mündliche Konditionierung ist, wenn du in deinem Umfeld, vielleicht von deinen Eltern oder aus der Schule oder von irgendjemand, permanent zu hören bekommst: ‚Das schaffst du nicht! Du bist nicht gut genug!' Dann entsteht auch ein Tischbein. Der Unterschied ist, dass nicht wirklich etwas passiert ist. Aber ein wichtiger Mensch hat dir so einen Satz vielleicht mehrmals gesagt und schon entsteht ein zweites Tischbein."
„Ah, ich verstehe – mündliche Konditionierung."

„Und die dritte wichtige Variante ist, dass du unbewusst wichtige Bezugspersonen, vielleicht deinen Vater oder deine Mutter oder jemand anderen, nachahmst. Wir Menschen lernen durch Nachahmung. Leon, mir ist bewusst, dass du keine Kinder hast, zumindest noch nicht", grinst er.
„Willst du mal Kinder haben?" „Mit der richtigen Partnerin schon."
„Ich kann dir sagen, das ist ein Segen. Es bereichert dein Leben außerordentlich. Dann wird dir Folgendes auffallen, so wie es auch mir sehr schnell deutlich geworden ist: Meine erste Tochter Lena hat mich unbewusst nachgeahmt. Sie übernahm meine Wortwahl, meine Gestik und Mimik. Ja, sogar meinen Blick ahmte sie nach. Das kennst du sicher, oder? Von Erzählungen oder vielleicht sogar von eigenen Beobachtungen. Und jetzt kommt's, wir beginnen nicht nur körperlich gewisse Dinge nachzuahmen, sondern auch die Denkmuster, Überzeugungen und Glaubensmuster. Diese Dinge passieren unbewusst. Wenn zum Beispiel dein Vater davon überzeugt war, dass es schwer ist, Geld zu verdienen, gar reich zu werden sogar unmöglich ist, dann übernimmt man als Kind genau diese Programme und Muster, Leon, und das geschieht unbewusst."

Ich schaue Aron besorgt an und sage: „Das ist ja verrückt. Daher kommt wohl auch das Sprichwort: Zeige mir, mit wem du deine Zeit verbringst, und ich sage dir, wer du bist. Unser Umfeld prägt uns, stimmt's Aron?"
„Ja genau Leon, du lernst schnell. Das Schlimme bei diesen Programmen ist, dass sie sehr schleichend sind und wir es gar nicht merken, weil sie unbewusst einfach angenommen werden."

Noch während Aron mir alles erzählt, schreibe ich mir die ersten Punkte in meinem Notizbuch auf. Bewusst lasse ich bei jedem Punkt etwas Platz, damit ich später noch etwas ergänzen kann. Sicher habe ich, wenn ich mir das Ganze noch einmal durch den Kopf gehen lasse, ein paar Fragen oder Ideen, die ich dazu notieren werde.

„Leon, stell dir mal vor, du wärst in eine reiche und glückliche Familie hineingeboren worden. Was für ein Mensch wärst du dann?" „Ehrlich gesagt, kann ich mir das jetzt gar nicht vorstellen. Wahrscheinlich wäre ich ein ganz anderer Mensch. Vielleicht hätte ich andere Glaubenssätze und Überzeugungen. Aber heißt das, dass alle Menschen – mich eingeschlossen – die eben nicht in einer reichen und glücklichen Familie aufgewachsen und dadurch geprägt worden sind, keine Chance haben, glücklich und erfolgreich zu sein?"

„Aber keineswegs. Du hattest einfach nur einen anderen Start und es wäre auch kein Garant, dass du erfolgreich und glücklich bist, wenn du in einer ähnlich konditionierten Familie groß geworden wärst. Zugegeben, unser Umfeld beeinflusst uns sehr, aber diese Beeinflussung ist nur ein Teil. Der zweite Teil ist deine ganz persönliche Interpretation, also ist es auch entscheidend, wie du es für dich emotional abspeicherst."

„Wow, langsam Aron. Kannst du mir das bitte noch einmal und zum Mitschreiben erklären?" „Ich weiß, das Thema ist sehr komplex, aber versuche dich einmal in folgende Situation hineinzuversetzen. Wenn du einen Vater gehabt hättest, der sehr leistungsorientiert ist und dich die ganze Zeit gedrängt hätte, genauso zu werden wie er, dann könnte es sogar sein, dass du rebellierst und das genaue Gegenteil machst. Das alles sind aber nur Gedankenexperimente."
Trotzdem frage ich bei Aron noch einmal nach, um das alles auch wirklich richtig zu verstehen: „Was genau meinst du mit emotional interpretieren?"
„Ganz einfach. Stell dir vor, du hättest eine schlechte Note geschrieben und zeigst diese schlechte Schulnote deinem Vater. Und er wäre sehr enttäuscht und sauer und du wärst dadurch emotional verletzt. Oder er würde behaupten, du bist einfach zu faul und musst nur mehr lernen, obwohl du doch wirklich sehr viel gelernt hast. Jetzt könnte es sein, dass du es auf der einen Seite als Ansporn betrachtest, um zu beweisen, dass du es kannst. Oder du fühlst dich hilflos und überfordert. Es kommt also nicht nur darauf an, in welchem Umfeld wir aufgewachsen sind, sondern auch, wie wir die Dinge, die passieren, interpretieren, wahrnehmen, abspeichern und unsere emotionalen Schlüsse daraus ziehen."

„Das heißt also, dass uns auf der einen Seite unser Umfeld prägt und auf der anderen Seite unsere Persönlichkeit?" „Sehr gut", sagt Aron zu mir.
Ich frage mich, ob unsere Glaubenssätze und Überzeugungen wohl gleichbedeutend mit unserer Persönlichkeit sind? Aron verneint das sofort. „Glaubenssätze und Überzeugungen sind wie bei einem Computer eine Software und Persönlichkeitsmuster stellen das Betriebssystem dar."

„Einerseits muss ich an meinen Glaubenssätzen und Überzeugungen arbeiten und andererseits an meinen Persönlichkeitsmustern. Erfolg und Glück hängen davon ab, oder?" „Ja, grundsätzlich schon, wir beginnen erst mal mit Glaubenssätzen und Überzeugungen und später kommen wir dann zu den Persönlichkeitsmustern."

Mein Stift fliegt nur so über das Papier meines Notizbuches. Unglaublich, was es da alles Neues für mich zu entdecken gibt und wie doch alles irgendwie zusammenhängt. Ich bin wirklich gespannt, was Aron heute noch so alles auf Lager hat. Er lässt mir kaum eine Minute zum Verschnaufen, da erzählt er auch schon weiter.

„Leon, gehen wir noch einmal zurück zu dem Thema Nachahmung. Es wurde mal ein Experiment mit Affen gemacht. Mehrere Affen waren in einem Käfig eingesperrt und mittendrin stand eine Leiter. Über dieser Leiter hingen einige Bananen. Als die Tiere diese Bananen entdeckten, wollten sie sofort die Leiter erklimmen, um eine Banane zu ergattern. Doch die Tierpfleger hatten die Anweisung, sie mit einem harten Wasserstrahl aus dem Schlauch daran zu hindern. Die Affen erschraken und sprangen von der Leiter. Sie versuchten es auf einem anderen Weg noch einmal und die Pfleger spritzten sie wieder nass. Dies geschah drei- oder viermal und die Affen gaben schließlich auf. Sie trauten sich nicht mehr, die Bananen zu fressen. Die Tiere fanden sich schließlich mit der Situation ab. Eine Weile später wurde das Experiment erweitert und zwei Affen wurden ausgetauscht. Die zwei neuen Artgenossen reagierten wie erwartet. Sie sahen die Bananen, die Leiter und die Möglichkeit, an Fressen zu kommen. Die zwei Neuen wollten sofort hochklettern, um eine Banane zu ergattern. Doch die anderen Affen hielten sie mit Getöse davon ab und schrien und tobten. Sie hielten die zwei davon ab, als ob es um Leben und

Tod ginge. Nach einer Weile wurden immer mehr Affen ausgetauscht – bis irgendwann kein Affe der ersten Generation mehr in dem Käfig war. Keines dieser Tiere hatte sich jemals getraut, nach oben zu klettern und sich eine Banane zu nehmen. Dabei wusste keiner der Affen, warum sie nicht hochklettern dürfen. Sie hatten ja auch nie selbst erlebt, welche Gefahr auf sie lauerte. Sie nahmen es nicht nur hin, sondern akzeptierten es." Erstaunlich, dachte ich, und unglaublich zugleich, dass kein Affe das jemals wieder probiert hat. Aber da spricht Aron mich auch schon wieder direkt an.

„Leon, wir Menschen übernehmen manchmal Muster und Programme, ohne zu wissen, warum. Wir ahmen einfach etwas ganz unbewusst nach, ohne dass wir wissen, ob es gut oder schlecht ist. Dies kann sogar von Generation zu Generation weitergegeben werden. Vielleicht hatte deine Oma ein Muster und Programm und es ihrem Sohn weitergegeben. Dein Vater hat dieses Programm weitergelebt und es unbewusst an dich weitergegeben. Und wir leben, ohne uns auch nur im Geringsten zu wundern, nach genau diesen Programmen, die unbewusst von Generation zu Generation weitergegeben wurden. Egal, ob sie vielleicht längst keinen Sinn mehr machen. Wir müssten ganz einfach nur mal den Mut aufbringen, auf die Leiter zu klettern und uns eine Banane holen. Wer weiß, vielleicht wäre gerade kein Tierpfleger vor Ort, oder er würde, weil er den Versuch überhaupt nicht mehr kennt, gar nicht auf die Idee kommen, mit dem Wasserstrahl zu spritzen, um uns von unserem Ziel abzuhalten."

Ich bin plötzlich sehr erstaunt, wie stark diese Programme uns beeinflussen. Wie viele von meinen Programmen habe ich von meiner Familie unbewusst übernommen und wie viele davon hat meine Familie von ihren Eltern übernommen? Jetzt brauche ich erstmal einen Schluck Wasser, um diese Information zu verarbeiten. Und ich schreibe mir die wichtigen Erkenntnisse in meinem Notizbuch auf.

„Leon, hast du dich nicht auch schon mal gefragt, warum bei uns in Deutschland beziehungsweise in Europa, Geld so negativ behaftet ist? Und weißt du, warum es in den USA völlig anders ist? Was denken die meisten Menschen, wenn sie einen jungen Mann sehen, der aus einem wunderschönen neuen roten Ferrari steigt?" „Die meisten Menschen würden denken, der junge Mann ist bestimmt von Beruf Sohn. So ein Angeber. Der macht bestimmt irgendwelche krummen Geschäfte und beutet seine Mitmenschen aus." „Warst du schon mal in den USA?" „Nein, leider noch nicht, aber ich kann mir gut vorstellen, dass die Amerikaner anders denken. Es steht keine Missgunst im Vordergrund, sondern sogar Bewunderung. Amerikaner bewundern diesen Menschen und würden eher zu ihm hingehen und fragen: ‚Wie hast du das geschafft? Was ist dein Geheimnis, dass du so erfolgreich bist?'" Aron schaut mich an und sagt: „Ja, das stimmt. Doch jetzt kommt die große Frage. Warum ist das so im deutschsprachigen Raum beziehungsweise in Europa, dass hier so gedacht wird? Und warum ist es in den USA so ganz anders?" Ich schaue ihn an und sage: „Ich weiß es nicht." Doch Aron wäre nicht Aron, wenn er darauf keine Antwort hätte, denke ich, und schon liefert er die Erklärung.

„Europa ist alt und von jeher gab es auf der einen Seite Könige und auf der anderen Seite ganz viele arme Menschen. Wenn einer plötzlich wohlhabend wurde, dann hat es geheißen, er hat silberne Löffel gestohlen, das kann doch nicht mit rechten Dingen zugehen. Der Großteil der Menschen wurde früher unterdrückt und klein gehalten und nur privilegierte Menschen kamen in den Genuss von Reichtum. Wie war es in den USA? Die Vereinigten Staaten sind ein junges Land. Aus der ganzen Welt, besonders natürlich auch aus Europa, strömten Einwanderer in die USA. Sie kamen mit dem Schiff, küssten den Boden des gelobten Landes und fühlten sich frei im Land der unbegrenzten Möglichkeiten. ‚Hier ist alles möglich. Hier kann ich sein und werden, was immer ich mir vorstelle und was ich will.' Das, was ich hier beschreibe, wird Evolutionspsychologie genannt. Es wurden unbewusst von Generation zu Generation Glaubenssätze weitergegeben, ohne sie zu prüfen. Denke nur mal an die Affen. Die meisten Menschen leben immer noch nach diesem Prinzip. Obwohl wir in Europa in den meisten Ländern alles erreichen können, was wir wollen. Rein theoretisch leben wir auch im Land der unbegrenzten Möglichkeiten. Alles ist möglich! Vom Tellerwäscher zum Millionär und vom Schuhputzer zum Unternehmer. Doch die meisten Menschen haben die alten Glaubenssätze noch nicht abgeschüttelt."

„Wie stark wir Menschen doch programmiert sind. Und nach Modellen und Prinzipien leben, die total veraltet sind." „Verstehst du jetzt, warum es mir so wichtig mit diesem Erfolgsbote-Projekt ist? Die meisten Menschen können so viel mehr in ihrem Leben erreichen. Doch sie sind gefangen in sich selbst, in alten Programmen, in alten Mustern, die eine Blockade verursachen. Die alten Muster sorgen dafür, dass wir nicht unsere Träume und Wünsche leben."
Ich starre wie gebannt auf Aron, der plötzlich mit trauriger Stimme weiterspricht.

„Es tut mir im Herzen weh, wenn ich sehe, wie viele Menschen sich das Leben so extrem schwermachen und darunter leiden.

Wir Menschen können so viel mehr erreichen und jeden Tag glücklich sein und unsere Träume leben. Es gibt nur ein Problem: Wir stehen uns selbst im Weg. Aus diesem Grund habe ich dieses Projekt des Erfolgsboten ins Leben gerufen." Ich kann Aron sehr gut verstehen. Da sitzen wir beide nun in diesem Krankenhaus zusammen. Obwohl wir sonst immer etwas zu sagen, zu erzählen, zu fragen und zu antworten haben, verhalten wir uns in diesem Moment ganz still und schweigen. Ich spüre, dass Aron Mitgefühl hat. Gerade während der letzten Sätze hat er feuchte Augen bekommen und ich habe wahrscheinlich jetzt erst richtig verstanden, warum Aron dieses Projekt so wichtig ist.

„Aron, ich glaube ich habe erst jetzt richtig verstanden, warum Felix und du mir immer wieder die Frage nach Erfolg und Glück gestellt habt!" „Ich bin sehr froh darüber, dass du so schnell alles verstanden hast, du es so gut annehmen kannst und bereit bist, Verantwortung für dein Leben anzunehmen."

Wir lachen und trinken beide darauf einen Schluck Wasser.

Ich öffne ein Fenster, um ein wenig den Raum zu lüften. „Das ist doch okay für dich, wenn ich ein bisschen frische Luft rein lasse?" „Ja, das ist wirklich eine sehr gute Idee." Ich setze mich wieder zu Aron. „Jetzt kommt noch ein kleiner wichtiger Aspekt zum Thema Glaubenssätze hinzu", merkt Aron an.

„Ein wichtiger Faktor bei der Entstehung von Glaubenssätzen sind unsere Emotionen. Kommen wir wieder zu unserem Tischbeispiel. Wenn nur ein Tischbein sehr emotional war, dann reicht das meist schon aus, damit sich ein Glaubenssatz bei dir festsetzt." „Du meinst, je emotionaler man etwas erlebt, desto stärker brennt sich das in unserem neuronalen Nervensystem ein?" „Jawohl, genau richtig."

Ich nehme mein Notizbuch und notiere mir diesen wichtigen Punkt. Kaum bin ich wieder gedanklich bei Aron, sagt er zu mir: „Ich bin ein wenig müde. Ich denke, für heute sind wir fertig. Ich möchte mich gerne ausruhen. Leon, denke über die Dinge nach, die ich dir bis jetzt erklärt habe und gehe deine Notizen regelmäßig durch. Sicher hast du immer wieder Fragen dazu oder Ideen. Dann sprechen wir nächste Woche darüber. Und noch etwas. Schaue dir die Welt und die Menschen an. Du wirst sie immer mehr mit anderen Augen sehen. Du wirst Dinge erkennen, die das bestätigen, was ich dir erzähle. Und du wirst von Tag zu Tag besser verstehen, was ich meine."

„Natürlich, du musst dich ausruhen und ich muss meine Gedanken ordnen. Obwohl ich sehr gerne mit dir zusammen bin und von dir lerne. Ich vergesse nur, weil du immer so begeistert erzählen kannst, dass du eigentlich krank bist und Schonung brauchst. Entschuldige, Aron. Ich freue mich schon auf unser nächstes Treffen."
Ich bin zutiefst dankbar dafür, was Aron bis jetzt alles für mich getan hat. Nach Verlassen des Krankenhauses führt mich mein Weg wieder in den Park. Automatisch setze mich auf eine Bank und lasse meine Gedanken schweifen. Irgendwie habe ich das Gefühl, plötzlich über den Dingen zu stehen, ein Gefühl von Klarheit. Ich fühle mich so, als ob ich eine Gebrauchsanweisung für das Leben von Aron erhalten habe. Wie unsere menschliche Psyche funktioniert. Als ob ich das Geheimnis von Erfolg oder Misserfolg verstanden habe. Gleichzeitig bin ich neugierig, was Aron mir das nächste Mal erzählen wird.

Wenn ich in so einer kurzen Zeit schon so viel gelernt habe, was wird mich auf dieser Reise des Lebens noch erwarten? Was werde ich von Aron noch alles erfahren? Wie und wann wird sich mein Leben tatsächlich ändern? Irgendwie bin ich ja auch schon auf dem richtigen Weg. Ich fahre nach Hause und schaue mir die Menschen, denen ich begegne, genau an. Und genau wie Aron gesagt hat, erkenne ich plötzlich bei jedem einzelnen im Gesicht, wie sein Leben so verläuft. Einigen wenigen steht das Glück wahrlich ins Gesicht geschrieben. Sie wirken zufrieden, motiviert und ja, zu einem Großteil, auch erfolgreich. Bei ganz vielen jedoch würde ich eher auf unglücklich tippen. Sie wirken frustriert, verärgert, ohne Perspektive. Die Augen und der Gesichtsausdruck verraten es. Wie gerne würde ich manchen von ihnen die Gebrauchsanweisung für das Leben geben. Aber so weit bin ich nicht, noch lange nicht. Noch kenne ich selbst nicht alle Geheimnisse, noch bin ich selbst ein Lernender. Aber ich verstehe einmal mehr und umso besser, warum Aron dieses Erfolgsbote-Projekt ins Leben gerufen hat.

Weil so viele Menschen – genauso wie ich – nicht über dieses Wissen verfügen und in der Illusion ihrer eigenen Welt leben. Am liebsten würde ich jeden ansprechen und sagen: „Wach auf, wach endlich auf und beginne dein Leben zu leben – alles ist nur eine Illusion!" Ich verkneife mir das, wahrscheinlich würden sie mich ansonsten auch für verrückt erklären, und fahre stillschweigend nach Hause.

In meiner Wohnung angekommen schreibe ich meine Gedanken und wichtigen Anmerkungen, die mir während der Fahrt noch aufgefallen sind, gleich auf. Irgendwie hatte ich auf dem Heimweg das Gefühl, ich könnte alles erreichen, was ich mir nur vorstelle – weil ich endlich verstanden habe, dass unbewusste Programme und Konditionierungen uns dorthin gebracht haben, wo wir heute sind. Aber auch, dass man die unbewussten Programme und Konditionierungen verändern und sein Leben neu gestalten kann. Ich bin innerlich ganz aufgewühlt und freue mich darauf, mein Leben umzugestalten.

Ich stelle mir vor, wo ich in fünf oder zehn Jahren sein werde, wenn ich permanent an meiner Persönlichkeit, an meiner Einstellung, an meinen Glaubenssätzen arbeite. Mir schießen die schönsten Dinge durch den Kopf. Eine riesengroße Villa, eine glückliche Familie, ein Traumjob und viel Freizeit, um die schönen Dinge zu genießen. Mit diesem Gefühl, mit diesen Gedanken, nehme ich mein Notizbuch und schreibe mir auf, was ich gerne in meinem Leben erreichen möchte. Aber halt! Irgendwie war ich zwar in der Lage, mir diese wunderschönen Dinge vorstellen zu können, sie in den schönsten Farben auszumalen – aber ich weiß ja noch lange nicht, wie ich sie erreichen sollte. Wirklich frustrierend! Und dieser Gedanke trifft mich genau in diesem Moment wie ein Schlag in die Magengrube. Ich habe doch eh keine Chance! Wer soll mir schon helfen? Warum tue ich mir das nur alles an? Es war doch eigentlich alles ganz okay in meinem Leben. Warum höre ich mir den ganzen Quatsch überhaupt an?

Zweifel können einen auffressen und alles zunichtemachen, was man sich mühsam gedanklich erarbeitet hat. Auch ich beginne zu zweifeln, wie ich das alles erreichen soll. Aber dann denke ich an Felix und höre seine Stimme: „Beginne mit kleinen Schritten!" Ich nehme mein Notizbuch zur Hand und blättere zurück. Dabei lese ich alle meine Notizen durch. Mir fällt auf, dass ich ja schon ein Ziel definiert habe. Schritt für Schritt! Vielleicht darf ich ja von meinen großen Wünschen träumen und sie mir vorstellen, aber die wirklich großen Ziele kann ich nur erreichen, wenn ich Schritt für Schritt vorwärtsgehe. Also was hatte ich noch als mein erstes Ziel definiert? Richtig! Ich möchte in meiner Firma gerne als leitender Angestellter arbeiten. Also nehme ich mir genau dieses Ziel vor.

Ich mache mir Gedanken und überlege mir, wie ich das wohl am besten anstellen kann. Was muss ich tun? Mehr arbeiten, besser arbeiten oder muss ich etwas ganz anderes machen? Ich beschließe, mit der Personalabteilung über meine Ziele zu sprechen und bekomme Angst. Mein Gedankenkarussell beginnt sich zu drehen. Fragen tauchen auf wie: Bin ich wirklich gut genug? Schaffe ich das überhaupt?
Schließlich bin ich seit acht Jahren in diesem Unternehmen tätig und kann sagen, dass ich permanent eine sehr gute Leistung gebracht habe und nicht befördert wurde. Warum soll das jetzt auf einmal funktionieren? In diesem Moment erinnere ich mich, wie Felix mir geraten hat, meine Komfortzone zu verlassen und dass man immer Angst hat, wenn man seinen Wohlfühlbereich hinter sich lässt. Dass man Mut braucht, um diesen Schritt zu gehen. Ich beschließe, gleich am Montag einen Termin mit der Personalabteilung zu machen, um über meine Ziele und die Möglichkeiten in der Firma zu reden. Ja, ich möchte das wirklich, obwohl ich immer noch Angst habe, dass ich nicht gut genug bin. Und damit schließe ich für heute mein Notizbuch.

Mein Leben ist aber immer noch unverändert. Ich mache die notwendige Hausarbeit, räume auf und als ich fertig bin, jeder Teller gespült und abgetrocknet ist sowie an seinem Platz steht, schalte ich tatsächlich mal wieder den Fernseher ein. Manchmal tut es doch auch gut, sich einfach nur etwas berieseln zu lassen. Währenddessen mache ich mir dennoch Gedanken über meinen Entschluss und stelle mir die Frage, ob es wirklich möglich ist? Kurz vor Mitternacht gehe ich schlafen.

Montagmorgen mache ich mich wie üblich auf den vertrauten Weg. An meinem Arbeitsplatz angekommen, schalte ich den PC ein und konzentriere mich sofort auf meine Arbeit. Über das Wochenende haben sich eine Menge E-Mails angesammelt. Also hole ich mir erst einmal eine Tasse Kaffee und erledige den elektronischen Schriftverkehr. Verschiedene kleinere Aufgaben kann ich sofort erledigen, andere drucke ich aus, um sie auf meinen To-do-Stapel zu legen. Ich öffne meine wenige Post, lese kurz in einer Fachzeitschrift einen wichtigen Artikel und wende mich dem ersten großen Projekt des Tages zu. Bevor ich damit anfange, beschließe ich noch, im Laufe des Tages bei der Personalabteilung anzurufen, um einen Termin zu vereinbaren.

Wenig später, ich habe gerade ein dringendes Problem gelöst, kommt mein Vorgesetzter zu mir und bittet mich in sein Büro. Ich denke mir nichts dabei und gehe zur vereinbarten Uhrzeit zum Chef. Irgendwie konnte ich meine Gedanken in der letzten halben Stunde doch nicht so ganz abstellen. Ich frage mich, was er auf einmal von mir will. Maggie kommt mir in den Sinn, die vor einiger Zeit gekündigt wurde und plötzlich ist die Angst da und ich mache mir Sorgen. Bekomme ich vielleicht auch die Kündigung?
Ich gehe also zum Büro meines Vorgesetzten. Er bittet mich freundlich einzutreten und schließt die Tür. Dann beginnt der Smalltalk.
„Und wie läuft es gerade so bei Ihnen, Leon? Wie zufrieden sind Sie mit Ihrer Arbeit?" Ich wundere mich, warum er mir ausgerechnet jetzt so eine Frage stellt. Ich antworte ihm und sage: „Alles wunderbar. Ja, ich bin zufrieden." Schließlich wollte ich nicht gleich mit der Tür ins Haus fallen und ihm von meinen Ambitionen erzählen. Das wollte ich direkt mit der Personalabteilung besprechen.

„Leon, wie sie mitbekommen haben, müssen wir in unserer Abteilung Kosten senken und ich muss ihnen leider sagen, dass sie in eine andere Abteilung wechseln müssen. Ihre jetzige Stelle fällt weg. In der neuen Abteilung werden sie leider 20 Prozent weniger verdienen. Ich hoffe, Sie sind damit einverstanden. Das ist das Beste, was ich für Sie tun kann. Leider sind die Umstände momentan so."

Ich bin baff, entsetzt und kann kaum glauben, was jetzt und hier gerade passiert. Jahre der Arbeit und die Aufopferung für die Firma werden so gewürdigt und belohnt? Jetzt habe ich tatsächlich Angst vor der Zukunft. Und da ist wieder der Selbstzweifel. Ich bin einfach nicht gut genug. Der Schock sitzt tief und Trauer macht sich breit. Entsetzt schaue ich meinen leitenden Angestellten an und sage zu ihm:
„Ich muss das erst einmal verdauen und mir darüber Gedanken machen." Eines muss ich allerdings noch wissen: „Um welche Abteilung ginge es denn genau?" „Sie müssten in die Verkaufsabteilung wechseln. Eines sollten Sie aber wissen. Falls Sie dieses Angebot nicht annehmen möchten, dann müssen wir uns leider von Ihnen trennen. Es gibt keine Alternative für Sie in unserer Firma. Machen Sie sich bitte Gedanken und geben Sie mir in zwei Tagen Bescheid." Ich verabschiede mich, verlasse sein Büro und gehe sichtlich geknickt zu meinem Arbeitsplatz zurück.

Es fällt mir schwer, mich die restlichen Stunden des Tages zu konzentrieren. Ich kann nur noch daran denken, wie einfältig ich doch war. Womöglich ist alles, was Felix und Aron mir erzählt haben, einfach nur Humbug. Positives Denken, sich neu programmieren und schon wird man erfolgreich – und das habe ich nun davon. Wieder zweifele ich alles an, was ich gehört und gelernt hatte.

Ich bin traurig und frustriert. Mein Leben ist eine einzige Katastrophe! Ja, Felix und Aron, die beiden hatten einfach Glück. Für die beiden war es bestimmt viel einfacher als es bei mir ist. Ich kann mich kaum noch auf meine Arbeit konzentrieren und versuche dennoch, sie so gut es geht zu erledigen. Mir kommen immer wieder Tränen in die Augen. Wut und Frust überwiegen. Am liebsten würde ich heulen und mich verkriechen. Ich versuche weiter zu arbeiten, obwohl ich gerade so gar keinen Sinn darin sehe. Gott sei Dank geht auch dieser Arbeitstag vorüber, wenn auch viel zu langsam.

Diesmal fällt mir beim Heimweg noch viel mehr auf. Die Menschen wirken gehetzt und besorgt, als ob sie Angst haben oder unter einem enormen Leistungsdruck stehen. So gut wie keine glücklichen Gesichter. Was Aron und Felix mir erzählt haben über Erfolg und darüber, glücklich zu sein. Die kennen doch gar nicht die Realität. Die leben doch einfach in einer Traumwelt. Plötzlich steht ein Fahrkartenkontrolleur vor mir und ich werde aufgefordert, meine Fahrkarte vorzuzeigen. Ich zücke meine Monatskarte, aber die ist – wie sollte es auch anders sein – abgelaufen. Ich denke: Was für ein blöder Tag!, und sage zu mir: Das ist die Realität. Das ist meine Wirklichkeit. Warum muss ich ausgerechnet heute kontrolliert werden? Dabei wollte ich doch gleich morgen früh eine neue Karte lösen. Ich hatte es doch heute nur vergessen, weil ich so fertig wegen der Versetzung war. Jetzt muss ich zusätzlich auch noch eine Strafe zahlen, obwohl mein Geld sowieso schon sehr knapp ist. Und wie soll ich mit plötzlich 20 Prozent Gehalt weniger überhaupt alles bezahlen können?

Als ich zu Hause ankomme, nehme ich mein Notizbuch und werfe es wütend in die Ecke. Immer noch bin ich sauer und frustriert. In dem Moment klingelt mein Telefon und ich gehe ran und höre die Stimme eines alten Freundes. Seit Schulzeiten telefonieren wir regelmäßig, wenn auch nicht allzu oft. Er sagt, er müsse unbedingt mit mir reden und erzählt mit gebrochener Stimme, dass er von heute auf morgen seinen Job verloren hat. Und er nicht weiß, wie er mit seinen hohen Fixkosten vom Arbeitslosengeld leben soll. Es sieht so schlimm aus, dass er in Kürze wohl seine Miete nicht mehr bezahlen kann. Willkommen in meiner Realität. So einfach, wie Felix und Aron sich das vorstellen, geht es also doch nicht.

Ich erzähle meinem Freund, was mir heute alles passiert ist. Er beruhigt mich, denn schließlich habe ich noch einen Job. „Ja, ich habe noch einen Job, aber ich verdiene deutlich weniger und außerdem ist es auch eine wesentlich schlechtere Arbeit." Nachdem wir eine ganze Weile hin und her diskutiert haben, wer von uns beiden denn gerade wohl schlechter dran ist, beenden wir das Gespräch. Vorher verabreden wir uns aber noch auf ein Bier, wenn es in ein paar Tagen einmal besser passt.

Verzweifelt laufe ich in meiner Wohnung hin und her. Meine Gedanken kommen ebenso wenig zur Ruhe wie mein Körper. Beides läuft gerade auf Hochtouren, aber im negativen Sinne. Ich spiele mit der Fernbedienung und schalte den Fernseher ein und wieder aus. Ich mache mir ein Brot, lasse es aber liegen, weil ich plötzlich keinen Appetit mehr habe. Ich lege mich ins Bett, obwohl es erst acht Uhr ist. Ich ziehe mir die Decke über den Kopf und verkrieche mich. Während des ganzen Abends kommt immer wieder das Gespräch mit meinem Vorgesetzten hoch. Die ganze Zeit höre ich wieder und wieder, was er zu mir sagt. Ich frage mich, wie ich es nur schaffen soll, mit 20 Prozent weniger Gehalt? Wie soll ich nur meine ganzen Kosten decken?

Was soll ich nur tun? Dann denke ich an meinen Freund, der mich gerade angerufen hat. Der seinen Job verloren hat. Ich glaube, dass ich in seiner Situation so leicht keinen anderen Job finden würde. Und wenn ich auch arbeitslos werde? Wenn ich mir meine Wohnung nicht mehr leisten kann? Ich sehe keinen Ausweg mehr und versuche, zu schlafen. Aber wenn das nur so einfach wäre! Die ganze Zeit wälze ich mich im Bett herum – rechts, links, rechts, links – so wie sich auch meine Gedanken nur noch im Kreis drehen. Stundenlang. Irgendwann muss ich wohl doch eingeschlafen sein. Schon um vier Uhr früh wache ich schweißgebadet wieder auf und finde endgültig keinen Schlaf mehr. Ich fühle mich wie gerädert!

Ich weiß einfach nicht mehr weiter. Morgens stehe ich wie üblich auf, habe aber das Gefühl, dass ich gar nicht geschlafen habe. Mein Kopf dröhnt und ich bin müde. Körper und Geist sind erschöpft. Meine Gedanken drehen sich nur noch um meinen Arbeitsplatz und um meine Zukunft. Ich weiß einfach nicht, was ich tun soll. Eine neue Arbeit suchen, obwohl der Arbeitsmarkt gerade sehr angespannt ist? Soll ich das Angebot annehmen, in die andere Abteilung wechseln und 20 Prozent weniger Gehalt erhalten? Ich habe Zukunftsangst. Am besten wäre es doch, ich beiße erst einmal in den sauren Apfel und wechsle in die andere Abteilung. Besser als gar nichts!

Mit diesem Gedanken ziehe ich mich an und mache mich auf den Weg. Als erstes kaufe ich mir eine neue Monatskarte und fahr dann zur Arbeit. Während der Fahrt denke ich kurz darüber nach, Aron anzurufen, und ihn um Rat zu fragen. Aber Aron hat selber große gesundheitliche Probleme und ich will ihn nicht auch noch mit meinen Problemen belästigen. Also beschließe ich, bis Samstag zu warten.

In der Firma angekommen, versuche ich auch heute wieder, meine Arbeit pflichtgemäß zu erledigen. Doch auch heute fällt es mir schwer. Während der Mittagspause treffe ich zufällig Michael. Er erzählt mir, dass Maggie momentan arbeitslos ist, trotz unzähliger Bewerbungen keinen Arbeitsplatz findet und er von anderen Kollegen gehört hat, dass weitere Mitarbeiter gekündigt wurden und noch gekündigt werden sollen. Auch er macht sich große Sorgen um seinen Arbeitsplatz. Als ich ihm erzähle, was passiert ist, nimmt er das locker. Ich kann doch froh sein, nicht gekündigt zu werden. Der hat doch keine Ahnung! Wie soll ich mit 20 Prozent weniger überhaupt auskommen? Mein jetziges Gehalt ist doch schon sehr knapp. Ich rede nicht viel, weil ich denke, er versteht mich ja sowieso nicht.

Es schleicht sich der Gedanke bei mir ein, dass Michael irgendwie auch Recht hat. Ja, seinen Job zu verlieren ist schlimmer als 20 Prozent weniger Gehalt. Als die Mittagspause zu Ende ist, gehe ich wieder zurück an meinen Arbeitsplatz.

Auch dieser Tag geht vorbei und ich fahre nach Hause. So oder so habe ich immer noch keine Entscheidung getroffen. Ich nehme mir ein Blatt Papier und schreibe erst einmal alle Kosten auf, die ich bezahlen muss. Ich möchte prüfen, ob ich überhaupt mit weniger Geld zurechtkomme. Als ich alle Zahlen zusammen habe, stelle ich mit Erschrecken fest, dass es vorne und hinten nicht reicht. Ich muss also meine Kosten in jedem Fall senken. Aber wo setze ich den Rotstift an? Bei den Kosten für Lebensmittel, Kleider und Freizeit? So könnte es gehen. Ich beschließe, am nächsten Tag mit meinem Vorgesetzten zu reden und ihm meine Entscheidung mitzuteilen. Ich bin bereit für eine Degradierung. Erleichterung macht sich breit. Ich habe mich entschieden und mache jetzt einfach das Beste daraus. So kann ich in dieser Nacht zumindest ruhig schlafen.

Am nächsten Tag fahre ich mit dem Entschluss zur Arbeit, gleich mit meinem Chef zu reden. Ich werde ihn von meiner Entscheidung in Kenntnis setzen, dass ich den Wechsel der Abteilung akzeptiere und weiterhin für die Firma arbeiten möchte. Gesagt, getan! Gut für mich, dass mein Chef keinen anderen Termin, sondern gleich Zeit für mich hat. Er bittet mich in sein Büro und ich komme direkt zur Sache: „Ich habe beschlossen, die Abteilung zu wechseln und Ihr Angebot anzunehmen."
„Leon, das ist eine gute Entscheidung, auch wenn es erst einmal ein Schritt zurück ist. Es wird sich sicher bald eine neue Chance für Sie ergeben. Ich spreche gleich mit dem anderen Abteilungsleiter und dann können wir ab dem nächsten Monat mit dem Wechsel starten."
Wir verabschieden uns mit einem herzlichen Händeschütteln und ich gehe wieder an meinen Arbeitsplatz zurück. Mit der getroffenen Entscheidung fällt es mir auch wieder leichter, mich auf meine Aufgaben zu konzentrieren. Ich werde in den letzten paar Tagen meine Arbeit nicht nur weiterhin zu 100 Prozent erledigen, sondern noch einmal richtig Gas geben!

Die Woche nähert sich langsam ihrem Ende. Bis zu meinem nächsten Treffen mit Aron ist es nur noch ein Tag. Ich freue mich wirklich sehr darauf, weil ich Arons Rat dringend benötige und mit ihm unbedingt über die Situation reden möchte. Er wird von mir alles erfahren und ich bin gespannt, was er dazu zu sagen hat. Wie schätzt er meine Situation ein und habe ich mich richtig entschieden?

Endlich ist es Samstag. Wie vereinbart, bin ich um kurz vor zwölf vor dem Krankenhaus. Wieder hoffe ich, dass es Aron besser geht und er endlich aus dem Krankenhaus entlassen werden kann. Ich durchquere den Eingangsbereich, gehe in die dritte

Etage über den Gang zum Zimmer, klopfe an die Tür und trete ein. Mit Entsetzen stelle ich fest, dass das Zimmer leer ist. Aron ist nicht da. Kein Bett, kein Nachtkästchen, rein gar nichts mehr erinnert in diesem Zimmer an Aron. Was ist passiert? Wo ist Aron? Ich bekomme Angst, bin besorgt und gehe rückwärts aus dem Zimmer, um im Schwesternzimmer nach ihm zu fragen.

Die Oberschwester ist gerade dabei, eine Akte durchzusehen. Nachdem ich eine Sekunde im Durchgang stehen geblieben bin, erkundige ich mich nach Aron: „Entschuldigen Sie, können Sie mir bitte sagen, wo Herr Arcadius ist? Er ist nicht in seinem Zimmer. Ist etwas passiert?"
„Machen Sie sich keine Sorgen, Herr Arcadius ist erst heute Morgen auf eigenen Wunsch nach Hause gegangen."
Mir fällt ein Stein vom Herzen, dass ihm nichts zugestoßen ist. Ich hatte schon das Schlimmste befürchtet. Ich frage nach seiner Adresse, aber die Oberschwester darf mir die Information nicht geben.

Zum Glück habe ich Arons Telefonnummer. Sofort verlasse ich das Krankenhaus, gehe gegenüber in den mir inzwischen bereits vertrauten Park, setze mich auf meine Bank und rufe Aron an. „Hallo Aron, ich bin es, Leon. Ich habe dich gerade im Krankenhaus gesucht, aber die Schwester hat mir gesagt, dass du auf eigene Gefahr hin entlassen wurdest. Wie geht es dir? Geht es dir besser, weil du nach Hause gegangen bist?", frage ich ihn ohne Luft zu holen.
„Hallo Leon, ehrlich gesagt nicht, ich wollte nur nach Hause. Wenn du Lust hast, dann komm einfach vorbei. Du kannst mich gerne gleich besuchen." Nachdem ich meine Bereitschaft erkläre, ihm sofort einen Besuch abzustatten, sendet er mir seine Adresse per SMS.

Die Adresse ist in Kronberg im Taunus. Ich mache mich schlau, wie ich am besten dorthin komme. Natürlich bin ich gespannt, wie es ihm geht, aber auch wie er so lebt. Ich weiß, dass in Kronberg im Taunus sehr viele erfolgreiche Menschen wohnen. Auch Josef Ackermann, ehemaliger Vorstandsvorsitzender der Deutschen Bank, hat dort ein Haus. Kronberg im Taunus ist bekannt für seine teuren Villen. Ohne Umwege mache ich mich auf den Weg. Glücklicherweise sind die öffentlichen Verkehrsmittel in unserer Gegend gut, so dass ich voraussichtlich in einer knappen Stunde bei Aron sein müsste.

Zunächst muss ich zum Hauptbahnhof, von dort geht es mit der S3 nach Kronberg. Fahrzeit etwa 20 Minuten. Endlich komme ich bei der Haltestelle in Kronberg an, wo ich aussteigen und den Rest zu Fuß gehen muss. Ich bemerke sofort, dass es nicht nur eine schöne Stadt mitten im grünen Taunus ist, sondern auch eine herrliche Villengegend, durch die ich auf der Suche nach der angegebenen Adresse spaziere. Ich war noch nie hier. Umso beeindruckender sind die großen und wunderschönen Villen mit prächtigen Vorgärten. Alles ist sehr gepflegt. Eine traumhafte Gegend. Ehrlich gesagt, habe ich mir nichts anderes vorgestellt.

Staunend laufe ich die Straße entlang und komme schließlich bei Arons Villa an. Ich bin wirklich überwältigt, wie groß und schön sie ist. Bei der Klingel, die ich kurz drücke, entdecke ich eine Kamera. Der Vorgarten ist wunderschön gestaltet mit vielen schönen Bäumen, einer großen Trauerweide, herrlichen Rosensträuchern, farblich abgestimmten Blumen und ein idyllischer Weg führt zum Hauseingang. Da höre ich, wie jemand an der Sprechanlage fragt: „Zu wem möchten Sie bitte?" „Zu Aron Arcadius, ist er zu sprechen?" Die Stimme antwortet: „Sie werden schon erwartet, kommen Sie herein!"

Das Gartentor öffnet sich und ich gehe diesen wunderschönen Weg entlang, etwa 18 Meter bis zur Haustür. Am Ende einer Treppe ist eine große zweiflüglige Tür mit wertvoll aussehendem Glaseinsatz. An der geöffneten Tür steht eine Haushälterin in hochgeschlossenem schwarzen Kleid und weißer Schürze und bittet mich herein.

Ich bin überwältigt. Sobald man durch die Haustür tritt, öffnet sich ein wunderschöner großer Raum mit einer circa sechs Meter hohen Decke und einem herrlichen Marmorboden. Wie in einem Film oder in Hollywood. Eine Villa, wie sie Stars im Fernsehen besitzen. Rechts und links führen jeweils Treppenstufen nach oben, die auf einer Galerie zusammentreffen. Im Erdgeschoß, wie auch im ersten Stock, sehe ich viele verschiedene Türen, die zu weiß Gott wie vielen Räumen führen.

Im ersten Augenblick sieht es aus wie ein Schloss. Große Bilder mit schönen Motiven hängen an den Wänden. Die Haushälterin fordert mich freundlich auf, ihr zu folgen. Wir gehen durch die rechte Tür und betreten einen anderen wunderschönen, großen Raum mit sehr hohen Decken und vielen Gemälden an der Wand. Es ist eine Bibliothek mit mehreren Sitzgelegenheiten im Raum, ich schätze circa 50 Quadratmeter groß. Vom Eingang der Bibliothek aus sehe ich eine weitere große Tür. Wir durchqueren die Bibliothek und ich bewundere die unendlich vielen Bücher. Sie klopft an eine andere Tür unmittelbar hinter der Bibliothek und wir gehen hinein.
Dort liegt Aron in einem großen Bett aus Holz unter einem Baldachin. Seitlich von ihm gibt es eine riesengroße Fensterfront zum Garten hin. Der ganze Raum ist mit Tageslicht durchflutet. Ich höre die Vögel zwitschern und der Duft der Rosen, die auch im Garten hinter dem Haus in allen erdenklichen Farben zu finden sind, zieht durch den Raum.

Erst auf den zweiten Blick erkenne ich, dass Aron sich hier ein eigenes Krankenzimmer eingerichtet hat. Verschiedene Geräte stehen rund um das Bett und eine Schwester ist bei ihm. Im Raum stehen außerdem eine große Ledercouch und mehrere andere Sitzgelegenheiten. Aron liegt im Bett und sieht sehr erschöpft aus.
„Hallo Aron. Wie geht es dir?"
Er dreht den Kopf langsam zu mir und antwortet: „Hallo Leon, schön, dass du da bist. Entschuldige bitte, dass ich dir nicht mehr Bescheid sagen konnte, aber die Entscheidung, heute nach Hause zu gehen, fiel ziemlich plötzlich. Nimm dir doch erst einmal diesen Stuhl hier und setz dich zu mir." „Aron, sage mir doch, wie geht es dir?"
„Tja, was soll ich sagen, immer noch nicht besser. Es ist wohl schlimmer, als wir alle dachten. Ich musste viele Untersuchungen über mich ergehen lassen, bis die Ärzte feststellten, dass meine inneren Verletzungen schlimmer sind, als sie zunächst angenommen haben. Momentan können wir nichts tun, außer abwarten. Ich gebe aber nicht auf und hoffe, dass es bald wieder besser wird."

Aron hustet stark in ein weißes Stofftuch. Als er es wegnimmt, sehe ich, dass es immer noch voller Blut ist. Anscheinend ist seine Verfassung schlechter geworden.
„Warum hast du das Krankenhaus verlassen, obwohl es dir noch nicht bessergeht?" „Ich habe alle notwendigen Maßnahmen ergriffen, weil ich hier genauso gut betreut werde wie im Krankenhaus. Mein Arzt kommt regelmäßig und untersucht mich und außerdem ist er in Rufbereitschaft. Wir kennen uns schon unser ganzes Leben und sind zusammen aufgewachsen. Ich habe außerdem eine sehr gute Krankenschwester eingestellt, die sich die ganze Zeit um mich kümmert. Du kannst mir glauben, dass ich hier bestens sehr gut aufgehoben bin. Ich

wollte einfach in meiner heimischen Umgebung sein, um mir Gedanken zu machen und mich auszuruhen."
„Ich verstehe dich, du hast es hier auch wirklich wunderschön. Bestimmt erholst du dich hier schneller." Aron blickt mich fragend an. „Leon, du siehst irgendwie anders aus als letzten Samstag. Wie geht es dir? Erzähl mir, wie war deine Woche?"
„Ehrlich gesagt, geht es mir persönlich nicht so gut. Es ist viel passiert letzte Woche. Ich hatte einen Termin bei meinem Vorgesetzten und er teilte mir mit, dass die Firma weiterhin Kosten einsparen und ich in eine andere Abteilung versetzt werde, mit weniger Gehalt. Andernfalls müsse ich die Firma verlassen. Obwohl ich von unserem letzten Gespräch sehr motiviert war, hat mich diese Situation total aus der Bahn geworfen und ich war verzweifelt.
Alles, was du und Felix mir erzählt habt, zweifelte ich an. Wenn ich ehrlich sein darf, Aron, es ist alles nicht so einfach, wie in euren Erzählungen. Dass ich mich nur positiv umprogrammiere und schon läuft alles super. Es gibt immer wieder Umstände und Dinge, die einen aus der Bahn werfen."

9

Aron schaut mir tief in die Augen und sagt dann: „Ach Leon, meinst du, dass du ein paar wichtige und lehrreiche Informationen bekommst und schon läuft alles wie am Schnürchen? Es werden immer Hindernisse, Probleme und Herausforderungen auftreten, die du meistern darfst. Es wird immer Umstände geben, auf die du keinen Einfluss hast. Der Weg des Erfolgs und Glücks ist steinig. Es liegt an dir, die Steine beiseite zu schaffen. Die Kunst ist es, niemals aufzugeben und flexibel auf diese Umstände zu reagieren. Es sind nicht die Ereignisse, die uns fertigmachen, sondern die Bedeutung und Emotionen, die wir diesen Umständen geben.

Was meinst du, zeichnet einen erfolgreichen Menschen aus? Dass er keine Probleme hat? Dass alles immer leicht für ihn ist? Nein! Einen erfolgreichen Menschen zeichnet aus, dass er sich immer auf Lösungen konzentriert, damit er die Herausforderungen des Lebens – und solche wird es immer geben – bewältigen kann.

Meinst du wirklich, dass ich keine Herausforderungen während meiner Karriere meistern musste? Die meisten Menschen sind nicht belastbar, ich meine nicht körperlich, sondern mental. Sobald eine Herausforderung kommt, stecken sie ihren Kopf in den Sand. Die nächste Reaktion ist dann Selbstmitleid. Je erfolgreicher du bist und je mehr Vermögen du hast, desto mehr Herausforderungen und Verantwortung hast du. Du musst mental stark sein und die unterschiedlichen Anforderungen meistern.

Erfolgreiche Menschen haben nicht nur ein Problem, sondern gleich vier, fünf oder sechs gleichzeitig, die sie meistern dürfen. Je besser du in deinem Leben Herausforderungen lösen kannst, desto erfolgreicher wirst du. Wenn du einen Traum hast, wenn du eine Vision hast, dann musst du daran festhalten – wirklich alles dafür geben, diesen Traum, diese Vision zu erreichen. Walt Disney hatte eine Vision. Um diesen Traum zu realisieren, hat er 1.001 Banken um Finanzierung gebeten. Hat er jemals aufgegeben? Nein! Er hat sehr viele Herausforderungen meistern müssen, bis er seine Vision realisieren konnte. Und trotz aller Widerstände hat er an seinem Traum festgehalten.

Arnold Schwarzenegger wollte unbedingt Schauspieler werden. Doch aufgrund seines österreichischen Akzents war seine englische Aussprache katastrophal. Er wurde bemitleidet und belächelt. Die Produzenten rieten ihm sogar, er solle einen Künstlernamen annehmen, weil keiner seinen schwierigen Namen aussprechen konnte. In den Filmen, für die er gebucht wurde, sollte er lediglich seinen Körper und seine Muskeln präsentieren und so wenig wie möglich reden. Doch Schwarzenegger gab nicht auf und wollte seinen Traum unbedingt wahrwerden lassen. Er nahm Schauspielunterricht und arbeitete hart, um immer besser und besser zu werden. Seine Disziplin brachte ihm den Erfolg. Und dann kam sein Durchbruch.

Sylvester Stallone wohnte vor seinem Durchbruch in einem abrissreifen Apartment, besaß nur knapp hundert Dollar und fuhr mit dem Bus, weil sein Auto den Geist aufgegeben hatte. Er musste sogar seinen geliebten Hund Butkus verkaufen. Stallone träumte davon, Schauspieler zu werden, doch niemand wollte ihn engagieren. Stattdessen mistete er Löwenkäfige im Central Park Zoo in New York aus und war zeitweise Kinoplatzanweiser. Er begann,

Drehbücher zu verfassen. 30 Stück waren es am Ende – 29 für die Tonne. Eines wurde weltberühmt. Durch einen Boxkampf zwischen Muhammad Ali und Chuck Wepner inspiriert, schrieb er in nur vier Tagen das Drehbuch zu „Rocky". Er bot es einigen Filmproduzenten an mit der Bedingung, selbst die Hauptrolle zu spielen, doch sie lehnten ab. Ein Studio bot Stallone sogar 360.000 Dollar für das Drehbuch an – er lehnte ab.
Nach langem Hin und Her ging eine Produktionsfirma auf seine Forderungen ein. Stallone hatte sich durchgesetzt und wurde der Hauptdarsteller des Filmes ‚Rocky'. Und das war sein Durchbruch.

Leon, was ich dir damit sagen möchte, ist Folgendes: Auch auf deinem Weg des Erfolgs und des Glücks werden viele Herausforderungen und Aufgaben auf dich warten. Mit jeder Herausforderung, die du meistern musst, wächst deine Persönlichkeit. Du entwickelst dich nicht zu einer glücklichen Persönlichkeit und einem erfolgreichen Menschen, indem ich dir Woche für Woche wichtige Dinge erzähle – egal wie gut du mir auch zuhörst und wie detailliert du dir meine Ratschläge auch notierst. Du wächst nur durch deine Herausforderungen, die du bewältigst.

Betrachte jede Herausforderung als eine Art Prüfung, die du ausführen darfst, damit du deine Vision verwirklichen kannst. Also höre auf zu jammern, Leon, pack die Dinge beim Schopf an, die dir das Leben zuspielt und suche nach geeigneten Lösungen. Sei willensstark, ehrgeizig, diszipliniert und glaube an dich. Da fällt mir ein passendes Zitat von Winston Churchill ein:

„Erfolg ist die Fähigkeit, von einem Misserfolg zum anderen zu gehen, ohne seine Begeisterung zu verlieren."

Während Aron diese Worte zitiert, frage ich mich, ob ich wirklich das Zeug dazu habe, so willensstark zu sein, um die auftretenden Herausforderung zu meistern. Aber dann beruhigt mich Aron: „Leon, du bist nicht allein. Glaube mir! Die meisten Menschen haben ein Ziel vor Augen und sobald ein Hindernis oder ein Problem entsteht, geben sie auf und suchen sich ein neues Ziel. Aber es ist ein Trugschluss, dass es auf dem Weg zum neuen Ziel keine Herausforderungen gibt. Früher oder später merken sie selbst: Wenn du dich auf die Flucht begibst, wenn es schwierig wird, dann wirst du nie erfolgreich sein. Glaube an dich, Leon! Je größer deine Ziele sind, desto kleiner wirken die Herausforderungen, die dir auf dem Weg des Erfolges begegnen. Ja, sie wirken dann sogar lächerlich klein. Also setze dir große Ziele!"

Ich schreibe alles in meinem Notizbuch auf. Und wieder einmal muss ich erst Revue passieren lassen, was Aron mir erzählt. Er hat Recht. Ab dem heutigen Tag verlange ich von mir, nicht mehr so schnell aufzugeben und für meine Ziele zu kämpfen.

Nicht mal eine Stunde bin ich jetzt bei Aron zu Besuch und schon fühle ich mich irgendwie wieder motivierter und voller Tatendrang. Leider weiß ich immer noch nicht sicher, was ich wirklich mit meinem Leben anfangen soll. Sicher ist, dass ich in ein schönes großes Haus ziehen möchte, ein tolles Auto besitzen, eine glückliche Familie und viel Geld haben möchte, also einfach erfolgreich und glücklich sein will. Aber wie ich das erreiche und was ich beruflich machen soll, weiß ich nicht. Zeit, Aron nach Rat zu fragen. „Aron, ich habe bis jetzt alles verstanden, was du mir erzählt hast und ich bin wieder motiviert, doch ich weiß immer noch nicht, was ich wirklich mit meinem Leben anfangen soll. Was ich beruflich machen soll, um diese großen Ziele und Träume zu verwirklichen. Ich bin innerlich ratlos und leer."

10

Aron scheint meinen Gemütszustand zu kennen. „Leon, das ist doch ganz natürlich, dass du noch nicht weißt, was du wirklich willst. Viel zu neu ist doch all das, was du in den letzten Wochen von Felix und mir erfahren hast. Habe etwas Geduld mit dir. Wenn die Zeit reif ist, wirst du wissen, was du willst."
„Meinst du wirklich?"
„Ja, absolut. Dass du all das so in dich aufsaugst, ist ein Zeichen dafür, dass es dir wirklich ernst damit ist. Habe keine Angst! Es ist ganz normal, dass du noch nicht diesen Drang verspürst, ein Ziel zu erreichen. Schließlich weißt du noch nicht, was du wirklich willst. Wenn du in deinem Leben nicht wirklich weißt, was du willst, dann bist du innerlich nicht wirklich motiviert. Du fühlst dich eher leer. Deshalb musst du herausfinden, was du wirklich willst. Aber darauf möchte ich gerne später eingehen. Zuvor gebe ich dir gerne noch ein oder zwei wichtige Tipps.

Deine innere Stimme beeinflusst deine Emotionen und dein Verhalten. Es ist ganz simpel. Wir Menschen reden gerne mit uns selbst, führen sozusagen ständig innere Dialoge. Wenn du dir immer wieder einredest, das kann ich nicht, das schaffe ich nicht, das ist zu schwer für mich, ich bin nicht gut genug dafür, dann beeinflusst das deine Emotionen und deine Verhaltensweise. Es raubt dir quasi deine Kraft und Energie. Und obwohl es so simpel ist, bemerken die meisten Menschen nicht, was sie permanent zu sich selbst sagen. Immer und immer wieder. Mich interessiert, was du dir selber gesagt hast, als du das Gespräch mit deinem Vorgesetzten hattest? Als du erfahren hast, dass du die Abteilung wechseln musst und weniger Gehalt bekommst? Oder dich gegebenenfalls von der Firma trennen musst. Was hast du die ganze Zeit zu dir selbst gesagt, Leon?"

Wieder einmal habe ich das Gefühl, dass Aron meine Gedanken lesen kann.
„Willst du das wirklich wissen? Du wirst enttäuscht sein. Erst habe ich zu mir gesagt: Ist ja klar, ich bin halt einfach nicht gut genug. Da träume ich noch vom großen Erfolg und vom großen Glück und schon kommt das Leben und straft mich ab. Vielleicht habe ich es einfach nicht verdient. Dann habe ich auch noch zu mir gesagt, dass alles was du und Felix mir erzählt habt, Humbug ist und es gar nicht so einfach geht, wie ihr euch das vorstellt und dass ihr nicht in der echten Realität lebt."
„Und wie oft hast du dir das gesagt oder dir darüber Gedanken gemacht?"
„Die ersten zwei Tage permanent, bis ich eine Entscheidung treffen musste. Dann habe ich die Situation hingenommen und versucht, das Beste daraus zu machen. Aber wenn ich ehrlich sein soll, hatte ich wohl bis heute leise Zweifel, bis zu unserem Gespräch, das mich wieder motiviert hat. Aber ganz überzeugt bin ich auch jetzt nicht, weil ich noch keine Ergebnisse gesehen habe."

„Danke für deine Offenheit", sagt Aron. „Du warst also in einer Gedankenschleife, hast permanent einen inneren Dialog geführt und dir diese negativen Dinge gesagt. Ist das so, Leon?"
„Ja."
„Und was hat es dir gebracht? Außer, dass du die Situation letztendlich doch hingenommen hast?" „Ich hatte enorme Selbstzweifel und war frustriert und irgendwie habe ich in-

nerlich aufgegeben." „Was passiert, wenn du dir dies nicht nur eine Woche, oder einen Monat, oder ein Jahr sagen würdest, sondern permanent?" „Was für eine schreckliche Vorstellung. Ich wäre wohl absolut erfolglos, deprimiert und letztendlich depressiv."

„Absolut richtig, dieser innere Dialog beeinflusst unser ganzes Leben. Das nennt man Autosuggestion. Wir Menschen machen bewusst oder unbewusst solche Autosuggestionen. Diese Selbstbeeinflussung lenkt unsere Kamera, unseren Fokus und unser Verhalten. Und auf lange Sicht entstehen so auch Glaubenssätze, innere Programme – ob positiv oder negativ. Hast du vielleicht schon mal irgendwo gehört, dass man sich Mut zusprechen sollte und wie wichtig das ist? Hört sich unspektakulär an, aber es hat eine sehr große Wirkung auf unser Leben und unsere Ergebnisse. Leon, ich möchte dir gerne etwas über Émile Coué erzählen."

Dieser Name sagt mir rein gar nichts und ich bin wieder einmal gespannt, was es mit dieser Person wohl auf sich hat. Da beginnt Aron auch schon mit seiner Geschichte: „Émile Coué lebte in Frankreich um die Jahrhundertwende. Nachdem ihm aufgrund seines finanziellen Status das erträumte Chemiestudium verwehrt blieb, machte er zunächst eine Apothekerlehre. Als selbstständiger Apotheker absolvierte er später doch noch ein Psychologiestudium, in dem er sich unter anderem intensiv mit der Wirkung von Hypnose auseinandersetzte. Diese Lehre und seine Versuche in der Apotheke führten ihn zu der Erkenntnis, dass eine solche positive Suggestion tatsächlich eine Wirkung zeigt. Er erklärte beispielsweise einem Teil seiner Kunden, dass es ihnen mit der Medizin bald wieder bessergehen würde, was einen erkennbaren Einfluss auf deren Genesung hatte. Sein

vollkommen neuer Ansatz spaltete sogar die Nancyer Schule, die klassische Richtung der Hypnoseforschung.
Doch Coué war sich der Wirkung von positiver Suggestion sicher. Er legte Wert darauf, dass möglichst viele Menschen erfahren, dass sie selbst in der Lage sind, die eigenen Heilkräfte zu stärken und sich so selbst zu helfen. Von 1912 bis 1920 reiste er als Dozent zu diesem Thema nicht nur durch Europa, sondern auch in die USA. Er schrieb ein Buch mit dem Titel ‚Die Selbstbemeisterung durch bewusste Autosuggestion'. Seine Lehre basiert auf zwei grundlegenden Gedanken: Erstens ist jeder Gedanke in uns bestrebt, Wirklichkeit zu werden. Und zweitens, nicht unser Wille ist die bedeutendste Eigenschaft in uns, sondern unsere Einbildungskraft, also unsere Fähigkeit, uns etwas glauben zu machen."

Jetzt wusste ich, wer Émile Coué war, aber was hatte das Ganze mit mir zu tun? Doch wie immer, brauchte ich nicht lange auf eine Antwort warten. „Es ist im Grunde genommen ganz einfach, Leon! Prüfe bewusst, was du denkst, denn was du denkst, sagt dir in jedem Augenblick wie dein innerer Dialog ist. Und wenn dein innerer Dialog eher negativ ist, dann brauchst du dich nicht zu wundern, wenn negative Dinge eintreten. Du musst bewusst deinen inneren Dialog verändern, wenn du erfolgreich und glücklich sein möchtest. Dies ist ein sehr wichtiger Punkt, um dein Leben positiv zu verändern. Und wenn du erst einmal sensibilisiert bist, kannst du sehr schnell erkennen, ob du in Richtung Erfolg oder Misserfolg gehst. Die meisten Menschen wissen allerdings nicht, wie sie diese Gedanken und ihren inneren Dialog wirklich steuern können. Sie denken, ihre Gedanken sind nicht steuerbar. Sie fühlen sich hilflos ausgeliefert und können nicht kontrollieren, welche Gedanken im Kopf herum spuken."

„Genauso ist es mir ergangen, Aron. Ich war hilflos, meine Gedanken haben sich weder abschalten noch beeinflussen lassen. Sie waren einfach da und haben mich schier verrückt gemacht."
„Leon, glaube mir, auch ich kenne das, aber in den letzten Jahren habe ich gelernt, nicht nur damit umzugehen, sondern bin in der Lage, diese Gedanken tatsächlich zu ändern."
„Und das funktioniert tatsächlich?", frage ich Aron erstaunt. „Ja, Leon, ich werde dir jetzt einen ganz wichtigen Tipp geben, wie du deine Gedanken und deine Emotionen am besten steuern kannst. Doch ich muss dich darauf aufmerksam machen, dass es nicht nur darum geht, dieses Wissen zu kennen, sondern es geht darum, dieses Wissen in deinen Alltag zu integrieren und zu leben. Auch das muss geübt werden. Kein Mensch ist von heute auf morgen dazu in der Lage. Gerade in stressigen Situationen, wenn man es braucht, gelingt es nur, wenn man vorher lange und intensiv genug geübt hat. Training ist das Zauberwort. Goethe hat schon gesagt: „Wir sind Wissensriesen und Handlungszwerge." Damit hat er zu 100 Prozent Recht."

11

Obwohl Aron sehr geschwächt ist, kommen ihm diese Worte mit fester und sicherer Stimme über die Lippen. Ich habe das Gefühl, dass er diese Worte sehr ernst meint.

„Leon, wie können wir unsere Gedanken und Emotionen wohl am besten steuern und lenken? Lass uns doch noch einmal ein kleines Gedankenexperiment machen. Bist du bereit?" Ich nicke wissbegierig.
„Wenn ich dir jetzt den Satz sage: ‚Ich bin arbeitslos.' Was denkst du? Was fühlst du?" „Sehr negative und irgendwie bedrückende Emotionen und Ausweglosigkeit." „Okay, jetzt verändern wir diesen Satz: ‚Wie kann ich einen geeigneten Job finden?' Und wie wirkt der Satz jetzt auf dich?" „Nicht mehr so bedrohlich, eher positiv und mit einer Handlung verbunden."
„Prima, und welchen Unterschied erkennst du noch?"
„Ich weiß es nicht genau. Einer ist negativ und der andere eher positiv."
„Gut, aber jetzt pass mal auf. Der erste Satz ist eine Aussage. Der zweite Satz ist eine Frage. Eine Aussage wirkt auf uns als vollendete Tatsache, dass wir nicht mehr daran rütteln können. Der erste Satz ist eine Aussage, endet also mit einem Punkt. Der zweite Satz ist eine Frage und endet mit einem Fragezeichen. Eine Frage bewirkt, dass wir unsere Gedankenprozesse wieder anstoßen. Wir beginnen automatisch, nach Lösungen zu suchen. Ich möchte dir einen wichtigen Merksatz mitgeben: Die Qualität der Fragen, die wir uns selbst stellen, bestimmt die Qualität unseres Lebens."

Wow, stimmt, da hat Aron tatsächlich Recht. So hatte ich das Ganze ja noch nie betrachtet. Aber Aron hat noch mehr dazu zu sagen.

„Leon, das ist jetzt wirklich wichtig. Wenn du dir Fragen stellst, stößt du deine Gedankenprozesse wieder an und suchst nach Antworten. Und wir gehen jetzt noch einen Schritt weiter, wir beginnen diese Frage zu veredeln. Wir verbessern die Frage sozusagen nach unseren Vorstellungen." Ich frage ihn erstaunt: „Und wie soll das gehen?"

„Ich gebe dir gerne ein Beispiel. Du erinnerst dich an die Frage ‚Wie kann ich einen geeigneten Job finden?' Jetzt machen wir daraus eine bessere Frage: ‚Wie kann ich mit Leichtigkeit und sehr schnell einen geeigneten Job finden?' oder ‚Wie kann ich mit Leichtigkeit und sehr schnell meinen Traumjob finden?' Du merkst, dass die Qualität der Fragen, die du dir selbst stellst, die Qualität deines Lebens beeinflusst. Und es beeinflusst auch, welche Antworten entstehen." „Das verstehe ich, Aron, aber ich kann mir nicht vorstellen, wie man das schaffen soll, wenn man wirklich in einem schlimmen Gedankenkarussell gefangen ist. Emotionaler Stress spielt gewiss auch eine Rolle."

„Genau das werde ich dir gleich erklären. Du fragst dich, wie man von einem so genannten blockierenden Zustand wieder zurück zu einem Prozess, zu einem Gedankenprozess kommt? Ganz einfach! Wenn du irgendwann einmal eine Herausforderung hast, dann nimmst du dir ein Blatt Papier und schreibst dir als allererstes die Herausforderung auf. Wie zum Beispiel: ‚Ich habe Schulden'. Dann formulierst du dies als Frage um: ‚Wie kann ich meine Geldschulden schnell abbezahlen?' Jetzt veredeln wir die Frage: ‚Wie kann ich mit Leichtigkeit und sehr einfach meine Geldschulden abbezahlen?' Und jetzt lass uns mal verrückt sein: ‚Wie kann ich mit Leichtigkeit 5.000 Euro monatlich verdienen?' Oder: ‚Wie kann ich mit Leichtigkeit und mit nur 20 Stunden Arbeit pro Woche 10.000 Euro monatlich verdienen?' Merkst du was, Leon? Durch die Veränderung der Frage, ändern sich die möglichen Ideen und Antworten, die daraus resultieren. Jetzt lass uns noch verrückter sein: ‚Wie kann ich mit Leichtigkeit und mit 10 Stunden Arbeit pro Woche 50.000 Euro monatlich verdienen?' Merkst du noch etwas? Mit jeder Veränderung der Frage entstehen andere Gedanken, andere Ideen, andere Antworten. Die Qualität der Fragen, die du dir selbst stellst, bestimmt die Qualität deines Lebens!" Faszinierend, was Aron mir da erzählt. Ich bin jetzt schon gespannt, wann ich diese Technik das erste Mal ausprobieren werde und wie sich das Ganze auswirkt. Jedenfalls bin ich mir zu 100 Prozent sicher, dass das eine ganz wichtige Aussage für mein Ziel ist, erfolgreich und glücklich zu werden. Ich blättere kurz in meinem Notizbuch zurück und merke, dass ich mir Arons Satz nicht nur einmal, sondern dreimal aufgeschrieben und sogar dick unterstrichen habe. Da erzählt Aron auch schon weiter.

„Weißt du, im Laufe meiner Karriere hatte ich wirklich sehr viele Herausforderungen zu lösen und ich habe immer wieder diese Technik verwendet. Ich nahm mir ein Blatt Papier und schrieb das Problem erst einmal auf und dann formulierte ich es in eine Frage um. Ich begann nach Lösungen zu suchen. Es kann gut sein, dass du jetzt ein paar Lösungen findest, aber du merkst aus dem Bauch heraus, dass noch nicht die Richtige dabei ist. Leg das Blatt für eine Weile zur Seite und stelle vielen erfolgreichen Menschen diese Frage oder lies Sachbücher oder Zeitungsartikel, die damit in Zusammenhang stehen. Möglicherweise sind sie eine Hilfestellung. Auf diesem Weg erhältst du unzählige gute Ideen. Außerdem – und das ist praktisch ein positiver Nebeneffekt – lernst du und entwickelst automatisch deine Persönlichkeit weiter. Und so sammelst du immer weiter Informationen, um die Herausforderung zu lösen." Klingt logisch für mich, doch Aron lässt mich nicht zur Ruhe kommen, offensichtlich hat er mir noch nicht alles erzählt, was ihm wichtig ist.

„Leon, ich ziehe mich zweimal im Jahr zurück und mache regelmäßig ein so genanntes Brainstorming, um neue gute Ideen zu finden. Um mein Unternehmen auf die nächste Ebene zu bringen. Ich mache das immer mit dieser Strategie, und das schon seit vielen Jahren. Nimm meinen Tipp an und handle danach. Du kannst die Strategie nicht nur für berufliche Zwecke nutzen, sondern in allen Lebenslagen. Ich kann mich an eine Situation mit meinem Kind erinnern. Es wollte einfach nicht lernen. Da habe ich mir die Frage gestellt: Wie schaffe ich es, dass meine Tochter mit Leichtigkeit und Spaß lernen will? Mit genau dieser Technik fand ich viele gute Ideen, wie ich sie dabei unterstützen kann. Du kannst es nutzen, um deine Traumfrau zu finden. Du kannst es nutzen, um deine Gesundheit zu verbessern. Du kannst es wirklich für alles nutzen, Leon. Wichtig ist dabei nur, dass du es wirklich ausprobierst und damit arbeitest." Ich verspreche Aron, dass ich diese Strategie anwenden werde.

„Gut so, Leon, und wenn du dann die passenden Ideen gesammelt hast, entscheidest du dich für eine oder zwei Ideen. Setze sie in die Tat um und du kommst deinem Ziel näher. Die Qualität der Fragen, die wir uns stellen, bestimmt die Qualität unseres Lebens!" „Aron, ich gebe zu, das ist eine geniale Strategie, um Herausforderungen zu lösen." „Weißt du, mir wurde klar, dass Denken nichts anderes ist, als der Prozess von Fragen und Antworten. Aber das ist eigentlich auch nichts Neues. Schon die Sokratische Methode, eine Lernmethode aus der griechischen Philosophie zur Gewinnung von Erkenntnis, basiert darauf. Der Lehrer stellt ausschließlich Fragen, um den Blickwinkel der Schüler in eine bestimmte Richtung zu lenken. Damit werden sie befähigt, eigene Antworten zu finden. Es ist auffällig, dass erfolgreiche Menschen sich selbst einfach bessere Fragen stellen als erfolglose Menschen und sie dadurch zu besseren Ergebnissen kommen."

Während unseres Gesprächs ist die Haushälterin mehrmals hereingekommen und hat uns mit Getränken versorgt. Als Aron und ich uns kurz anlächeln und ich in sein Gesicht sehe, fällt mir auf, wie müde er tatsächlich ist. In diesem Moment kommt auch schon die Krankenschwester und bittet uns, für heute Schluss zu machen.

Einmal mehr bin ich persönlich absolut fasziniert von Aron, von seinem Wissen und was er alles in seinem Leben erreicht hat. Ich bin verwundert, wie er sich entwickelt hat und wie ich mich entwickelt habe. Wir waren beide auf der gleichen Schule, in der gleichen Klasse, haben das Gleiche gelernt, und er, ja er ist sehr erfolgreich und ich, naja, bin nicht so erfolgreich. Noch nicht, denke ich und schmunzle schon wie Felix und Aron. Irgendwas machen die beiden richtig. Also schreibe ich mir zum Abschluss noch einmal ein paar wichtige Stichpunkte in mein Notizbuch.

12

Und wieder einmal frage ich mich, was Aron eigentlich beruflich macht und ob er wirklich glücklich ist? Es ist bemerkenswert, wie er, obwohl er diesen schweren Autounfall hatte, so voller Lebensmut und Freude ist. Und ich bin ihm zutiefst dankbar für seine kostbare Zeit, die er mit mir verbringt.

Kurz bevor ich Aron verlasse, hat er noch eine Hausaufgabe für mich. „Leon, ich möchte, dass du dir folgende Frage beantwortest, dir eine Liste machst und mir diese Liste zum nächsten Treffen mitbringst. Notiere dir bitte folgende Frage: ‚Was würdest du beruflich tun, wenn du wüsstest, dass alles, was du machst, dir auch gelingen würde?' Was würdest du tun? Schreibe alles auf, was dir einfällt. Auch die verrücktesten Dinge, aber ohne zu bewerten. Beginne zu träumen wie in unserer Jugend. Damals kannten wir definitiv keine Grenzen. Wir glaubten noch daran, alles erreichen zu können, was wir wollen. Ich wünsche dir viel Spaß dabei, Leon. Und ich freue mich schon auf unser nächstes Treffen am Samstag."

„Danke, dass du mir hilfst. Ich bin dir sehr verbunden und ich hoffe, ich kann es irgendwann einmal wieder zurückgeben." Aron erwartet keine Gegenleistung, aber mein Versprechen muss ich einlösen. Sobald ich alles weiß, was mir Aron beibringen kann, und selbst auf dem richtigen Weg bin, werde ich das Erfolgsbote-Projekt unterstützen. Seine Vision mit- und weitertragen. Aron umgibt Zufriedenheit und Freude, da er genau weiß, dass ich das Erfolgsbote-Projekt voll und ganz leben werde. Wir verabschieden uns für heute und ich fahre nach Hause. Auf dem Weg schwirren mir wieder einmal sehr viele Gedanken durch den Kopf, was ich erfahren und gelernt habe von Aron. Irgendwie fehlt mir mein Park gegenüber dem Krankenhaus. Dort konnte ich das Ganze noch einmal nachwirken lassen und etwas Abstand gewinnen, um von den neuen Erkenntnissen wieder zurück zur Realität, zu meiner Realität, zu finden.

Als ich wartend an der S-Bahn-Haltestelle stehe, spüre ich wieder enorme Motivation und Tatendrang. Wie schafft Aron das nur immer? Ich finde die Hausaufgabe von Aron sehr interessant und freue mich schon sehr darauf, einfach wieder zu träumen, zu wünschen, ohne dass ich mir das gleich wieder ausrede. Auch wenn es noch so verrückt klingt.

Was würde ich tun, wenn ich wüsste, dass alles, was ich mache, mir auch gelingen würde? Diese Frage soll also dafür sorgen, dass ich frei bin, ohne Grenzen und einfach träumen darf. Die S-Bahn fährt ein und ich setze mich auf einen freien Platz am Ende des Abteils. Ich versuche mir alles noch einmal ins Gedächtnis zu rufen, was Aron und ich heute besprochen hatten. Dafür nehme ich mein Notizbuch zur Hand und beginne zu lesen, was ich alles aufgeschrieben hatte. Als erstes werde ich zu Hause mit meiner Hausaufgabe anfangen. Das hat höchste Priorität. Nach mehrmaligem Umsteigen erreiche ich endlich meine Wohnung. Sofort setzte ich mich mit meinem Notizbuch an den Tisch und schreibe die Frage nochmals auf einer leeren Seite auf: „Was würde ich beruflich tun, wenn ich wüsste, dass alles, was ich mache, mir auch gelingen würde?"

Gleich habe ich verschiedene Ideen am Start. Abteilungsleiter in meiner Firma werden. Nach einer kurzen Denkpause frage ich mich, warum ich so klein denke. Aron hat doch gesagt, ich muss mir große Ziele suchen. Warum also nicht einen Vorstandsposten erhaschen? Meine Begeisterung ist spürbar gering, weil irgendwie die Faszination fehlt. Was würde ich denn wirklich gerne tun wollen, wenn ich wüsste, dass alles, was ich mache, mir auch gelingen würde? Selbstständig sein, mein eigener Boss, und dann kann niemand mir mehr vorschreiben, in welcher Abteilung ich arbeiten und wie viel ich verdienen darf. Ja, mit meiner eigenen Firma selbstständig sein. Aber was würde ich dann für eine Firma haben, was würde diese Firma herstellen oder vermarkten? Ich merke, dass es doch gar nicht so einfach ist, einfach so träumen zu dürfen und einmal verrückt zu sein.

Ich bin glaube ich schon so lange in meinen Gedankenmodellen verhaftet, dass ich aufgegeben habe, zu träumen oder es mir gar nicht mehr erlaubt habe, einmal anders, größer, ja verrückt zu denken. Ehrlich gesagt, habe ich es mir auch gar nicht zugetraut, so groß zu denken. Vielleicht helfen mir ja meine Jugendträume weiter. Langsam füllt sich mein Notizbuch. Mit Aktien handeln oder wie Felix in Immobilien investieren. Ich kann mich noch so anstrengen, aber irgendwie merke ich, dass ich langsam keine Ideen mehr habe. Also lege ich meinen Stift erst einmal aus der Hand. Ein guter Zeitpunkt, um mir etwas zu essen zu machen.

In der Küche öffne ich meinen Kühlschrank und die gähnende Leere überrascht mich nicht wirklich. Es war keine einfache Woche für mich und ich habe sehr viel vernachlässigt. Ich öffne meinen Gefrierschrank und freue mich, dass ich dort zumindest noch eine Pizza finde. Ein schneller und nicht so zeitintensiver Snack. Also schiebe ich die Pizza in den Backofen und mache, bis sie fertig ist, nebenher noch ein wenig Hausarbeit.

Beim Essen fühle ich mich gedanklich frei und gelöst. Leider nur für einen kurzen Augenblick. So rasch dieses positive Gefühl gekommen ist, so schnell ist es auch schon wieder weg. Mir will einfach nichts mehr einfallen.

Ich merke, dass ich mich in meinem Denken, in meiner Vorstellung, in meinen Wünschen schon so lange so klein gemacht habe, dass es mir jetzt sehr schwerfällt, plötzlich so groß und „alles ist möglich" zu denken. Ich rede auf mich ein. Ich muss wohl noch lernen, wieder groß zu denken und mir keine innerlichen Begrenzungen zu setzen. Obwohl mir nichts mehr einfällt, bin ich optimistisch, dass ich im Laufe der Woche schon irgendetwas finden werde.

Ich beschließe, noch einen kurzen Spaziergang zu unternehmen. Nach einer Runde um den Block, greife ich wieder zu meinem Notizbuch und versuche mir Gedanken zu machen, welche Wünsche und Träume ich noch habe. Aron gab mir den Rat, verrückt zu denken. Schon manifestiert sich die Idee einer selbstgestalteten Webseite in meinem Kopf. Ich könnte Produkte oder Dienstleistungen verkaufen. Im Internet gibt es sicherlich sehr viele und gute Möglichkeiten, etwas zu vermarkten. Mir gefällt die Idee, obwohl ich mich nicht so genau auskenne. Aber ja, ich darf verrückt sein.

Wieder überlege ich eine Weile hin und her, aber mir will einfach nichts mehr einfallen. Dann erinnere ich mich daran, was Aron mir erzählt hat. Ich sollte mir Inspirationen von erfolgreichen Menschen holen. Außerdem sollte ich Bücher und Fachartikel lesen, um Anregungen zu erhalten. Dann fällt mir ein, dass ich Aron hätte fragen können. Aber das werde ich beim nächsten Treffen bestimmt tun. Ich frage mich zum wiederholten

Male, was Aron wohl beruflich macht? Ich bin mir sicher, dass seine Tätigkeit bestimmt auch sehr vielversprechend ist, sonst könnte er sich nicht so eine riesengroße Villa leisten. Bis ich ihn selbst fragen kann, beschließe ich, einfach mal im Internet zu recherchieren, was außergewöhnlich erfolgreiche Menschen beruflich gemacht haben und wie sie ihren Erfolg realisieren konnten. Sehr schnell wird mir dadurch klar, dass viele erfolgreiche Unternehmer eine gute Innovation hatten, sie ihre Ideen aber auch sehr gut vermarkten konnten. Ich brauche also eine Innovation und ich muss die Fähigkeit besitzen, das Produkt bzw. die Dienstleistung sehr gut zu vermarkten.

Langsam neigen sich der Tag und der Abend dem Ende entgegen und ich nehme wahr, dass ich meinen Fokus und meine Gedanken in eine völlig neue Richtung gelenkt habe. Ich merke, dass ich nicht mehr traurig bin oder mich nur als Opfer sehe, weil ich die Abteilung bald wechseln muss. Mir fällt auf, dass dieses Gedankenexperiment mich irgendwie befreit hat. Dass es meinen Horizont, meine Denkweise in eine vollkommen neue Richtung bringt. Obwohl ich natürlich auch wieder eine innere Angst verspüre, ob ich das wirklich schaffe und tatsächlich will. Aber auch hier hat sich etwas verändert. Die Angst führt nicht mehr zu einer Lähmung. Ich weiß, dass sie etwas ganz Natürliches ist und nehme sie als selbstverständlich hin. Jetzt macht mir die Angst keine Angst mehr.

Es ist schon spät geworden und ich lege mein Notizbuch aus der Hand. Vielleicht kommt mir heute Nacht in meinen Träumen ja die richtige Idee. Im Bett analysiere ich noch einmal die Gedanken des Tages. Dabei kommt mir auch Aron noch einmal in den Sinn. Hoffentlich geht es ihm bald wieder besser. Denn ich bin unendlich glücklich, dass ich meinen alten Klassenkameraden, meinen besten Freund aus der Jugend wieder getroffen habe. Ich kann es immer noch kaum glauben, was für ein Zufall!

Ich erinnere mich, was wir früher für verrückte Dinge gemacht haben und muss laut lachen. Mir wird schlagartig bewusst, dass wohl das Wichtigste im Leben die Gesundheit ist. Was bringt der ganze Erfolg, wenn ich krank bin? Und ich denke, was für ein Schicksalsschlag Aron widerfahren ist. Er scheint sehr erfolgreich zu sein und dann passiert ein Autounfall und plötzlich wirft einen das vollkommen aus der Bahn. Mir ist bewusst, dass Aron auch das alles sehr gut meistert. Er ist optimistisch, hat viele Ideen und ist voller Tatendrang. Kein Selbstmitleid zu sehen und keine Klagen zu hören. Irgendwann, während ich mir so viele Gedanken gemacht habe, muss ich wohl eingeschlafen sein. Morgen ist Sonntag, also kann ich ausschlafen. Gegen neun Uhr werde ich wach, stehe auf, mache mich frisch und hole vom Bäcker um die Ecke Brötchen zum Frühstück. Als ich mir diese mit Butter und Marmelade schmecken lasse und Kaffeeduft in meine Nase steigt, nehme ich mir vor, meine Liste mit weiteren Ideen zu bestücken.
Ein sehr spontaner Gedanke überzeugt mich im Hier und Jetzt. Warum treffe ich mich eigentlich nicht mit einem alten Freund? Vielleicht erhalte ich dadurch neue Geschäftsinspirationen. Als ich in meinem Handy die Kontaktliste durchgehe, fällt mir mein alter Freund Jack ein. Ich habe ihn schon lange nicht mehr gesehen, aber früher hatten wir immer sehr viel Spaß miteinander. Spontan wähle ich seine Nummer.

Kaum hat es zweimal geklingelt, geht er auch schon ans Telefon. „Hallo Jack, hier spricht Leon." „Leon, wir haben uns ja schon seit einer Ewigkeit nicht mehr gehört. Schön, dass du anrufst." Wir unterhalten uns eine Weile und tauschen uns aus. Ich frage ihn, ob er heute für mich Zeit hat und wir uns treffen können. Wir vereinbaren eine Uhrzeit und beschließen, uns in unserem Lieblingsbistro von früher zu treffen. Ich habe Jack seit mehr als einem Jahr nicht mehr gesehen und bin gespannt, was er macht und wie es ihm geht.

Gegen 16 Uhr mache ich mich wie vereinbart auf den Weg zu unserem Bistro. Obwohl ich im Hinterkopf weiß, dass ich eigentlich nicht so viel Geld ausgeben darf und sparen müsste, weil ich ja bald weniger Gehalt verdienen werde, denke ich nur daran, mal wieder unter Menschen zu kommen. Der Rest ergibt sich. Ich beschließe dennoch, sehr darauf zu achten, nicht zu viel Geld auszugeben. Als ich das Bistro betrete, ist Jack noch nicht da und ich suche uns einen schönen Tisch. Ich bestelle mir eine Cola und während ich auf meinen Freund warte, sehe ich mich interessiert um.

Plötzlich steht Jack hinter mir.
„Hallo, Leon, es freut mich sehr, dich wieder zu sehen."
„Hallo, Jack, freut mich ebenfalls. Komm setz dich doch." „Und wie geht's dir? Was machst du, alles noch beim Alten?"
„Ja, alles unverändert. Und bei dir?"
„Nichts Neues!", antworte ich.
Ich bemerke, dass sich nach einem Jahr bei uns beiden nichts Großes verändert hat. Irgendwie ist die Zeit stehengeblieben. Wir unterhalten uns über alte Zeiten und belangloses Zeug. Small Talk eben. Irgendwann, als ich ihm kurz von Felix und Aron erzähle, sage ich zu ihm: „Jack, ich habe eine Frage an dich: Was würdest du beruflich tun, wenn du wüsstest, dass alles, was du machst, dir auch gelingen würde? Was würdest du machen?" Jack antwortet sofort: „Ich weiß es nicht. Vielleicht ein Bistro eröffnen, dann könnten wir uns immer Sonntagnachmittag in meinem Bistro treffen", und er grinst mich an.

Ich merke schnell, dass Jack nicht bereit ist für dieses Gedankenexperiment. Wie sollte er auch? Noch vor ein paar Tagen hätte ich selbst damit nichts anfangen können. Ohne die vielen wertvollen Dinge, die ich von Felix und Aron erfahren habe, hätte ich jemanden, der mir diese Frage gestellt hätte, wohl auch für verrückt erklärt.

Jack erzählt mir von seinem Freund, der die vielen Träume hatte. Er machte sich selbstständig und musste nach drei Jahren harter Arbeit und mehr als 70 Stunden pro Woche Insolvenz anmelden und jetzt ist er bankrott. Ehrlich gesagt bin ich auch der Meinung, dass es gar nicht so einfach ist, sich selbstständig zu machen. Mein Vater sagte früher auch immer zu mir: ‚Schuster bleib bei deinen Leisten!'

Als ich das höre, geht mir plötzlich ein Licht auf. Mir ist wieder eingefallen, was Felix mir erzählt hat. Wenn du dir eine Empfehlung oder einen Tipp von einem Menschen einholen möchtest, dann hol dir besser Tipps von einem Menschen, der das hat, was du haben willst, der das bereits erreicht hat, von dem du noch träumst. Nur so bekommst du gute Ideen. An Jacks letzter Aussage merke ich auch sofort, dass er die Glaubenssätze von seinem Vater übernommen hat. Und mir wird wieder einmal, seit ich Felix und Aron kenne, deutlich bewusst, was ich alles gelernt habe. Wir Menschen schränken uns unbewusst ein. Jack ist wohl nicht der richtige Gesprächspartner für diese Themen. Ich gehe also nicht weiter darauf ein und erzähle ihm auch nichts von meiner Begegnung mit Felix und meinen Treffen mit Aron. Er würde sicher nicht verstehen, welche Gedanken zurzeit durch meinen Kopf gehen.

Trotz alledem haben wir gemeinsam viel Spaß. Langsam geht der Abend zu Ende und wir trinken noch einen Absacker. Wir verabschieden uns, mit der Option, den Abend zu wiederholen. Insgeheim weiß ich, dass Jack in seiner Welt stehengeblieben ist, seine Lebenssituation hingenommen hat und nicht wirklich bereit ist zu wachsen und an sich persönlich zu arbeiten. Auf dem Heimweg wird mir einmal mehr bewusst, was sich bei mir in den letzten Wochen alles verändert hat. Vor allem aber, was sich gerade tut und dass ich fest davon überzeugt bin, dass sich auch in Zukunft noch so einiges tun wird.

Zu Hause nehme ich schon ganz selbstverständlich mein Notizbuch in die Hand. Ich blättere durch das Buch, betrachte meine vielen Anmerkungen und lese mir verschiedene Passagen noch einmal genau durch. Vor allem mache ich mir aber Gedanken über meine Liste. Immer noch fehlt mir die zündende Idee. Glücklicherweise habe ich noch bis zum nächsten Samstag Zeit.
Es ist schon spät, also gehe ich schnell zu Bett.

Auch an diesem Montagmorgen geht alles seinen geregelten Gang. Ich wünschte, ich könnte das auch von meiner Arbeitsstelle behaupten. Kaum angekommen, bittet mich mein Vorgesetzter gleich ins Büro. Ich folge seiner Anweisung und nehme nach Aufforderung Platz. Er informiert mich darüber, dass er letzte Woche noch mit meinem neuen Abteilungsleiter gesprochen habe und es sei jetzt alles soweit vorbereitet. In zwei Wochen kann ich die Abteilung wechseln. Er schlägt mir vor, noch heute einen Termin mit der Personalabteilung zu machen. Schließlich muss der Arbeitsvertrag noch geändert werden. Höflich nehme ich seine Anweisungen an und gehe wieder zurück zu meinem Arbeitsplatz.

Die Lage wird langsam ernst. Auf der einen Seite mache ich mir Sorgen über das fehlende Geld und auf der anderen Seite bin ich auch auf die Kollegen und auf mein neues Tätigkeitsfeld gespannt. Dann denke ich über meine Liste nach und weiß, dass die Situation nur übergangsweise ist. Sozusagen eine Haltestelle des Lebens. Ich konzentriere mich auf meine Arbeit, schließlich will ich weiterhin professionelle Arbeit abliefern. Nach der Mittagspause rufe ich bei der Personalabteilung an und vereinbare einen Termin für den nächsten Tag. Noch ein paar Aufgaben erledigen, schon ist der Montag vorbei und ich fahre nach Hause.

Auf dem Heimweg gehe ich schnell noch in den Supermarkt und kaufe ein paar Lebensmittel ein. Diesmal achte ich bewusst auf die Preise. Ich vergleiche sie und kaufe absichtlich günstigere Produkte, weil ich weiß, dass ich schon sehr bald weniger zur Verfügung haben werde. All das kommt mir plötzlich aber gar nicht mehr so schlimm vor. Das liegt daran, dass ich immer wieder auch an meine Liste denke und mir selber einrede, dass ich schon bald etwas Geeignetes finden werde.

Wie ich meine Idee ohne finanzielle Mittel realisieren soll, weiß ich nicht, aber ich bin zuversichtlich, dass Aron mir gute Tipps geben wird, wenn ich nur erst einmal ein Ziel habe.

Zu Hause räume ich gleich die Lebensmittel weg, um mir einen Überblick zu verschaffen, was ich in den nächsten Tagen noch an frischer Ware brauche. Ich bereite mir Spaghetti mit Tomatensauce zu. Ohne Hackfleisch, das habe ich mir im wahrsten Sinne des Wortes gespart. Nachdem ich gesättigt bin, setze ich mich auf die Couch und nehme mein Notizbuch in die Hand. Da ist sie wieder, meine Liste. Mir fällt ein, dass ich fundiertes Wissen über den In- und Export habe, schließlich arbeite ich seit vielen Jahren in der Exportabteilung. Ich könnte Unternehmen beim Export ihrer Produkte beraten. Auch Produkte vom Ausland nach Deutschland zu importieren oder diese von Deutschland ins Ausland zu exportieren wäre eine gute Möglichkeit. Den Warenverkauf hier wie dort kontrollieren. Die Idee gefällt mir sehr gut und ich schmücke sie beim Notieren noch ein wenig aus. Auch der heutige Abend hat ein Ende und ich gehe zufrieden zu Bett.

Mein erster Termin am nächsten Morgen ist bei der Personalabteilung. Es geht darum, meinen Arbeitsvertrag anzupassen. Ich nehme mir vor, in der Personalabteilung gleich nachzufragen, ob aufgrund der veränderten finanziellen Situation etwas dagegen spricht, einen Nebenjob anzunehmen. Im Büro der Personalabteilung schaue ich mir den Nachtrag meines Vertrages sehr genau an. Alles wie vereinbart! Ich nehme meinen gesamten Mut zusammen und frage nach der Nebenjobregelung in der Firma. Die Personalsachbearbeiterin Frau Schmidt klärt mich auf: „Eigentlich ist das hier in unserer Firma nicht üblich, aber in ihrem Fall würden wir eine Ausnahme machen. Grundsätzlich also ja. Sie müssen uns nur melden, was sie genau arbeiten wollen, weil es nicht im direkten Wettbewerb zu unserer Firma stehen darf. Eine Beeinträchtigung ihrer Arbeit bei uns darf auch nicht vorkommen.
Wenn Sie also wissen, was Sie machen möchten, dann informieren Sie mich und ich gebe Ihnen, wenn es passt, eine schriftliche Genehmigung."
Was für eine gute Möglichkeit, mir nebenher eine neue Existenz aufzubauen.
Ich glaube allerdings, dass Frau Schmidt bereitwillig darauf eingegangen ist, weil sie für meine Situation Verständnis hat. Welche Fügung! Ob die Bereitschaft in meiner Firma genauso

da gewesen wäre, wenn ich keine Gehaltskürzung bekommen hätte? Ich schiebe den Gedanken erstmal zur Seite, gehe zu meinem Arbeitsplatz und arbeite meine vielen Aufgaben zügig ab. Die restliche Woche vergeht wie im Flug. Jeden Abend zerbreche ich mir den Kopf und schreibe viele Ideen in mein Notizbuch. Stundenlang recherchiere ich im Internet, um meine Liste zu erweitern.

Und schon ist wieder Samstag und ich freue mich sehr auf meinen Termin mit Aron. Ich bin gespannt, was er über meine Liste sagt. Als ich das Anwesen von Aron erreiche und wie gewohnt die Klingel betätige, öffnet mir seine Haushälterin und begleitet mich durchs Haus zu Aron. „Wie geht es dir denn heute?" „Schon viel besser", und da sehe ich, dass er seinen Laptop auf seinem Schoß hält und scheinbar angefangen hat, wieder zu arbeiten.

Die ganze Woche habe ich mir vorgenommen, ihn heute unbedingt zu fragen, was er beruflich macht. Aber als erstes will ich Aron erzählen, was diese Woche passiert ist.
„Weißt du, Aron, es ist schon merkwürdig. Obwohl meine Firma mir einen anderen Arbeitsplatz angeboten hat und mir weniger Gehalt geben muss, war die Personalabteilung bereit, mir einen Nebenjob zu gewähren." „Leon, das ist doch eine sehr gute Nachricht. Was du erzählst, erinnert mich an eine kleine Anekdote ‚Der Bauer und das Pferd'. Ich habe sie vor langer Zeit im Buch ‚Reframing' von Dr. Richard Bandler und John Grinder gelesen. Das sind die Begründer von NLP, aber hör selbst:
Eine sehr alte chinesische Tao-Geschichte berichtet von einem Bauern in einer armen Dorfgemeinschaft. Man hielt ihn für gutgestellt, denn er besaß ein Pferd, mit dem er pflügte und Lasten beförderte. Eines Tages lief sein Pferd davon. All seine

Nachbarn riefen, wie schrecklich das sei, aber der Bauer meinte nur: ‚Wer weiß, wozu es gut ist'. Ein paar Tage später kehrte das Pferd mit zwei Wildpferden zurück. Die Nachbarn freuten sich alle über sein günstiges Geschick, aber der Bauer sagte nur: ‚Wer weiß, wozu es gut ist'. Am nächsten Tag versuchte der Sohn des Bauern, eines der Wildpferde zu reiten. Das Pferd warf den Bauersjungen ab und er brach sich ein Bein. Alle Nachbarn übermittelten dem Bauern ihr Mitgefühl für dieses Missgeschick, aber der Landwirt sagte wieder: ‚Wer weiß, wozu es gut ist'. In der nächsten Woche kamen Rekrutierungsoffiziere ins Dorf, um die jungen Männer zur Armee zu holen. Den Sohn des Bauern musterten sie aus, weil sein Bein gebrochen war. Als die Nachbarn ihm sagten, was für ein Glück er hat, antwortete der Bauer wieder: ‚Wer weiß, wozu es gut ist ...'"

Aron schaut mich grinsend an und sagt: „Wer weiß, für was es gut ist." Wie passend die Geschichte ist und wie sehr sie auf mich zutrifft. War es Zufall oder tatsächlich irgendwie Fügung? Aron schaut mich erneut an und fragt: „Sag, Leon, hast du deine Hausaufgabe gemacht?" Ich antworte voller Stolz: „Ja" und zeige ihm mein Notizbuch. Aron ist erfreut über die vielen Ideen, die ich aufgeschrieben habe.

„Du hast mir geraten, ich solle erfolgreiche Menschen fragen, was sie tun würden. Also frage ich dich, was würdest du denn an meiner Stelle tun oder hast du Ideen für mich, die mir helfen können?" Aron schmunzelt.

„Du lernst wirklich schnell und es gefällt mir, dass du meine Empfehlungen befolgst. Aber ich möchte dich nicht beeinflussen, zumindest nicht thematisch. Es ist wichtig, dass du deine Leidenschaft findest. Ich kann deine Ideen gerne aus wirtschaftlicher Sicht bewerten und dir Tipps geben, welche Dinge praktikabel oder welche weniger gut sind, welche Ideen erfolgversprechend sind und womit du auch den größtmöglichen Erfolg erzielen kannst. Ich finde es nur extrem wichtig, dass du zunächst einmal herausfindest, woran du überhaupt Spaß haben könntest. Welche der Ideen gefällt dir denn am besten, Leon?"

„Ich finde viele Ideen gut, doch am besten gefällt mir die Idee mit dem Import/Export, da fühle ich mich sicher und habe gute Erfahrungen."

„Ja, das ist eine sehr gute Idee. Ich sehe, du hast zwei Dinge aufgeschrieben. Einmal Unternehmen zu beraten, wie sie Import und Export am besten umsetzen können. Und einmal selber Produkte zu importieren und zu exportieren. Kannst du dich für eine der beiden Ideen entscheiden?" „Nicht wirklich, aber was meinst du denn dazu, Aron, welche Idee findest du besser?"

„Ich finde es besser, wenn du selber Waren importierst und exportierst. Wenn du deine Beratertätigkeit als Dienstleistung anbietest, verkaufst du letztendlich Stunden oder Tagessätze. Das begrenzt deine persönliche Zeit. Wenn du jedoch Waren importierst oder exportierst, dann kannst du das unendlich skalieren. Das heißt, du musst nicht Zeit gegen Geld tauschen, sondern du kannst mit demselben Zeiteinsatz immer mehr Geld verdienen. Je mehr Ware du beispielsweise von A nach B importierst oder exportierst, desto höher werden deine Einnahmen sein – mit einem ähnlichen Zeiteinsatz."

Ich lasse mir die Argumente noch einmal kurz durch den Kopf gehen.
„Das ist eine sehr interessante Sichtweise, Aron. Darüber habe

ich gar nicht nachgedacht. Doch es erscheint mir einleuchtend." „Wie fühlt sich die Aufgabe für dich an? Könntest du dir das vorstellen?" „Meine Kenntnisse in dem Bereich sind sehr gut. Ich weiß zwar noch nicht, welche Produkte ich zu welchem Unternehmen importieren oder exportieren soll, doch daran kann ich weiterarbeiten."

Doch so schnell will ich diese für mich wichtige Entscheidung nicht beiseitelegen. Schließlich habe ich gerade jetzt mit Aron einen weisen Mann vor mir. Ich muss ihn unbedingt alles fragen, ansonsten müsste ich wieder eine Woche warten bis zum nächsten Treffen.

Auch wenn erst einmal alles klar erscheint und ich meine Idee gefunden habe, bin ich irgendwie noch ein wenig skeptisch. Eigentlich ist es keine Innovation und mir ist aufgefallen, dass die meisten erfolgreichen Unternehmer eine besondere Innovation hatten. „Sag mal, ist mein Vorhaben nicht ein bisschen unspektakulär? Es ist ja schließlich keine Innovation oder eine brandneue Idee?" „Gut, dass du nachfragst. Letztendlich kommt es jetzt natürlich drauf an, was du importierst und exportierst. Wenn du besondere Produkte aus- oder einführst, du gute Neuerungen hast, was die Abwicklung anbelangt oder außergewöhnliche Ideen, das alles entsprechend zu vermarkten, dann kann es sehr vielversprechend sein. Doch lass uns darauf zu einem späteren Zeitpunkt noch einmal zurückkommen.

Was willst du alles in deinem Leben gemacht oder erreicht haben? Wann ist dein Leben für dich vollkommen erfüllt? Stell dir vor, dein Leben geht irgendwann einmal zu Ende und du liegst auf dem Sterbebett. Du würdest zurückblicken auf dein Leben. Wann wäre dein Leben wirklich erfüllt gewesen?" Ich schaue Aron an und bin verwundert über diese Fragen. Auch weil es ihm genau in diesem Moment wieder schlechter geht – er bekommt kaum Luft und hustet stark. Will er mir irgendetwas zwischen den Zeilen sagen, vielleicht über sich selbst und seine Situation?

„Was bewirkst du mit deinen Fragen?"
„Ich möchte dich gerne inspirieren, ein erfülltes, glückliches und erfolgreiches Leben zu führen. Dazu ist es notwendig, dass du alle Aspekte in deinem Leben begutachtest. Das ist wichtig, damit du zukünftig glücklicher und erfolgreicher sein kannst."
Ich schaue Aron erstaunt an.
„Oh, das weiß ich nicht beziehungsweise kann es dir nicht spontan sagen."
„Gut, dann ist das deine zweite Hausaufgabe. Frage dich, wann dein Leben wirklich erfüllt ist von Glück, Erfolg und all dem, was du dir wünschst. Das Leben ist manchmal kurz und dazu noch unberechenbar. Stelle dir die Frage: Was willst du alles erlebt und gemacht haben, um am Ende deines Lebens zu sagen: ‚Ja, es war ein rundum erfülltes Leben.'

Weißt du, Leon, es ist nicht nur wichtig, dass du eine erfolgversprechende Aufgabe hast, mit der du im Idealfall auch noch sehr viel Geld verdienen kannst, sondern all das muss mit deiner Lebensvision und deiner Lebensmission übereinstimmen. Andernfalls kann es sein, dass du zwar Erfolg hast, aber kein Glück empfindest. All das ist sehr wichtig, damit du wirklich voller Freude, voller Leidenschaft dein Leben und deinen Erfolg genießen kannst. Wenn du dich für eine neue Aufgabe entscheidest, ist es wichtig, dass sie für alle Lebensbereiche vollkommen und ganzheitlich stimmig ist."

Natürlich habe ich auch heute mein Notizbuch vor mir liegen und schreibe die ganze Zeit mit. Ich bin wieder ein wenig durcheinander, weil schon wieder so viele neue Gesichtspunkte zu berücksichtigen sind. Mein Wissen und mein Horizont wachsen von Gespräch zu Gespräch immer weiter. Das ist sehr spannend, aber auch sehr fordernd und anstrengend.

Was bedeuten eigentlich Lebensvision und Lebensmission, was meint Aron damit? Bevor ich mir den Kopf darüber zerbreche, frage ich Aron danach und er antwortet prompt.
„Ganz einfach, Leon, unter Lebensvision verstehe ich, dass du dir dein gesamtes Leben anschaust und für alles, was passieren soll, ein passendes Bild beziehungsweise eine möglichst genaue Vorstellung hast. Dabei sind auch wieder die verschiedenen Bereiche wichtig wie zum Beispiel Familie, Beruf, Gesundheit, Finanzen, Freizeit, Spiritualität, Bildung/Weiterbildung. Vielleicht möchtest du ein Musikinstrument spielen? Vielleicht möchtest du gerne irgendwelche fernen Länder sehen? Vielleicht hast du dir schon als Kind gewünscht, dass du mit einem Flugzeug fliegen willst? Vielleicht willst du irgendeinen besonderen Berg erklimmen oder etwas Besonderes erfinden? Eine Lebensvision zu haben bedeutet, dass du für viele verschiedene Dinge die passenden Bilder hast und genau weißt, wann dein Leben wirklich erfüllt und du wirklich glücklich bist.
Lebensmission ist der Zweck deiner Existenz, eine Lebensaufgabe. Vielleicht möchtest du ganz vielen Menschen bei ihrer Persönlichkeitsentwicklung helfen? Vielleicht möchtest du die Welt mit neuen technischen Innovationen inspirieren oder diese Innovation vielen Menschen zugänglich machen und Menschen zusammenbringen. Alle erfolgreichen Unternehmen haben eine Unternehmensvision und eine Unternehmensmission. Warum also sollte nicht jeder Mensch eine Lebensvision und -mission

haben, Leon? Wenn du etwas machst, was dich erfüllt und dir Spaß macht, dann solltest du nie wieder arbeiten müssen."

Als ich den letzten Satz in meinem Notizbuch festhalte, stelle ich fest, dass es nicht nur um beruflichen Erfolg geht, sondern um ganzheitlichen Erfolg. Dass es nicht nur um persönliches Glück geht, sondern um ganzheitliches Glück. Die neue Sichtweise ist sehr interessant und ich bitte Aron, darüber noch etwas nachdenken zu dürfen. Ich werde mir im Laufe der nächsten Woche viele Dinge dazu aufschreiben und sicher am nächsten Samstag die eine oder andere Frage stellen. Aron schmunzelt und ich freue mich, dass ich so zumindest ein kleines Lächeln auf sein Gesicht zaubern konnte. Seine Haut ist fahl und fast durchscheinend. Sein Gesundheitszustand scheint besorgniserregend zu sein und ich frage mich, ob Felix wohl weiß, wie es seinem Mentor geht. Schließlich ist er gerade geschäftlich im Ausland unterwegs und hat ein wichtiges Projekt zu stemmen.

Da ich ja schon immer wissen wollte, was Aron arbeitet, stelle ich ihm heute endlich die Frage: „Was machst du eigentlich beruflich? Wir haben tatsächlich noch nie darüber geredet."
„Ich bin in der Erwachsenenbildung, Leon. Ich veranstalte Schulungen für Persönlichkeitsentwicklung und coache große Unternehmen, wie sie noch erfolgreicher werden. Ich habe schon Millionen Menschen auf der ganzen Welt geschult. Ich biete Seminare, Kongresse und Vorträge genau zu dem Thema an, über das auch wir jeden Samstag sprechen. Ich bin auch kein Unbekannter in der Buch- und Presseszene. Leon, du kannst mir glauben, ich liebe das, was ich tue und ich lebe meine Lebensvision und Lebensmission." Während Aron mir das erzählt, sehe ich das Funkeln und Glitzern in seinen Augen und ich spüre sofort, wie ernst ihm dieses Thema ist. Aron ist wirklich ein

bemerkenswerter Mensch. Jetzt verstehe ich endlich, warum Aron so viel weiß und warum ihm sein Erfolgsbote-Projekt so am Herzen liegt.

„Soweit zu mir, Leon, aber heute geht es um dich und wie du noch erfolgreicher und glücklicher leben kannst."
„Entschuldige, aber ich bin einfach nur neugierig, wie du so erfolgreich wurdest. Ich betrachte dich als mein Vorbild und weiß, dass ich viel von dir lernen kann. Erlaube mir bitte noch eine Frage: Wie viele Mitarbeiter hast du?"
„Mehrere 100, Leon."
„Wow, das ist wirklich sehr bemerkenswert." Ich verstehe jetzt umso mehr, dass Aron sich nicht selbst darstellen möchte, sondern wirklich lieber mir, und zwar von ganzem Herzen, helfen will. Meine Neugier nach dem Geheimnis des Erfolges ist aber noch nicht gestillt.
Aron ist die Anstrengung unseres Gespräches anzumerken und ich bremse meinen Frageschwall. „Lass uns heute bitte abschließen, ich bin sehr erschöpft und unendlich müde. Lass uns nächste Woche weiterreden. Ich bin gespannt, wie du deine Hausaufgabe bewältigst." Ich verlasse die Villa und mache mich auf den Heimweg.

Einerseits freue ich mich darauf, meine Lebensvision aufzuschreiben und träumen zu dürfen, doch andererseits bin ich verunsichert, ob ich wirklich bereit bin. Bin ich mit meiner Denkweise schon so weit und habe ich den nötigen Weitblick? Auch wenn ich jetzt meine Lebensvision niederschreibe, kann ich im Laufe meines Lebens doch immer wieder noch etwas Neues ergänzen oder anpassen. Mit dieser innerlichen Haltung nehme ich den größten Druck heraus und vertraue darauf – auch weil Aron mich offensichtlich für fähig hält –, dass ich gerüstet bin, um geistig frei zu sein und tatsächlich groß zu denken.

The same procedere as every weekend – Essen zubereiten, aufräumen und Hausarbeit. Dabei denke ich noch einmal über alles nach. Mit dem Notizbuch vor Augen fange ich an zu träumen. Ich freue mich, dass ich alles aufschreiben darf, was ich mir vorstelle. Mein Traum beginnt damit, dass ich ein erfolgreiches Import- und Export-Unternehmen aufbauen möchte. Ich schreibe auf, dass ich mehrere Mitarbeiter haben möchte, die mich dabei unterstützen. Ich schreibe auf, dass ich eine tolle Frau kennen lernen möchte, die intellektuell ist, die sich auch mit dem Thema Persönlichkeitsentwicklung auseinandersetzen möchte und auf derselben Wellenlänge treibt wie ich. Gemeinsam wollen wir beide an uns arbeiten und wachsen.

Ich stelle mir eine riesengroße Villa im Grünen vor. Vater zweier Kinder zu sein, der in einer glücklichen Familie lebt. Weitere Träume und Wünsche sind, dass ich regelmäßig Sport machen möchte, um mich gesund und fit zu halten. Acht Wochen Urlaub im Jahr wären auch nicht schlecht, damit ich mit meiner Familie ferne Länder bereisen kann. Für die Weiterentwicklung meiner Persönlichkeit möchte ich Seminare besuchen, regelmäßig Bücher lesen und mich permanent weiterbilden. Ich schreibe auch auf, dass ich viele interessante Menschen treffen und kennenlernen möchte. Der regelmäßige Gedankenaustausch ist mir wichtig. Und zu guter Letzt soll das Erfolgsbote-Projekt durch mich weiterleben. Irgendwie kann ich gar nicht aufhören zu schreiben. Heute fließt es förmlich aus mir heraus. Meine Wünsche, meine Träume, sie beginnen zu blühen und zu wachsen.

Es ist schon sehr spät geworden und ich lege mich glücklich ins Bett. Noch mit offenen Augen träume ich von meinem neuen Leben und schlafe dabei mit einem glücklichen Lächeln auf dem Gesicht ein.

Es ist Sonntag und es beschleicht mich das Gefühl, dass ich mir das alles nur eingebildet habe, so einfach mein Leben zu gestalten und meine Träume leben zu können. Sollte es wirklich so einfach sein? Doch ich vertraue auch darauf, dass Aron mir mit Sicherheit helfen kann und wird.

Nach dem Frühstück mache ich mir auch Gedanken über meine Lebensmission. Zuerst habe ich ein unsicheres Gefühl, was meine Lebensaufgabe sein könnte. Aber dann sprudelt es aus mir heraus. Ich möchte tolle Innovationen importieren und exportieren, um damit viele Menschen zu inspirieren. Diese Lebensmission fühlt sich für mich sehr gut an und ich schreibe sie gleich auf. Aus dieser Lebensmission heraus ist mir klar, was ich ungefähr importieren und exportieren könnte. Ich merke, dass meine Vorgehensweise schlüssig ist. Und mir ist klar, dass es tatsächlich langsam eine richtig runde Sache wird. Ich lege mein Notizbuch auf die Seite und beschließe, ein wenig spazieren zu gehen.

Draußen ist es leicht bewölkt und circa 14 °C warm. Ich gehe in den nächstgelegenen Park, der zwar nicht so schön ist, wie der gegenüber dem Krankenhaus, aber immerhin kann ich hier in Ruhe über alles nachdenken. Ich frage mich, ob ich nicht in einer Illusion lebe? Ich bin noch eine Woche in meiner Abteilung und ab übernächster Woche wechsle ich in die neue und verdiene weniger Geld. Willkommen in der Realität. Wieder beginne ich zu zweifeln. Da ist sie wieder, die Existenzangst. Aber wenn Aron und Felix es geschafft haben, ihre Träume zu leben, dann kann ich das bestimmt auch schaffen! Ich rede mir auf dem Heimweg ein, dass alles gut wird. Ich werde an meiner Lebensvision und meiner Lebensmission festhalten und einfach an mich glauben.

Der Tag neigt sich dem Ende zu. Ich schalte den Fernseher ein und lasse mich einfach nur berieseln, um gedanklich loszulassen. Manchmal muss das sein, um abzuschalten. Die Ereignisse in meinem Leben überschlagen sich und ich muss das alles erst einmal verdauen. Es ist schon spät, sodass ich schlafen gehe. Morgen ist Montag und die letzte Woche an meinem alten Arbeitsplatz möchte ich ausgeschlafen antreten.

Am nächsten Morgen gehe ich wie gewohnt zur Arbeit. Ich kann es kaum glauben, als mein Vorgesetzter auf mich zusteuert und mich wieder einmal in sein Büro bittet. Ich frage mit einem Lächeln: „Habe ich noch irgendetwas angestellt – so kurz vor dem Ende?" „Das werden Sie ja gleich erfahren."
Ich lege meine Arbeits-Unterlagen auf die Seite und gehe mit ihm in sein Büro. Er kommt direkt zur Sache.
„Sie wissen, dass es Ihre letzte Woche in unserer Abteilung ist. Ich möchte gerne, dass Sie eine gute Übergabe mit ihrer Kollegin Frau Meier machen. Sie ist informiert und Sie können alles mit ihr durchgehen. Haben Sie noch Fragen?"
„Nein, Sie können sich selbstverständlich auf mich verlassen. Gibt es sonst noch etwas?", frage ich selbstsicher.
Er schüttelt den Kopf und ich gehe zurück zu meinem Arbeitsplatz. Martina Meier, meine Kollegin, wartet schon auf mich und ich beschließe sie gleich zu fragen, wann sie Zeit für die Übergabe hat. Circa eine halbe Stunde bräuchte sie noch, um einen Vorgang abzuschließen, danach würde es bei ihr passen. Wenig später erkläre ich ihr alles und sie fragt mich natürlich, wie es mir in dieser schlimmen Situation gehe. Dazu fällt mir nur eine Antwort ein: „Wer weiß, für was es gut ist."
Sie schaut mich völlig verwundert an.
„Ich merke schon, du verkraftest die neue Situation offensichtlich ganz gut." Ich spüre, dass auch sie um ihren Arbeitsplatz

Angst hat und befürchtet, früher oder später ebenfalls versetzt, degradiert oder sogar entlassen zu werden.

„In welche Abteilung wirst du überhaupt versetzt, Leon?"
„In die Verkaufsabteilung, als Verkaufsassistent. Das wird zwar neu für mich sein, aber es wird bestimmt auch interessant und eine neue Herausforderung." „Du bist wirklich optimistisch, das finde ich sehr gut. Wie schaffst du das nur?" „Weißt du, Martina, ich denke mir einfach, wer weiß, für was es gut ist und mal schauen, wie sich mein Leben weiterentwickelt. Ich kann und will momentan nichts daran ändern, aber das heißt ja nicht, dass es für alle Zeiten so bleiben muss."
„Ich drücke dir jedenfalls die Daumen." Beide konzentrieren wir uns wieder auf die Übergabe.
Ich erkläre ihr meine Abläufe und welche Fälle ich gerade bearbeitete. Nach einer Weile verabschieden wir uns, und sie geht wieder an ihren Arbeitsplatz zurück. „Ich komme morgen wieder zu dir, dann können wir den Rest besprechen. Heute muss ich noch ein paar andere Aufgaben erledigen."
Auch ich muss mein Soll erfüllen und stürze mich wieder auf meine Arbeit. So geht der Tag langsam zu Ende. Als ich Richtung Heimat laufe, wird mir klar, dass es langsam ernst wird. Ich denke, wenn ich in dieser Phase nicht Aron oder Felix kennen gelernt hätte, dann wäre ich jetzt bestimmt am Boden zerstört. Doch ich halte gedanklich an meiner Lebensvision und meiner Lebensmission fest. Ich nehme mir noch kurz die Zeit am Hauptbahnhof, um im Zeitschriftengeschäft in einem Magazin zu blättern, da fällt mir ein Zitat von Mark Twain ins Auge: „Das, was jemand von sich selbst denkt, bestimmt sein Schicksal." Wie gut es doch gerade zu dem passt, was ich erlebe. Oder ist das nur wieder mein neuer Fokus?

Die Woche vergeht sehr schnell und ich übergebe alle Vorgänge an meine Nachfolgerin, bereite mich gedanklich auf meine neue Aufgabe in der neuen Abteilung vor und arbeite selbstverständlich an meiner Lebensvision und meiner Lebensmission weiter. Endlich ist es wieder Samstag und ich freue mich darauf, Aron zu sehen.

13

Am Samstagmorgen mache ich mich rechtzeitig auf den Weg, schließlich bin ich nach Kronberg im Taunus eine Weile unterwegs. Nach einem kleinen Frühstück ziehe ich mir etwas Passendes an, nehme mein Notizbuch und fahre zu Aron. Bei ihm angekommen, drücke ich die Klingel an seinem Eingangstor. Seine Haushälterin öffnet wie gewohnt die Tür und bringt mich zu Arons Zimmer. Inzwischen ist mir der Weg vertraut und ich freue mich, als ich ihn wohlauf im Bett sitzen sehe. „Hallo Aron, wie geht es dir heute?"
„Mir geht es gut, Leon. Ich arbeite wieder an einem Buch."
„Um was geht es in diesem Buch?"
„Es geht um Marketing- und Verkaufsstrategien."
„Das ist ein sehr interessantes Thema für mich.
Ich freue mich schon, wenn es endlich fertig ist."
„Aber bis es soweit ist, möchte ich dir gerne ein anderes Buch von mir schenken. Es geht um Persönlichkeitsentwicklung. Nimm es mit nach Hause und lies einfach ein wenig darin. Ein paar Geschichten wirst du bereits von mir kennen, aber wenn du sie liest, wird sich vielleicht noch der eine oder andere Gedanke zusätzlich oder intensiver bei dir festsetzen." Mit diesen Worten reicht er mir ein handsigniertes Buch herüber. Zugleich fragt er mich: „Hast du deine Hausaufgaben gemacht?"
„Selbstverständlich", sage ich und zeige ihm mein Notizbuch.

„Leon, ich finde es toll, dass du die Sache wirklich ernst nimmst und an deinem Leben richtig arbeitest und dich weiterentwickelst, um erfolgreich und glücklich zu sein." Er nimmt das

Notizbuch, das ich ihm entgegenstrecke und liest meine Lebensvision laut vor. „Das ist eine schöne Lebensvision. Wirklich tolle und wertvolle Gedanken, die du dir aufgeschrieben hast. Der erste wichtige Schritt ist getan", und dann liest er weiter laut vor. Und er fragt mich: „Wie fühlst du dich dabei?" „Ehrlich gesagt, Aron, beflügelt mich das sehr. Ich freue mich darauf, endlich damit anzufangen – andererseits habe ich immer noch Angst, ob ich das wirklich schaffe." „Das ist völlig normal, wenn du deine große Lebensvision und Lebensmission aufschreibst. Das alles ist außerhalb deiner Komfortzone. Doch wenn du Schritt für Schritt immer wieder an dir arbeitest, dann wirst du früher oder später auch genau dort ankommen." Okay, wenn Aron das sagt und an mich glaubt, dann wird es schon stimmen, denke ich.

„Leon, heute möchte ich dir etwas Wichtiges empfehlen. Wie du weißt, bieten wir Weiterbildungs-Seminare an und am nächsten Wochenende findet eines zu einem sehr spannenden Thema statt. Ich möchte gerne, dass du dieses Seminar besuchst." Ich frage Aron: „Machst du das Seminar alleine oder gibt es noch andere Referenten?" Irgendwie hoffe ich, dass vielleicht auch Felix da sein wird. „Ich halte fast alle Seminare selber. Seit einiger Zeit habe ich aber einen Co-Referenten ausgebildet, der die gleichen Inhalte weitergeben kann. Zusätzlich habe ich mehrere Kooperations-Referenten unter Vertrag, die alle Spezialthemen abdecken. Ehrlich gesagt, bin ich froh, dass ich einen Co-Referenten aufgebaut habe, weil es jetzt auch ohne mich weiterlaufen kann."

Aron reicht mir seine Visitenkarte und sagt: „Ruf am Montag am besten gleich bei mir im Unternehmen an und lasse dich mit Charlotte verbinden und dann melde dich zu dem Seminar an. Dieses zweitägige Seminar kostet 1.250 Euro. Ich weiß, dass du momentan nicht so viel Geld hast. Trotzdem werde ich dir dieses Seminar nicht schenken. Du musst lernen, in dich selbst zu investieren. Du fragst dich womöglich, warum ich dir dieses Seminar nicht schenke, da wir uns doch schon so lange kennen. Und ohne mich wärst du ja gar nicht auf die Idee gekommen, so ein Seminar zu besuchen. Alles vollkommen richtig, aber es ist wichtig, dass du Geld investierst, weil du dann dieses Wissen und jedes Wort noch viel mehr wertschätzt und die Inhalte wirklich umsetzen willst. Die Investition muss sich für dich lohnen. Verstehst du das? Du bekommst eine andere Wertschätzung gegenüber dem gelernten Inhalt." Ich verstehe es, denke aber trotzdem die ganze Zeit nur darüber nach, wie ich das bezahlen soll.

Ich nehme meinen Mut zusammen, weil ich ihn nicht enttäuschen will und sage: „Aron, du weißt aber, dass ich ab nächste Woche in eine andere Abteilung wechseln werde und 20 Prozent weniger Gehalt bekomme. Ich habe zwar ein wenig Geld auf der hohen Kante, aber das wollte ich gerne in mein neues Unternehmen investieren."

„Aber genau das tust du mit dieser Investition. Sobald du in dich investierst, investierst du automatisch in dein neues Unternehmen."
Auch wenn ich nicht ganz verstehe, was er mir damit sagen will, bin ich davon überzeugt, dass Aron mit Sicherheit Hintergedanken hat. Bestimmt weiß er, was gut für mich ist. Ich erinnere mich daran, wie Felix mir erzählte, dass er, als er die ersten Seminare besucht hat, auch nicht wusste, wie er diese bezahlen sollte. „Okay, ich werde es machen. Ich werde mich am Montag bei deiner Mitarbeiterin melden."

„Prima, du hast eine gute Entscheidung getroffen. Das zeigt mir, dass du es mit deinem neuen Lebensweg wirklich ernst meinst. Sag mal, Leon, in welcher Abteilung wirst du eigentlich ab nächster Woche arbeiten?"

„Ich werde als Vertriebsassistent in der Vertriebsabteilung arbeiten." Nach meiner Antwort grinst Aron von einem Ohr zum anderen.
„Das ist das Beste, was dir passieren konnte. Jetzt kannst du lernen, wie der Vertrieb funktioniert, was wiederum dir helfen wird, dein Unternehmen marketingtechnisch aufzubauen. Außerdem weiß ich dann ja gleich, wem ich die erste Ausgabe meines neuen Buches schenke."

14

Ich finde es wirklich bemerkenswert, wie Aron immer wieder das Positive sehen kann. Er entdeckt wirklich in jeder Situation gute Möglichkeiten und Chancen. Aber Aron ist mit seinen Ausführungen noch lange nicht fertig. „Leon, heute möchte ich dir eine weitere Lektion beibringen und zwar wie du deine treibende Kraft aktivierst, also deine innere Motivation findest."

„Das hättest du mir früher sagen sollen, bevor ich damit angefangen habe, meine Lebensvision und meine Lebensmission aufzuschreiben." „Ein Schritt nach dem anderen", sagt Aron, „habe einfach ein wenig Geduld, bis ich fertig bin."
Ja, wenn das nur so einfach wäre. Ich muss mich wirklich in Geduld üben. Ich erinnere mich, dass mir am Anfang unserer Treffen manchmal alles viel zu schnell ging und ich Aron öfter als einmal gebeten habe, langsamer zu machen. Und jetzt bin ich doch tatsächlich ungeduldig.
„Entschuldige, Aron, dass ich dein Konzept in Frage stelle. Ich denke nur, dass es einfacher für mich gewesen wäre, wenn ich diesen Punkt früher gehört hätte." „Einfacher vielleicht, aber genau darum geht es nicht. Du musst bereit sein, zu investieren. Wie du dir vorstellen kannst, bezieht sich das nicht nur auf Geld für Weiterbildungsmaßnahmen, auch wenn das sicherlich momentan dein vordergründiges Problem ist. Es geht auch darum, manchmal Zeit, Schweiß und Tränen zu investieren. Kein Erfolg und kein Glück kommt von alleine. Alle Vorhaben brauchen Kraft und Durchhaltevermögen – auch wenn es einmal nicht so einfach geht. Diese Erfahrung kann und will ich dir

nicht ersparen. Deine Angst und deine Verzweiflung waren also wichtig, um zu lernen. Später, wenn es wieder einmal anstrengend ist, kannst du auf den Willen und den Mut zurückgreifen. Schließlich hast du die Erfahrung gemacht, dass du es kannst, auch wenn es einmal aufreibend ist."

„Jetzt verstehe ich dich und so gesehen hast du absolut Recht."
„Gut, es ist übrigens richtig und wichtig, dass du alles hinterfragst. Du bist inzwischen an einem Punkt angelangt, an dem du schon viel weißt und dann nimmt man nicht mehr alles so einfach hin. Das zeigt mir nur, dass deine Persönlichkeit weiterwächst. Wirklich gut so", sagt er und schmunzelt. Ich lächle ihn an und denke, heute geht es also darum, eine Antwort auf die Frage ‚Wie kannst du deine treibende Kraft aktivieren?' zu finden.

„Weißt du Leon, die meisten Menschen beginnen zu träumen, was sie alles gerne im Leben erreichen möchten. Dann machen sie sich darüber Gedanken, wie sie es erreichen können. Später merken sie, dass sie keine Ahnung haben, warum sie es überhaupt erreichen wollen. Eine Folge davon ist, dass Wünsche, Träume, Visionen sofort im Keim erstickt werden. Leon, merke dir: Wenn du wirklich erfolgreich sein willst, ist es entscheidend, dass du zu 80 Prozent dein ‚Warum' kennst und zu 20 Prozent dein ‚Wie'. Dadurch entsteht eine Art Motor, ein Antrieb, der dich immer wieder dazu animiert, nach Lösungen zu suchen. Wer diese Motivation nicht hat, findet auch sein ‚Wie' nicht. Diese 80 Prozent sind entscheidend für deinen Erfolg. Das ‚Wie' kommt von ganz alleine, denn dein ‚Warum' wird dich antreiben."

Das ist wirklich ein schwieriger Punkt und so ganz deutlich ist mir das Ganze noch nicht, also frage ich ihn, ob ich alles richtig verstanden habe: „Um Ziele im Leben zu erreichen, um meine

Lebensvision und meine Lebensmission tatsächlich erfolgreich zu verwirklichen, ist der entscheidendste und wichtigste Punkt das ‚Warum'."

„Genau! Du musst dich fragen, warum du das unbedingt erreichen willst. Warum ist genau das deine Lebensvision und deine Lebensmission? Für den Erfolg sind die Fragen nach dem ‚Warum' maßgebend. Nicht das ‚Wie' ist also entscheidend. Aus diesem Grund frage ich dich hier und heute noch einmal: Was ist dein ‚Warum'? Warum möchtest du unbedingt erfolgreich sein? Warum möchtest du dieses Business machen? Und warum hast du diese Lebensmission?"

Ich will gleich antworten, aber da unterbricht mich Aron. „Leon, ich erwarte nicht jetzt gleich eine Antwort von dir. Du solltest in aller Ruhe darüber nachdenken dürfen und so auch deine Vision und Mission nochmals eingehend prüfen. Ich möchte heute nur gerne, dass du dir folgende Fragen notierst: Warum möchte ich meine Lebensvision unbedingt erreichen? Und warum möchte ich diese Lebensmission leben? Und dann sprechen wir nächsten Samstag über deine Antworten. Einverstanden?"

„Okay, einverstanden. Ich habe ja schon in den letzten Wochen öfter eine Hausaufgabe von dir bekommen. Es ist wirklich wertvoll, ein paar Tage Zeit zu haben und zu investieren, um am Ende wirklich die richtigen Antworten für sich selbst zu finden. Aber kannst du mir bitte trotzdem noch ein wenig mehr über diesen wichtigen Punkt erzählen?" Aron lässt sich nicht lange bitten.

„Es gibt verschiedene Gründe, um das ‚Warum' stark genug zu machen. Vielleicht möchtest du mit deinen Erfolgen irgendwann einmal Menschen helfen können? Eine Stiftung gründen, Schulen bauen in Afrika, Krankenhäuser errichten. Oder du hast einfach nur einen eigenen persönlichen Wunsch, weil

du endlich ein glückliches Leben haben möchtest. Weil du vielleicht viele besondere, große materielle Dinge kaufen möchtest, wie zum Beispiel ein tolles Auto, ein großes Haus, einen eigenen Pool. Es kann auch sein, dass dich etwas ganz anderes antreibt. Vielleicht sind es negative Erfahrungen aus deiner Vergangenheit. Dass du das, was du damals erlebt hast, niemals mehr erleben willst. Aus diesem Grund rennst du los. Du möchtest dir nur selber beweisen, dass du, wenn du es wirklich willst, etwas, ja alles erreichen kannst."
„Okay, das habe ich verstanden. Ich frage mich gerade nur, ob das ‚Warum' nicht besser moralisch motiviert, also etwas für die Allgemeinheit sein sollte." Da spricht Aron genau diesen Punkt an.

„Leon, es ist nicht wichtig, ob dein ‚Warum' positiv oder negativ, lobenswert oder nicht lobenswert ist. Es geht erst einmal einzig und allein um den Punkt ‚Was treibt dich an?'
Ein erfolgreicher Persönlichkeitstrainer in Amerika hat einmal behauptet, je größer das ‚Warum' sei, umso leichter würde das ‚Wie' sein." „Verstanden! Je größer das ‚Warum', desto stärker ist mein persönlicher Antrieb. Es werden sich Wege finden, stimmt das so?"
„Ja, genau so kann man das erklären. Du musst dir nur absolut im Klaren sein über dein ‚Warum'."

„Eigentlich kann ich dir sofort sagen, warum es wirklich mein tiefster Wunsch ist, aus meiner derzeitigen Situation herauszukommen. Aron, mein Leben ist einfach miserabel. Ich habe einen Job, der mir eigentlich keinen Spaß macht, lebe in einer kleinen Sechzig-Quadratmeter-Wohnung, gönne mir nichts Teures und das Geld ist trotzdem ständig knapp. Wirklich viele oder gute Freunde habe ich auch nicht. Mein Leben hält keine tollen Herausforderungen für mich bereit und ich bin nicht glücklich. Irgendwie geht in meinem Leben nichts vorwärts. Mir fehlt eine Frau, die ich liebe und die mich liebt. Und an eine Familie oder Kinder will ich in meiner finanziellen Situation lieber gar nicht denken."

„Das ist alles nachvollziehbar, aber ein wirkliches ‚Warum' ist das noch nicht, Leon", erklärt Aron, der mir aufmerksam zuhört.

„Dann versuche ich es anders. Der wirkliche und wahre Grund für mich, mein wichtigstes ‚Warum' ist, dass ich nicht mehr länger mein altes Leben führen will. Ich möchte ein neues Leben gestalten und nicht mehr Opfer sein. Ich will die Umstände, die mich emotional aus der Bahn werfen und die Gegebenheiten, die mich frustrieren, nicht mehr länger akzeptieren. Das Gefühl von Ohnmacht, von Hilflosigkeit, das ich fast täglich in mir spüre, all das möchte ich nicht mehr haben."

„Super, Leon, das hört sich doch nach einem triftigen Grund an. Am besten schreibst du das alles in dein Notizbuch. Lies es, wenn du mal wieder demotiviert bist oder vielleicht sogar deprimiert. Wenn du keine Kraft mehr hast, dann lies dir dein ‚Warum' durch. Hole dir deine Lebensvision und deine Lebensmission Wort für Wort zurück. Das wird dich wieder motivieren. Dann weißt du, warum du dich anstrengst, warum du durchhältst, warum es sich lohnt – auch wenn es einmal schwierig ist."

Die Zeit geht immer so schnell vorbei, wenn ich bei Aron bin. Auch heute unterbricht uns die Krankenschwester und bittet mich zu gehen. Ich packe meine Sachen zusammen und sage zu Aron: „Ich freue mich auf unser nächstes Mal! Leider werden wir uns nächste Woche nicht sehen, weil ich auf dieses Seminar gehe, das du mir so sehr ans Herz gelegt hast. Dann sehen wir uns erst wieder in zwei Wochen!"

„Prima Leon, bis dahin eine gute Zeit. Am besten liest du dir deine gesamten Notizen immer wieder durch und ergänzt sie. Und vielleicht findest du ja Zeit, schon einmal etwas in meinem Buch zu lesen." Wir verabschieden uns und die Haushälterin begleitet mich hinaus.

Jetzt aber nichts wie nach Hause. Ich renne zur S-Bahn-Station und mache mir Gedanken über diesen Tag und mein wieder einmal sehr spannendes Treffen mit Aron. Was hatte er nochmal gesagt? Je stärker mein ‚Warum' ist, desto leichter ist das ‚Wie'.
Und ich beginne schon wieder, mir Sorgen zu machen.
Warum ist immer alles so klar und leicht, wenn ich bei Aron bin oder mich zuvor mit Felix unterhalten habe? Und warum kommen immer erst dann die Zweifel, wenn ich alleine bin und noch einmal alles Revue passieren lasse, was Aron mir erzählt hat? Warum fällt es mir nur so schwer, an mich zu glauben und daran, dass ich es tatsächlich schaffen kann? Wieder einmal ist es zum Verzweifeln. Immer wenn ich denke, jetzt bin ich soweit, holen mich meine Selbstzweifel und die bittere Realität wieder ein.

Was hatte Aron gesagt? Ich solle überlegen und eine Antwort auf die Frage ‚Ist mein Warum stark genug?' finden.
Ich beschließe, nicht so leicht aufzugeben, sondern mir noch einmal in aller Ruhe darüber Gedanken zu machen. Vielleicht ist das noch nicht alles. Dann erinnere ich mich an Felix, der mich bat, kleine Schritte in meiner Entwicklung zu machen.

In der Bahn nehme ich mein Notizbuch zur Hand und lese noch ein bisschen darin. Plötzlich wird mir bewusst, dass ich Aron versprochen habe, das 1.250 Euro teure Seminar zu besuchen.

Ich habe doch überhaupt kein Geld! Wie soll ich mir das leisten? Ab Montag komme ich in die neue Abteilung und verdiene 20 Prozent weniger Gehalt! Zum Glück habe ich noch etwas auf der hohen Kante für Notfälle. Doch das ist doch gar kein Notfall! Egal, ich vertraue darauf, dass es die richtige Entscheidung ist. Obwohl ich Sorgen habe und mir nicht ganz wohl dabei ist, wie ich meine Zukunft finanziell gestalten soll.

Am besten, ich schaue mir meine finanzielle Lage einmal genau an. Ich habe 2.700 Euro auf dem Sparbuch und das Seminar kostet fast die Hälfte. Irgendwie erschreckend! Aber ich muss es einfach wagen, wenn ich aus dieser Situation herauswill. Wie war das gleich nochmal? Ich muss in mich investieren, wenn ich etwas ändern will, wenn ich endlich ein erfolgreiches und glückliches Leben führen möchte. Ich ertappe mich dabei, wie ich über mein ‚Warum' nachdenke. Aron hatte Recht. Das ‚Warum' motiviert mich, weil ich entschlossen bin, vorwärts zu gehen. Trotzdem ist es eine Menge Geld und weil ich Aron nicht schon wieder belästigen möchte, rufe ich einfach Felix an. Er hat gesagt, ich könne mich jederzeit bei ihm melden, also wähle ich die Nummer seines Handys. Es klingelt – einmal, zweimal – und endlich hebt er ab. „Hallo, Leon", er hat mich an der Nummer wohl gleich erkannt, „Wie geht es dir? Ist etwas mit Aron?"
„Nein, Felix, alles gut. Ich habe nur ein kleines Problem und dachte mir, ich bitte dich um Rat." „Okay, ich habe sowieso gerade Zeit, leg einfach los."
„Also, Aron hat mir empfohlen, am Wochenende ein Seminar zu besuchen, aber das kostet 1.250 Euro. Dafür müsste ich auf meine Ersparnisse zurückgreifen. Ich bin nicht sicher, ob ich das wirklich will. Auf der anderen Seite habe ich Aron bereits zugesagt. Meinst du, ich soll das finanzielle Risiko eingehen?

Aber dann hätte ich wesentlich weniger Geld für den Notfall. Was ist, wenn ich doch noch gekündigt werde?"
„Stopp Leon, stopp!", bremst Felix mich, „Es ist absolut richtig und wichtig, dass du das Seminar besuchst. Du erinnerst dich sicher daran, dass es auch bei mir am Anfang so war und ich eigentlich kein Geld für das Seminar hatte. Aber es hat sich schneller ausgezahlt, als ich es für möglich hielt. Dieses erste Seminar hat so viel in meinem Leben bewegt, dass ich danach sehr schnell sehr viel mehr Geld auf meinem Konto hatte als zuvor." „Danke, Felix, du hast mir sehr geholfen. Jetzt weiß ich, dass ich richtig handle und freue mich schon auf all das, was ich Neues kennenlernen werde und auf die Veränderungen, die sich danach ergeben." „Aber genau daran arbeitest du doch schon die ganze Zeit", sagt Felix und legt auf.

Nach mehrmaligem Umsteigen und einem längeren Fußweg komme ich endlich zu Hause an. Ich esse etwas und erledige ein paar Dinge. Ich bin neugierig und sehe mir noch kurz die Webseite von Aron genauer an. Sein Internetauftritt ist sehr beeindruckend. Man sieht Aron auf der Bühne vor einem riesengroßen Publikum. Tausende von Menschen jubeln ihm zu. Es ähnelt eher einem Konzert als einem Kurs oder einer Schulung. Und ich denke: Wahnsinn, Aron ist wirklich erfolgreich auf seinem Weg!

Noch schnell das Videosymbol aktivieren und schon bin ich mittendrin in einem Event mit Aron. Ich kann es kaum glauben, aber ich erlebe ihn als Redner auf der Bühne. Den Mann, den ich bislang nur im Bett liegend gesehen habe und der schon so eine faszinierende Wirkung auf mich hat, ist als Trainer einfach unglaublich überzeugend. Mit welcher Präsenz er auf der Bühne steht und wie er die vielen Teilnehmer in seinen Bann zieht.

Während das Video läuft, höre ich eine fremde Stimme, die mir ruhig erklärt:
„Sie alle kennen das Gefühl. Zwänge belasten unser tägliches Leben. Wir fühlen uns wie im Hamsterrad. Jeder will etwas von uns und das möglichst sofort. Das ist nicht nur im Job so, sondern hört auch zu Hause nicht auf. Eigene Erfahrungen und Rückschläge, eigentlich ein ganz normales Phänomen, führen zu Demotivation und Enttäuschung. Der Glaube an das persönliche Lebensglück versiegt zunehmend. Der Wunsch vieler Menschen nach mehr Freiheit, mehr Glück und mehr Erfolg ist deshalb nicht verwunderlich. Grenzen im eigenen Kopf sprengen, hemmende Glaubenssätze aus der Kindheit erkennen und auflösen, sich inspirieren lassen, sein persönliches Potential zu entfalten – genau darum geht es auf diesem Event."

Und dann sieht man, wie Aron mit den vielen Teilnehmern arbeitet. Das ist kein Tag, um sich einfach nur berieseln zu lassen. Das ist Aktion und Aktivität pur. Inhalte und Übungen wechseln sich ab. Da wird beispielsweise der „Selbstwertmuskel" trainiert, was den Teilnehmern dabei helfen soll, sich frei zu machen, um ihre Ziele fokussierter zu verfolgen. Die Teilnehmer erfahren, wie sie ihren eigenen Zustand steuern. Sie lernen, eine Situation aus unterschiedlichen Perspektiven zu betrachten. Sie lernen, wie sie mit dem alltäglichen Stress besser umgehen können. Und das alles durch eine Steigerung der mentalen Belastbarkeit. Es fasziniert mich, obwohl ich inzwischen doch schon so viel von Aron persönlich lernen konnte. Immer wieder motiviert er die Teilnehmer und ich lausche seiner Stimme im Video fast so als würde ich an seinem Bett sitzen.
„Jeder Mensch hat das Recht auf Glück und Erfolg. Es reicht allerdings nicht, nur darauf zu hoffen und abzuwarten, bis etwas passiert. Wir müssen schon selbst aktiv werden und ge-

zielt vorgehen. Wenn wir es allerdings schaffen, unseren alten Ballast – unter anderem in Form von blockierenden Glaubenssätzen – abzuwerfen, legen wir eine wichtige Basis, um unsere Träume aus eigener Kraft zu realisieren."

Mehr als 1.000 Teilnehmer versprühen so viel Dynamik, dass die Energie auch im Video förmlich spürbar ist. Sie bringen gemeinsam den Saal zum Vibrieren. Am Ende kann man sich noch ein paar Teilnehmerstimmen anhören, deren Aussagen ich gut nachvollziehen kann. Monika zum Beispiel, die sichtlich beeindruckt von dem Event mit strahlenden Augen erzählt, dass sie endlich erkannt hat, welche Glaubenssätze sie seit ihrer Kindheit hemmen. Das Beste daran ist jedoch, dass diese heute gelöst wurden. Nun kann sie an die Umsetzung gehen und ihre Lebensträume verwirklichen.
Jürgen berichtet, dass er sich mit voller Energie, Zuversicht und Freude auf die Herausforderungen seines Lebens auf den Heimweg macht. Er habe viele hilfreiche Tools kennengelernt, um die innersten Wünsche zu entdecken und die eigenen Ziele mit Hingabe und Strategie zu verfolgen.
Das Video endet mit einem donnernden Applaus für alle Referenten, darunter Aron selbst, der zum Abschluss aber auch alle anderen Beteiligten und Helfer auf die Bühne holt, um sich gemeinsam mit dem Publikum für den reibungslosen Ablauf der Veranstaltung zu bedanken. Schön, dass er so auch die Menschen würdigt, die im Hintergrund tätig sind. Aber genau so habe ich Aron auch selbst erlebt. Trotz seines großen Erfolgs ist er bescheiden und auf dem Boden der Realität geblieben.

Ich beschäftige mich weiter mit der Webseite und entdecke ganz unterschiedliche Angebote. Mir fällt auf, dass unendlich viele Kurse angeboten werden – welchen Kurs hat er wohl ge-

meint? Ich denke, dass Charlotte, Arons Mitarbeiterin, es bestimmt wissen wird. Ich erinnere mich nur daran, dass mein potenzieller Kurs ein Zwei-Tages-Seminar ist, das 1.250 Euro kostet. Und wieder habe ich irgendwie ein mulmiges Gefühl. So viel Geld auszugeben für ein Zwei-Tages-Seminar, ob das wirklich sinnvoll ist? Was werde ich da schon lernen? Doch dann denke ich über die vielen Gespräche mit Felix und Aron nach und merke, dass ich bereits in dieser kurzen Zeit so viele neue Erkenntnisse erhalten habe. Das alles hat meine Sichtweise schon jetzt vollkommen verändert. Möglicherweise ist das ja nur ein Bruchteil dessen, was ich noch alles lernen und erfahren werde. Mir wird klar, dass ich bis dato schon sehr viel neue Inspirationen erhalten habe und es in dem Seminar wahrscheinlich nochmal einen großen Erkenntnis-Sprung geben wird. Wie viel ist das wert? Und dann denke ich an den Spruch von Goethe, den Aron mir gesagt hat: „Wir sind Wissensriesen und Handlungszwerge."
Dieses Seminar ist also nichts wert, wenn ich nichts davon umsetze. Wenn ich jedoch versuche, so viel wie möglich davon umzusetzen, dann ist es wahrscheinlich sogar günstig im Verhältnis zu dem, was ich damit alles machen kann. Es liegt also in meinen Händen, was ich daraus mache. Wenn ich schon so viel Geld investiere, dann werde ich wohl mein Bestes geben. Im gleichen Atemzug nehme ich mir felsenfest vor, sehr viel aus dem Seminar mitzunehmen. Ich denke auch noch einmal über die Worte von Aron nach. Wenn er mir dieses Seminar schenken würde, dann würde ich die Inhalte nicht mit dem gleichen Engagement umsetzen. Nichtsdestotrotz habe ich ein mulmiges Gefühl.

Und dann kommt mir die Komfortzone wieder in den Sinn. Ich sollte lernen, meine Komfortzone zu verlassen und die Dinge machen, die mich meinem Ziel näherbringen und dabei auch noch den Mut haben, neue Erfahrungen zu machen. Wenn ich das Seminar besuche, ist es genau das, was Aron und Felix mir immer wieder gesagt haben. Meine Komfortzone verlassen und mutig sein, wenn etwas Neues auf mich zukommt!

Ich schließe mein Notizbuch und lege es zur Seite. Obwohl ich das mulmige Gefühl, ob die Entscheidung richtig ist, nicht ganz vertreiben kann, bin ich doch irgendwie auch motiviert und euphorisch. Ich glaube, dass ich endlich etwas tue, um aus meiner momentanen Situation herauszukommen. Es ist schon spät und ich lege mich ins Bett.

Am Sonntagmorgen wache ich wie gerädert auf. Der Tag gestern war doch länger und anstrengender, als ich gedacht hatte. Trotzdem möchte ich mir heute ganz gezielt Gedanken darüber machen, was ich exportieren und importieren könnte. Tolle Innovationen in Produktform oder innovative Ideen als Dienstleistung. Ich beschließe, nach dem Frühstück eine Internet-Recherche zu beginnen. Eine halbe Stunde später lande ich auf vielen verschiedenen Internetseiten. Seiten mit Firmen, die ganz viele neue, innovative Ideen haben. Doch welche Idee sollte ich exportieren oder importieren? Langsam nehme ich wahr, dass es schwerer ist, als ich es mir gedacht habe. Für einen kurzen Augenblick meldet sich wieder meine innere Stimme, die sagt: „Leon, das schaffst du nie! Du Träumer!"

Ich Träumer? Ja klar, ich sollte ja auch träumen. Plötzlich ist mir klar, was für einen internen Dialog ich führe. Sofort denke ich wieder über mein ‚Warum' nach, warum ich das alles tue. Ich schaue mich in meiner kleinen Wohnung um und stelle fest, dass ich hier endlich raus muss. Ich muss endlich mehr aus

meinem Leben machen! Verrückt, ich fühle mich innerlich wie zerrissen. Mein altes Leben habe ich bereits abgehakt, befinde mich aber noch mittendrin. Ich bin noch nicht in der Lage, mein neues Leben zu beginnen. In diesem inneren Zwiespalt und mit viel Recherchearbeit vergeht der Sonntag. Abends bin ich tatsächlich etwas aufgeregt, weil ich am nächsten Tag in meine neue Abteilung wechseln werde. Zeit für dumpfe Entspannung. Bevor ich ins Bett gehe, schalte ich den Fernseher ein und lasse mich noch ein bisschen visuell berieseln.
Am nächsten Morgen stehe ich mit gemischten Gefühlen auf. Was mich wohl erwartet? Wie werden meine neuen Arbeitskollegen sein? Wie wird die Arbeit sein? Wie mein neuer Vorgesetzter? Und was wird man von mir erwarten? Ich mache mir etwas Sorgen, ob der neue Arbeitsplatz und die neue Umgebung mir gefallen werden. Dann denke ich an Aron und was er zu meiner Arbeitssituation gesagt hat:
„Das ist das Beste, was dir passieren kann, Leon." Dass es gut sei, dass ich in der Verkaufsabteilung gelandet bin und dort den Vertrieb kennenlerne. Denn wenn ich eine eigene Firma gründen möchte, muss ich schließlich genau das auch können. Ich denke: Wer weiß, wofür es gut ist!

Ich fahre absichtlich früher zur Arbeit, um die Verkaufsabteilung zu suchen. Es ist für mich völlig ungewohnt, einen anderen Weg zu meinem Arbeitsplatz zu gehen. Obwohl ich jetzt schon seit so vielen Jahren in diesem Unternehmen tätig bin, ist dieser Teil der Firma für mich unbekannt. Als ich die Abteilung gefunden habe, klopfe ich an und gehe hinein. Da steht auch schon der neue Abteilungsleiter und begrüßt mich herzlich mit einem Handschlag.
„Hallo, Leon, prima, dass Sie da sind. Kommen Sie doch bitte erst einmal gleich mit in mein Büro!"

Auf dem Weg merke ich sofort, dass es hier gar nicht so anders aussieht als bei uns im Export. Ähnliche Büros und ähnliche Einrichtungen, nur andere Kollegen und die sehen auf den ersten Blick alle recht freundlich aus.

Wir gehen in sein Büro und er schließt die Tür.
„Leon, bitte setzen Sie sich doch. Erst einmal herzlich Willkommen hier bei uns in der Vertriebsabteilung. Ich hoffe, wir werden eine gute Zeit miteinander haben. Wir können Verstärkung wirklich gut gebrauchen und ich habe nur Gutes von Ihnen gehört! Unsere Abteilung hat 15 Verkaufsassistenten und jeder Verkaufsassistent hat jeweils zwei Verkäufer, die er betreut. Ihre Aufgabe ist es, Angebote zu schreiben und die Verkaufsberater bei jeglicher Arbeit zu unterstützen. Angebote nachverfolgen und diese gegebenenfalls auf Kundenwünsche anpassen. Alles Weitere werden Sie noch lernen! Sie sind Herrn Walter und Herrn Schmidt unterstellt. Frau Huf wird Sie in Ihre neue Aufgabe einarbeiten. Haben Sie noch irgendwelche Fragen?" „Nein, erst einmal nicht", antworte ich.
„Gut, dann hole ich mal Frau Huf." Er telefoniert kurz und bittet Frau Huf, die sofort vor der Tür steht, herein. Wir stellen uns kurz vor und er verabschiedet uns mit den Worten: „Na dann, auf gutes Gelingen und viel Spaß!"

Auf dem Weg zu meinem neuen Arbeitsplatz erklärt meine Begleitung, dass sich in dieser Abteilung alle duzen. Sie streckt mir die Hand entgegen und sagt mit einem Lächeln: „Hallo, ich bin die Helga." „Freut mich sehr, ich heiße Leon." Sie scheint mir sehr sympathisch und nett zu sein. Ich fühle mich wohl.

Im Laufe der nächsten Stunde erklärt sie mir verschiedene Arbeitsprozesse und Abläufe sowie das Ablagesystem und ich notiere eifrig alles. „Leon, du wirst Herrn Walter und Herrn Schmidt betreuen. Herr Walter hat immer wieder ganz besondere Wünsche, allerdings ist er ein wirklich guter Verkäufer. Herr Schmidt ist ein bisschen einfacher, macht aber etwas weniger Umsatz. Beide sind sehr umgänglich." So vergeht der erste Tag an meinem neuen Arbeitsplatz sehr schnell.

Mir schwirrt der Kopf von all diesen vielen neuen Dingen, die ich heute erfahren habe. Aber ich bin zuversichtlich, denn so schlimm war der erste Tag doch gar nicht! Alle sind sehr freundlich und nett und die Arbeit scheint auch nicht langweilig zu sein. Meine Sorgen waren wohl unbegründet. Auch wenn die Gehaltskürzung mich natürlich beschäftigt, bin ich zuversichtlich.
Das schaffe ich schon! Das ist ja nur eine Haltestelle in meinem Leben. Ich habe eine große Lebensvision und eine besondere Lebensmission und an beidem werde ich arbeiten. Heute lege ich mich mal früh ins Bett.
Am nächsten Morgen fällt mir mit Erschrecken ein, dass ich gestern vergessen habe, mich bei Charlotte zu melden. Wie konnte mir das nur passieren? Jetzt denkt Aron möglicherweise, dass ich meine Entscheidung revidiert habe. Ich nehme mir vor, Arons Büro in der Mittagspause zu kontaktieren. Als erstes werde ich mich aber bei meiner gesamten Abteilung vorstellen. Gestern hatte Helga mir so viel zu erzählen, dass ich irgendwie nicht dazu kam. An meinem neuen Arbeitsplatz angekommen, gebe ich eine Runde Kuchen aus und stelle mich kurz vor. Auch heute scheinen alle sehr freundlich und nett zu sein.

Zurück an meinem eigenen Schreibtisch, kommt auch schon Helga auf mich zu. „Hallo, Leon, guten Morgen! Ich hoffe, dir geht es gut. War ein wenig viel gestern, oder?" „Kein Problem, das ist alles sehr spannend und ich bekomme das schon irgendwie hin!"

Ohne Zeit zu verlieren, beginnen wir auch heute gleich mit der anstehenden Arbeit. Sie zeigt mir wieder verschiedene neue Abläufe und Prozesse und ich schreibe mir alles möglichst genau auf. Endlich ist es Mittag und ich verabschiede mich von Helga mit der Info, dass ich ein privates Telefonat führen müsse. Sie schlägt mir dafür den Innenhof vor, dort wäre auch eine kleine Raucherecke, in der aber am Anfang der Mittagspause noch nicht viele Mitarbeiter seien. „Die kommen meist erst nach dem Essen", sagt sie und zeigt mir den Weg dorthin. „Vielen Dank, Helga, wir sehen uns um kurz vor eins wieder."

Im Innenhof suche ich mir schnell die Telefonnummer von Arons Büro heraus und rufe an. Eine sehr freundliche Stimme begrüßt mich und verbindet mich gleich mit Charlotte.
„Hallo Charlotte, mein Name ist Leon und Aron hat mir empfohlen, euer Zwei-Tages-Seminar zu besuchen. Ehrlich gesagt, weiß ich aber gar nicht, welches Zwei-Tages-Seminar!" „Mach Dir keine Gedanken, Aron hat mir deinen Anruf schon angekündigt. Es geht um das Seminar ‚Mit neun Schritten zum Erfolg'. Du willst gleich am Wochenende kommen?" „Ja, sehr gerne."
„Wunderbar!" Sie erklärt mir kurz die gesamte Abwicklung und sagt: „Ich werde Dir gleich eine E-Mail schicken mit allen wichtigen Details. Seminarort, Beginn, Pausen, welche Themen bearbeitet werden und vieles mehr." Ich bedanke mich und beende das Gespräch.

Da hatte sich Aron also schon im Hintergrund gekümmert, was für ein toller Service – und das, obwohl er doch momentan selbst so viel um die Ohren hat. Charlotte hatte meine private E-Mail-Adresse bereits von Aron und sagte, sie schickt mir in spätestens einer Stunde alle Daten zu.

Ich habe noch Zeit für eine kleine Mittagspause, in der ich ein mitgebrachtes Brot esse, dann konzentriere ich mich wieder ganz auf meine neue Arbeit. Von Herrn Walter und Herrn Schmidt habe ich bisher noch nichts gehört, aber früher oder später werden sie sich schon melden. Ich fahre nach Hause und bin schon ganz gespannt auf die E-Mail.
In meiner Wohnung angekommen schalte ich als Erstes meinen Rechner ein. Sofort sehe ich, dass Charlotte mir eine Nachricht gesendet hat. Ich öffne das Dokument und lese alles aufmerksam durch. Die Informationen finde ich wirklich sehr interessant, bis ich zu dem Teil komme, in dem es um die Bezahlung des Seminars geht. Plötzlich denke ich wieder, ob ich vielleicht nicht doch lieber einen Rückzieher machen soll? Das ist so viel Geld! Ich habe wieder ein sehr mulmiges Gefühl und gleichzeitig Angst, eine Fehlentscheidung zu treffen. Was soll ich nur tun? Wie richtig handeln? Ich bin immer noch hin- und hergerissen, aber eines weiß ich ganz genau. Am allerwenigsten möchte ich Aron enttäuschen.

Ich weiß, ich muss meine Komfortzone verlassen. Also beschließe ich, meine ganze Entscheidungskraft und meinen gesamten Mut zusammenzunehmen und die Überweisung gleich per Online-Banking zu tätigen. Nur noch ein Knopfdruck und die Überweisung geht raus. Ich habe fürchterliche Angst, dass ich mein schwer verdientes Geld aus dem Fenster werfe. Aber dann fällt mir wieder mein ‚Warum' ein und dass ich die Komfortzone verlassen soll. Schnell drücke ich auf den Überweisungsbutton und das Geld ist weg.

Jetzt gibt es kein Zurück mehr! Ich beschließe, im Seminar mein Bestes zu geben und aus dem Seminar das Beste herauszuholen, um für mein neues Leben endlich das Richtige zu tun. In diesen zwei Tagen werde ich alles in mich aufsaugen wie ein Schwamm und alles tun, damit ich so viel wie möglich mitnehmen kann. Ich fahre meinen Computer herunter und mache mir etwas zu essen.

Auch beim Essen habe ich die ganze Zeit gemischte Gefühle. Auf der einen Seite bin ich motiviert und ganz gespannt, was mich erwarten wird. Auf der anderen Seite habe ich Angst, eine Fehlentscheidung zu treffen. Die Gedanken lassen mich auch abends nicht los. Ich finde einfach keinen Schlaf und keine Ruhe. Trotz des unruhigen Geistes schlafe ich sehr spät doch ein.

Am nächsten Morgen stehe ich auf und denke wieder: „Mensch, ich glaube, ich habe eine falsche Entscheidung getroffen." Ich mache mich fertig, ziehe mich an und gehe zur Arbeit. Auch unterwegs mache ich mir ständig Gedanken über meine Entscheidung. Ich fühle mich irgendwie beunruhigt und besorgt und denke an die Stornierung des Seminars. Ich sage zu mir, was bilde ich mir eigentlich ein, zu glauben, dass ich hier einfach ein besseres Leben führen kann? Wenn es so einfach wäre, würden es doch alle tun.

Aber ebenso denke ich darüber nach, was Aron mir zum internen Dialog erklärt hat. Er hat mir lange und ausführlich begründet, dass unser interner Dialog unsere Emotionen beeinflusst und unsere Emotionen unser Verhalten. Ich muss also sofort aufhören mit diesen lähmenden und negativen Gedanken und meinen Fokus umlenken. Ja, ich habe den ersten Schritt getan, um in die richtige Richtung zu gehen. Ich investiere in mich, in meine Einstellung, in meine Persönlichkeit, um erfolgreich und glücklich zu sein. Ich sollte mich also freuen und nicht besorgt sein. Ein neuer interner Dialog entsteht fast zwangsläufig. Was habe ich denn zu verlieren? Über tausend Euro und ein Wochenende. Wenn ich es aber nicht mache, verpasse ich eine gute Chance, etwas aus meinem Leben zu machen. Ich muss meine Ketten sprengen.

Ganz in meine Gedanken vertieft, merke ich gar nicht, dass ich schon längst vor der Firma stehe. Der dritte Tag in meiner neuen Abteilung. Freundlich begrüße ich meine neuen Kollegen und Kolleginnen und gehe an meinen Arbeitsplatz. Helga kommt zu mir und informiert mich darüber, dass ich später mit Herrn Walter und Herrn Schmidt telefonieren werde. Helga wird mich ihnen zumindest schon einmal telefonisch vorstellen. Es ist spannend. Wie mögen diese zwei Kollegen wohl sein? Schließlich werde ich in nächster Zeit eng mit den beiden zusammenarbeiten. Wir erledigen gemeinsam noch verschiedene kleine, dringende Aufgaben und bereiten uns dann auf das Telefonat vor.
Helga schlägt vor, dass ich mit Herrn Walter beginne. Sie nimmt den Telefonhörer in die Hand, wählt seine Handynummer und dann höre ich auch schon seine Stimme über den aktivierten Lautsprecher. Helga und Herr Walter plaudern ein wenig über Belangloses, lachen über ein Vorkommnis und dann werde ich als sein neuer Assistent vorgestellt.
„Ich habe ihn in den letzten Tagen bereits eingewiesen, jetzt gehört er ganz dir", sagt Helga beschwingt. Sie zwinkert mir zu und reicht mir den Telefonhörer.
„Ja, guten Tag, hier ist Jörg Walter. Ich freue mich auf eine gute Zusammenarbeit. Übrigens kannst du mich gerne duzen, ich bin der Jörg." „Hallo, ich bin Leon." „Wir werden das Kind schon schaukeln, Leon. Wichtig ist mir nur, dass du mir die Dinge schnell zuarbeitest. Ich bin mir sicher, das bekommen wir beide sehr gut miteinander hin."

Wir unterhalten uns noch über zwei aktuelle Vorgänge, die ich mit Helga bereits besprochen hatte, und ich empfinde jetzt schon Sympathie für ihn. Wir verschieben unser Telefonat auf heute Nachmittag. Helga sieht den ersten Kontakt sehr positiv. „Prima, Jörg ist ein netter Mensch, ihr kommt sicher gut miteinander aus."

„Lass uns doch gleich auch noch Martin Schmidt anrufen." Sie wählt die Nummer, dann folgen wieder Smalltalk und Übergabe. „Ja, guten Tag, hier spricht Martin Schmidt." Auch er bietet mir sofort das Du an. Wir unterhalten uns ein wenig, dabei erscheint er mir relativ ernst. Nicht so locker wie Jörg. Nachdem ich den Hörer aufgelegt habe, fragt mich Helga: „Und, so schlimm war es doch nicht, oder?"
„Danke, es war alles prima." Ich will mir nicht anmerken lassen, dass ich ein wenig nervös bin. Schließlich muss ich mit den beiden sehr gut zurechtkommen, wenn wir als Team erfolgreich sein wollen.

Die erste Arbeitswoche vergeht wie im Flug. Meine Kollegen sind alle sehr nett. Im Büro herrscht ein gutes Klima und mit Thomas, der mir gegenübersitzt, habe ich mich bereits angefreundet. Am Donnerstagabend verabreden wir uns nach Dienstschluss spontan auf ein Bier. Er erzählt mir von seinem bewegten Leben mit einigen Höhen und Tiefen. Ich bin überrascht, wie er trotz einiger Schicksalsschläge eine solch zuversichtliche Ausstrahlung und positive Lebenseinstellung haben kann.
Ich frage ihn danach, denn eines habe ich durch meine Begegnung mit Felix und Aron gelernt: Wenn du glückliche und erfolgreiche Menschen kennenlernst, dann frage sie, wie sie das erreicht haben, was du noch erreichen willst. Also plaudere ich mit Thomas einfach über das Leben, sein Leben. Mit 16 Jah-

ren zog er von zu Hause aus, weil sein alkoholkranker Vater ihn immer wieder verprügelte. Zum Glück kam er in eine Wohngruppe, die von einem kompetenten Sozialpädagogen geleitet wurde. „Ohne Marcus wäre ich heute nicht da wo ich bin!" erzählt Thomas. „Er hat mir gezeigt, dass es sich lohnt, ein Ziel zu haben und darauf hinzuarbeiten. So etwas gab es bei uns nicht. Das einzige Ziel meines Vaters war die nächste Flasche und meine Mutter war mit uns Jungs völlig überfordert, zumal sie durch mehrere Putzjobs wenigstens versuchte, die Familie finanziell durchzubringen."

Er machte seinen Hauptschulabschluss und bekam, dank der Fürsprache von Marcus, auch eine Ausbildungsstelle als Bäcker. Kein leichter Job, nachts aufstehen, harte körperliche Arbeit – aber ein geregelter Ablauf, der ihm guttat. Es lief alles super, bis er bei der Arbeit immer öfter Hustenanfälle bekam. Wie sich herausstellte, hatte er eine Mehlallergie und so leid es seinem Chef tat, er musste die Ausbildung abbrechen. Was tun? Schon immer war es sein Traum, in einem Büro zu arbeiten. Aber mit einem Hauptschulabschluss hatte er keine Chance. Also beschloss er – und in Marcus hatte er auch hier einen Befürworter – seine mittlere Reife nachzuholen.

„Weißt du, Leon, wenn du weißt, dass jemand hinter dir steht, dir etwas zutraut und dich unterstützt, wenn es einmal dick kommt, dann kannst du alles erreichen!" Die nächsten beiden Jahre waren härter als alles, was er bislang erlebt hatte. Härter als alle Schläge, die er von seinem Vater einstecken musste. Aber er schaffte es! Mit dem Zeugnis der mittleren Reife konnte er seine lang erträumte Ausbildungsstelle als Bürokaufmann beginnen – in unserer Firma.

„Seitdem bin ich hier. Ich habe während der Ausbildung einige Abteilungen durchlaufen und im Vertrieb hat es mir von Anfang an am besten gefallen. Umso mehr habe ich mich gefreut, als mir Herr Meier nach der Abschlussprüfung einen Job angeboten hat." Was Thomas da erzählt, zeigt mir wieder einmal, dass es nichts bringt, jemand anderem die Schuld zu geben.
Natürlich hatte Thomas nicht die besten Ausgangsbedingungen. Sein Vater schlug ihn und ein geregeltes Leben war ihm fremd. Gewiss war die Allergie nicht hilfreich. Da nützt es auch nichts, nach dem ‚Warum' zu fragen. Einzig und allein eines hilft: sich zu überlegen, was man wirklich will. Den Mut zu haben, aus- und aufzubrechen, wenn es nicht mehr auszuhalten ist. Selbst die Verantwortung für sein Leben zu übernehmen. Sich Menschen zu suchen, die einem helfen. Hart zu arbeiten und niemals aufzugeben – auch wenn das Leben einem ab und an Steine in den Weg legt.

Endlich ist Freitagmorgen. Wieder erledigen Helga und ich verschiedene Aufgaben, schauen uns ein paar Prozesse konkreter an und schon ist der Tag vorbei. Ich fahre nach Hause und bin schon ganz gespannt auf das Wochenende. Morgen soll es endlich mit diesem tollen Seminar losgehen, in das ich so viel Geld investiert habe. Also nutze ich den Freitagabend dazu, mich so gut und so intensiv wie möglich darauf vorzubereiten. Ich lese meine sämtlichen Notizen noch einmal durch und auch die gesamte Seminarbeschreibung. Als ich damit durch bin und mir auch einige Fragen dazu notiert habe, ist es auch schon sehr spät und ich lege mich müde ins Bett.

15

„Glücklich sind die, die Träume haben und bereit sind, den Preis dafür zu bezahlen." **Walt Disney**

Am nächsten Morgen wache ich ganz aufgeregt auf. Meine Freude ist groß und ich bin sehr gespannt, was mich heute bei dem Seminar erwartet. Nachdem ich mir etwas Schickes angezogen habe, mache ich mich rechtzeitig auf den Weg. Schließlich möchte ich mir einen guten Platz aussuchen können. Ich möchte an diesem wichtigen Tag alles ganz gemütlich angehen und keinen unnötigen Stress haben. Das Seminar findet in einem Hotel ganz in der Nähe statt. Gut mit dem Bus zu erreichen. Im Hotel erkundige ich mich an der Rezeption nach dem Raum der Veranstaltung. Eine freundliche Dame am Empfang nennt mir den Namen des Raumes und zeigt mir den Weg. Ich folge ihren Anweisungen und dann sehe ich auch schon überall die Fahnen, Banner und Broschüren von Aron.

Der Veranstaltungsraum ist sehr groß und es ist bereits eine riesige Menschenmenge vor Ort. Bei so vielen Menschen fühle ich mich immer leicht verunsichert. An einem langen Tisch, hinter dem Mitarbeiter von Aron stehen, bekomme ich mein Namensschild, die Seminarunterlagen und noch ein paar Informationsbroschüren. Das Material sieht sehr edel aus, Hochglanzdruck und professionell gestaltet. Ich schaue mich noch etwas unsicher um, da spricht mich eine Dame an.

„Hallo Leon?" Als ich meinen Blick in Richtung der Stimme lenke, sehe ich eine hübsche junge Frau.
„Ich bin Charlotte. Wir haben telefoniert." Ich freue mich, zumindest eine Person hier zu sehen, die ich kenne und wenn auch nur flüchtig. Wir begrüßen uns und sie führt mich zu dem Bereich, in dem ich mir einen Platz aussuchen kann. Wie ich es schon von dem Video kenne, gleicht alles hier eher einem Konzertsaal und wirkt nicht wie eine ganz normale Seminarveranstaltung. Zugegeben, ich bin etwas verwundert. Hoffentlich bereue ich meine Entscheidung nicht. Plötzlich ertönt laute Musik und besondere Lichteffekte erhellen immer wieder den Raum. Ich schaue mich sehr sorgfältig um. Die meisten Teilnehmer sind wohl auch alleine gekommen und ich habe den Eindruck, als seien sie schon sehr erfolgreich. Die Veranstaltung beginnt kaum, dass ich mich gesetzt habe.

Ein Referent stürmt auf die Bühne, laute Musik begleitet ihn. Alle Teilnehmer applaudieren. Ich halte mich erst mal zurück und warte ab. Der Co-Trainer von Aron stellt sich der Menge vor. „Herzlich Willkommen. Ich heiße Michael Reis, schön, dass ihr alle da seid. Heute geht es um das Thema ‚Mit neun Schritten zum Erfolg'." Sofort erklärt er, dass es sehr wichtig sei, all diese neun Schritte zu kennen und zu leben. „Es ist nicht sinnvoll, das erworbene Wissen nur in deinen Rucksack zu packen und zu denken, dass du die Erkenntnis hast und schon erfolgreich bist. Erfolgreiche Menschen, also Macher, setzen die Dinge um, auch wenn sie Angst haben und ihre Komfortzone verlassen müssen. Erfolglose Menschen reden nur darüber. Erfolgreiche Menschen sind aber nicht furchtlos, sondern sie haben genauso viel Angst oder Sorgen wie andere Menschen. Der große Unterschied ist: Sie begegnen ihrer Angst und überwinden sie. Das ist der entscheidende, wichtige Punkt."

Bestimmte Begriffe kommen mir vertraut vor, das hatten mir zum Teil auch Felix und Aron bereits gesagt und ich merke, wie ich immer öfter zustimmend nicke. Da referiert Michael Reis auch schon weiterhin in meine Richtung.

„Wenn du irgendeine wichtige Aufgabe vor dir hast und nicht irgendwie ein mulmiges oder besorgtes Gefühl hast, dann ist die Aufgabe möglicherweise zu klein für dich, dann bist du selber noch in deiner Komfortzone. Um wirklich zu wachsen, ist es wichtig, deine Komfortzone zu verlassen, um endlich größere Schritte zu unternehmen. Doch Achtung, die Schritte dürfen nicht zu groß sein. Nicht, dass du von Angst gelähmt wirst. Verfolge deine Ziele und kontrolliere deine Angst."

Ich persönlich weiß bereits, dass es wichtig ist, die Komfortzone zu verlassen und dass es wichtig ist, die Dinge wirklich umzusetzen, die ich gelernt habe.

Michael Reis sagt: „Lasst uns jetzt gemeinsam die neun Schritte zum Erfolg einmal genauer anschauen. Der erste Schritt beinhaltet den Aufbau des Selbstwertgefühls.

Schritt 1: Selbstwertgefühl aufbauen

„Man muss das Unmögliche versuchen, um das Mögliche zu erreichen" **Hermann Hesse**

„Was heißt das genau, sein Selbstwertgefühl aufbauen? Weißt du, die meisten Menschen fühlen sich nicht wertvoll und nicht gut genug für diese Welt. Oder sie denken, dass sie es nicht wert sind, wirklich erfolgreich zu sein. Dieses Gefühl entstand meistens in der Vergangenheit, zum Beispiel durch irgendwelche Schicksalsschläge. Es kann sein, dass vielleicht einer von seinem Vater immer wieder unterdrückt, geschlagen oder niedergemacht wurde. Das kann zu diesem Minderwertigkeitsgefühl führen. Es kann auch sein, dass man sich im Alltag oder schon in der Jugend Ziele gesetzt hat und diese leider nicht erreichte. Und dann denkt man, man sei nicht gut genug und alle anderen seien besser. Viele verschiedene Ereignisse können dazu führen, dass man denkt, man sei es nicht wert, wirklich erfolgreich und glücklich zu sein. Die meisten Menschen sind in dieser Denkschleife hängen geblieben und sie glauben, weil in der Vergangenheit irgendwelche Dinge geschehen sind, muss das in ihrem restlichen Leben auch so sein. Es findet eine unbewusste Generalisierung statt. Das heißt, wir verallgemeinern alles und sind davon überzeugt, dass es immer so ist. Unbewusst hat sich auch unsere Kamera verändert und wir beginnen nach Ereignissen in der Gegenwart oder Zukunft zu suchen, bei denen wir Bestätigung bekommen für unser kleines, schwaches Selbstwertgefühl. Wir reden uns das selbst ein."

Er greift in seine Hosentasche, holt einen 500 Euro Schein heraus und hält ihn gut sichtbar in die Luft.
„Wie viel ist der wert?"

Viele im Publikum sagen: „500 Euro!"
„Wirklich?" Er nimmt den Schein, zerknüllt ihn, wirft ihn auf den Boden und trampelt mit aller Gewalt darauf herum. Der Schein ist jetzt dreckig und zerknittert und sieht wirklich fürchterlich aus. Das gesamte Publikum ist über sein Handeln entsetzt und wartet auf eine Erklärung. Er bückt sich, nimmt den zerknitterten, schmutzigen 500 Euro-Schein in die Hand und fragt: „Und wie viel ist er jetzt wert?" Und alle antworten: „500 Euro!"
„Richtig, genau das passiert oft in unserem Leben. Wir sind im Kern immer sehr viel wert, egal was in unserem Leben alles passiert. Ob Menschen auf uns herumtrampeln, ob Schicksale uns schmutzig und kaputt machen, es ist vollkommen gleichgültig. Entscheidend ist doch, dass die 500 Euro immer noch 500 Euro wert sind. Auch du bist genauso viel wert, egal wie viele Schicksalsschläge du erleiden musstest, egal wie viele negative Erfahrungen du im Leben gemacht hast."

Es ist mucksmäuschenstill im Saal. Man spürt regelrecht ein Knistern, als läge Magie in der Luft. Vielen Seminarteilnehmern sieht man im Gesicht an, dass sie gerade ein Aha-Erlebnis hatten. Die Erkenntnis trifft die meisten Menschen wie ein Hammer. Die Teilnehmer beziehen es auf ihr eigenes Leben und plötzlich denken, ja bewerten sie sich vollkommen anders:
„Aha, das heißt also, ich bin immer gleich viel wert, egal was passiert ist. Im Kern bin ich viel wert!" In diese kurze Stille hinein sagt Michael Reis noch einmal „Jeder ist gleich viel wert, keiner ist besser oder schlechter als der andere. Nur nutzen die einen ihre Möglichkeiten und die anderen stecken lieber ihren Kopf in den Sand."
Es folgen mehrere Übungen, um unser Selbstwertgefühl aufzubauen und sich innerlich stark zu fühlen. Mittlerweile habe ich mich voll und ganz auf dieses Seminar eingelassen und mei-

ne Skepsis schwindet von Minute zu Minute mehr. Schließlich habe ich sehr viel Geld dafür bezahlt und möchte so viel wie möglich an Informationen mitnehmen. Außerdem, das habe ich inzwischen erkannt, darf ich mir nicht länger selber im Weg stehen.

Michael Reis spricht zu den Seminarbesuchern wie Aron zuvor mit mir.
„Ich habe eine Hausaufgabe für euch alle. Jeder von euch sorgt dafür, dass er seinen Körper pflegt. Wir putzen jeden Morgen die Zähne, duschen, machen uns frisch und ziehen uns an – hoffentlich!" Er lacht und alle Teilnehmer stimmen in das Lachen ein. Und dann stellt er eine entscheidende Frage:
„Und warum machen wir nur Körperpflege, warum machen wir nicht auch eine tägliche mentale Reinigung und Pflege? Genauso wie wir unseren Körper von außen reinigen und pflegen, sollten wir auch unseren Geist, unsere mentale Stärke pflegen und reinigen. Aus diesem Grund möchte ich euch gerne bitten, dass jeder folgende Sätze aufschreibt: ‚Ich schaffe alles, was ich will. Ich bin ein Sieger. Ich liebe mich und ich liebe die Menschen. Mein Reden und Sprechen überzeugt die Menschen. Mir geht es von Tag zu Tag und in jeder Hinsicht immer besser und besser.'"
Reis empfiehlt allen, diese fünf Sätze jeweils zehnmal morgens laut vor dem Spiegel aufzusagen. „Wenn du das wirklich täglich machst, dann verändert sich deine innere Kamera, dein Fokus und du veränderst dadurch deine Realität. Sie beeinflussen deine Gedanken, deine Sichtweise und deine Wahrnehmung. Selbstverständlich zum Positiven hin."
Im Saal wird es unruhig und einige Stimmen werden laut:
„Das fühlt sich bestimmt merkwürdig an."
„Was soll denn meine Frau von mir denken?"

Michael Reis reagiert sofort auf die Äußerungen:
„Vielleicht kommt sich der eine oder andere blöd vor, wenn er das vor dem Spiegel laut sagt. Und möglicherweise denkt der eine oder andere: ‚Was mach ich denn da? Ich bin kein Sieger!' Lass dich bitte trotzdem darauf ein. Es ist vollkommen gleichgültig, ob du einen internen Dialog darüber führst. Mach es dir bitte einfach. In der ersten Phase fühlt sich das komisch an. In der zweiten Phase findest du es möglicherweise normal. Und eh du dich versiehst, wird es in der dritten Phase zu deiner Denkweise, zu deiner Persönlichkeit, zu deiner Lebensphilosophie gehören."

Ohne Pause setzt er seinen Vortrag fort. „Da wo wir wirklich stehen in unserem Leben – unsere gesamte Umgebung, die Wohnung, in der wir leben, oder das Haus, die Arbeit, die wir machen – all dies sind nur Resultate, Ergebnisse aus unserer Vergangenheit, unserer Gedanken. Denn unsere Gedanken, unsere tiefen Überzeugungen beeinflussen unsere Emotionen. Und diese Emotionen beeinflussen unser Verhalten. Und dieses Verhalten beeinflusst wiederum unsere Ergebnisse. Wir sind also heute das Produkt unserer Vergangenheit. Ein Produkt dessen, was wir die ganze Zeit gedacht haben. Ein Produkt unserer Verhaltensweisen. Erfolgreiche Menschen haben eine besondere Verhaltensweise und besondere Gewohnheiten. Erfolglose Menschen hingegen haben sich andere, schlechte Verhaltensweisen und schlechte Gewohnheiten angeeignet. Wenn wir also unsere Zukunft verändern wollen, sollten wir beginnen, uns neue Gewohnheiten anzutrainieren.

Stell dir vor, du würdest beim Fußballspielen Elfmeter schießen üben und übst und übst und übst. Irgendwann einmal wirst du immer besser und schießt sehr gute und sichere Elfmeter.

Oder du möchtest Klavierspielen lernen. Ohne Übung geht da gar nichts. Du musst auch hier täglich üben, wenn du wirklich gut werden willst.

Dafür gibt es übrigens eine ganz einfache Regel: Wenn du dir eine neue Gewohnheit aneignen möchtest, dann musst du 30 Tage lang diese Gewohnheit permanent wiederholen, also üben und trainieren. Nach diesen 30 Tagen hat sich diese Gewohnheit gefestigt. Wenn du weiter durchhältst und diese Gewohnheit beibehältst, sechs Monate permanent übst, erst dann ist es eine Gewohnheit und wird wirklich zu einer ganz normalen Angelegenheit. Genauso wie du dir jeden Morgen und jeden Abend deine Zähne putzt. Egal, ob du müde bist, ob du vielleicht am Abend zu viel getrunken hast, völlig egal in welcher Situation, du denkst nicht darüber nach, du gehst und putzt deine Zähne. Es ist zu einem Ritual geworden. Du zweifelst nicht, ob du es machen sollst oder nicht. Es ist selbstverständlich. Trainiere deine Gewohnheiten und du wirst zu einem Erfolgsmenschen."

Ich schreibe mir alle wichtigen Dinge auf und bin fasziniert von dieser Herangehensweise.

Michael Reis fragt in die Runde:
„Wer von euch lässt sich darauf ein? Wer von euch wird diese 30 Tage einfach mal testen, der soll bitte kurz seine Hand heben." Fast alle halten die Hand hoch, ich selbstverständlich auch. Ich habe ja nichts zu verlieren und schließlich viel Geld bezahlt. Ich sollte also die Dinge wirklich umsetzen, damit ich den größten Nutzen davon habe. Michael Reis leitet über zu dem zweiten von neun Punkten: „Den inneren Zustand managen."

Schritt 2: Den inneren Zustand managen

„Es geht nicht darum, was uns hindert, sondern um das, was uns voranbringt." **Erfolgsweisheit**

„Was sind Zustände?", fragt Michael Reis in das Publikum hinein. „Zustände sind Emotionen. Es gibt beflügelnde Zustände und lähmende Zustände. Lähmende Zustände kennt jeder von uns. Das sind Angst, Unsicherheit, Traurigkeit und Frustration. Beflügelnde Zustände sind Euphorie, Begeisterung, Enthusiasmus und das Verliebtsein. Jetzt geht es aber darum, diese Zustände zu managen. Sich diesen also nicht einfach zu fügen, sie als gegeben hinzunehmen, sondern sie bewusst zu beeinflussen. Also noch einmal und ohne Wertung: Zustände sind Emotionen, die wir in diesem Moment fühlen.

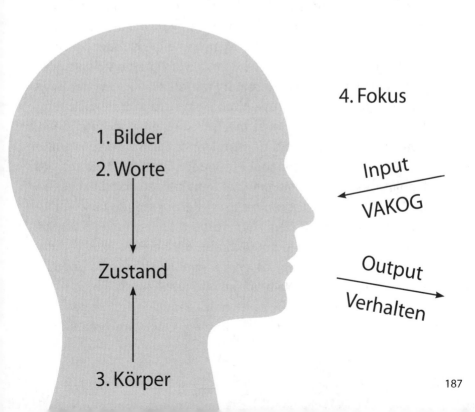

Stell dir bitte folgendes vor: Du sitzt abends am Esstisch und unterhältst dich mit deiner Frau. Es ist schon relativ spät und eure Kinder sind unterwegs. Plötzlich ruft deine Tochter an und sagt ‚Hallo Papa, es ist was ganz Schlimmes passiert' und dann bricht die Leitung zusammen. Was denkst du in diesem Moment? Welche Bilder hast du im Kopf? Was sagst du zu dir und wie ist deine Körperhaltung? In diesem Moment hast du negative Fantasien, schlimme Vorstellungen. Vielleicht ist ein Unfall passiert, vielleicht gibt es eine Prügelei, vielleicht ein Überfall und plötzlich sind wir nur noch besorgt."

Die Zuhörer hängen an seinen Lippen als er weiterspricht: „Legen wir dieses Bild einmal kurz zur Seite. Stellen wir uns etwas anderes vor. Eine typische Familie vor ca. 20 Jahren: Der Mann geht arbeiten und die Frau ist zu Hause, sorgt sich um die Kinder und kümmert sich um den Haushalt. Selbstverständlich gibt es heutzutage verschiedene Arten von Familienmodellen. Dass die Frau arbeitet und der Mann zuhause ist, oder beide arbeiten gehen. Doch gehen wir einmal vom ehemals klassischen Fall aus. Der Mann sagt zu seiner Frau, als er morgens das Haus verlässt: ‚Ich komme heute Abend um halb sieben nach Hause.' Seine Frau denkt: ‚Heute mache ich einen wunderschönen, gemütlichen Abend mit meinem Mann.' Die Kinder sind außer Haus und übernachten bei Freunden. Die Frau bereitet das Lieblingsessen ihres Mannes zu, zieht sich etwas Hübsches an und dekoriert den Esszimmertisch. Kerzen stehen darauf, Blumenblätter sind auf den Tisch verteilt. Es sieht wunderschön romantisch und sehr gemütlich aus. Sie bereitet alles vor, damit beide gegen 19 Uhr essen können. Noch schnell eine Flasche von dem guten Wein öffnen und während sie kocht, trinkt sie ein Gläschen davon. Es ist halb sieben, jeden Augenblick wird ihr Schatz nach Hause kommen. Doch um halb sieben

kommt niemand. Sie denkt: ‚Das ist doch kein Thema, ich muss nur noch ein wenig Geduld haben.' Die Zeit vergeht und sie bereitet auch noch eine zusätzliche Vorspeise zu. Mittlerweile ist es schon 19 Uhr und sie wird langsam sauer. ‚Das ist der Dank! Ich bemühe mich, mache alles wunderschön und dann kommt mein Schatz einfach zu spät.' Und dann sagt sie sich: ‚Ich werde den Abend nicht verderben, ich werde einfach warten, das Essen warmhalten, denn ich möchte einen wunderschönen tollen Abend mit meinem Mann genießen.' Sie trinkt noch ein Schlückchen Wein und macht einstweilen die Küche sauber. Es ist halb acht und immer noch keine Spur von ihrem Mann. Eine Stunde zu spät. Sie nimmt ihr Handy in die Hand und ruft ihn an. Das Handy ist ausgestellt. Als sie es nach zehn und zwanzig Minuten noch einmal probiert, macht sie sich langsam Sorgen: ‚Oh mein Gott, vielleicht ist irgendwas Schlimmes passiert. Draußen ist Winter und es ist glatt auf den Straßen. Vielleicht ist er zu schnell gefahren und hatte einen Autounfall.' Sie stellt sich bildlich vor, wie er aus der Kurve geschleudert wurde und mit seinem Auto im Graben liegt. Dann sagt sie zu sich: ‚Hör auf mit den Hirngespinsten, nichts ist passiert! Doch sie sorgt sich weiter. Plötzlich werden ihre Gedanken komisch:
‚Oh mein Gott, vielleicht geht er gerade fremd mit dieser hübschen Mitarbeiterin.' Und sie stellt sich bildlich vor, wie die zwei sich umarmen und küssen. Wut bestimmt jetzt ihren Gemütszustand. Um acht Uhr hört sie endlich den Schlüssel in der Haustür und ihr Mann betritt das Haus. Sie sagt zu sich: ‚Immer mit der Ruhe, ich tue einfach mal so, als ob nichts gewesen wäre.' Ihr Mann kommt rein und sagt zu ihr: ‚Oh mein Schatz, es tut mir furchtbar leid. Ich war kurzfristig noch bei einem Kundentermin und es hat einfach länger gedauert. Ich konnte dich nicht anrufen, weil der Akku meines Handys leer war. Kommt nicht wieder vor. Hier riecht es ja so lecker und alles sieht so

schön aus. Was gibt es denn?' Die Frau nimmt es gelassen hin und beide setzen sich an den Tisch."

Michael Reis fragt in die Runde: „Was ist hier genau passiert?" Ein Teilnehmer ruft: „Der typische Alltag!" und alle lachen.
„Nein, darum geht es jetzt ausnahmsweise einmal nicht", sagt Michael Reis und lacht mit. „Was ist hier genau passiert? Die Frau befindet sich in einer Achterbahn von Gefühlen, erst ist sie emotional in einem guten Zustand, voller Romantik und Liebe. Dann ist sie besorgt und stellt sich schreckliche Bilder vor. Was hat sie zu sich selber gesagt? Zuerst: ‚Oh mein Gott, vielleicht ist irgendwas passiert.' Dann wendet sich das Blatt: ‚Wenn der nach Hause kommt, der kann was erleben.' Wir Menschen sprechen mit uns selbst, führen also einen sogenannten internen Dialog. Und wie ist ihre Körperspannung? Der Körper ist angespannt und sie läuft auf und ab. Unsere inneren Bilder, unser Selbstdialog und unsere Körperhaltung beeinflussen unseren Zustand, unsere Emotionen. Und dieser Zustand beeinflusst unser Verhalten. Was wir sagen, wie wir es sagen."

Er macht uns darauf aufmerksam, dass jetzt ein ganz wichtiger Merksatz folgt.
„Wir können dieses Verhalten nicht verändern. Wir können nur unsere Zustände verändern. Wollen wir ein anderes Verhalten an den Tag legen, müssen wir an unseren Zuständen arbeiten. Nur dann verändern wir unser Verhalten automatisch mit. Die inneren Bilder, unser Selbstdialog und unsere Körperhaltung beeinflussen unsere Emotionen und die Emotionen beeinflussen unser Verhalten. Wenn wir etwas verändern wollen, dann müssen wir an unseren inneren Bildern, an unserem internen Dialog und an unserer Körperhaltung arbeiten. Erst dann können wir ein anderes, angemessenes Verhalten an den Tag legen.

Jetzt ist die große Frage: Wie können wir unsere internen Bilder, unseren inneren Dialog und unsere Körperhaltung am besten beeinflussen, damit wir unsere Zustände, unsere Emotionen kontrollieren beziehungsweise selbst bestimmen können?

Ganz einfach! Verändere deine Körperhaltung. Versetze deinen Körper, deine Haltung, in eine Art und Weise, damit du dich gut fühlst. Weil unser Körper direkt mit unserem Nervensystem verbunden ist, das unsere Emotionen und Gefühle beeinflusst. Du kannst zum Beispiel nicht tanzen und schlecht gelaunt sein. Du kannst auch nicht eine niedergeschlagene Körperhaltung haben, bei der beispielsweise dein Kopf nach unten hängt und deine Schultern nach vorne gebeugt sind, und fröhlich sein. Unser neuronaler Organismus, unser Nervensystem hat gelernt, bei einer bestimmten Körperhaltung bestimmte Hormone auszuschütten und unsere Emotionen zu beeinflussen. Fakt ist: Verändere deine Körperhaltung. Schultern zurück, Brust raus, Kopf nach oben, gehe aufrecht, blicke nach vorne – und du fühlst dich automatisch gut und stark." Ich mache mir eine Notiz.

„Es gibt aber auch noch eine zweite Möglichkeit."
Michael Reis bezieht das Publikum mit ein und fragt nach: „Wer von euch kann sich noch an seinen allerersten Kuss erinnern?" Ein Raunen macht sich im Saal breit. Plötzlich merkt man, wie ein Ruck durch die Reihen geht. Viele Teilnehmer lächeln, ihre Augen beginnen zu funkeln. Sie denken gerade an ihren ersten Kuss zurück. „Siehst du, dein Zustand hat sich gerade verändert. Du hast andere Bilder im Kopf, einen anderen Selbstdialog, deine Körperhaltung hat sich verändert. Deine gesamten Emotionen haben sich gewandelt. Was genau habe ich getan? Richtig! Ich habe eine Frage gestellt. Doch nicht irgendeine Frage, sondern eine Frage, die sich auf deine Vergangenheit

bezieht. Dadurch warst du in der Lage, ein besonderes Ereignis aus der Vergangenheit wieder in die Gegenwart herzuholen.

Wenn ich dich also frage, wie dein letzter Urlaub war, dann hast du ganz klare Vorstellungen und Ereignisse im Kopf. Du wiederholst diese Bilder in Gedanken und versetzt dich wieder in dieses Gefühl zurück. Wenn ich dich fragen würde: Wie fühlt es sich an, eine Million Euro auf dem Bankkonto zu haben, dann könntest du es wahrscheinlich nur erahnen, weil du keine Referenzerlebnisse hast. Das wäre eine falsche Frage. Die Frage sollte sich immer auf deine Vergangenheit und selbst erlebte, natürlich möglichst positive, Ereignisse beziehen."

Ich denke: Wow, das ist ja etwas Tolles. Und schon geht es weiter mit dem nächsten Thema.

„Jetzt möchte ich gerne, dass wir uns in einen sogenannten Top-Zustand versetzen. Warum ist es wichtig, dass wir uns immer wieder emotional in einem solchen Top-Zustand befinden? Wenn du in einem schlechten Zustand bist und Entscheidungen triffst, wirst du andere Entscheidungen treffen, als wenn du in einem guten Zustand bist, voller Kraft, Power, Selbstsicherheit und Mut.
Die Entscheidungen, die wir in unserem Leben treffen, beeinflussen unsere Zukunft. Der Zustand, den wir in der Situation haben, in der wir die Entscheidung treffen, beeinflusst unsere Entscheidung und unser Verhalten. Aus diesem Grund ist es sehr wichtig, dass wir immer in einem Top-Zustand sind, wenn wir wichtige Entscheidungen treffen wollen, weil sich dadurch unser Leben in eine völlig andere Richtung entwickeln wird."

Zum Abschluss machen wir noch verschiedene Übungen, um zu lernen, wie wir uns selbst immer wieder per Knopfdruck in einen solchen guten Zustand versetzen können. Bevor wir zum nächsten Punkt kommen, steht eine kurze Pause auf dem Programm und die kommt mir wie gerufen. Ich bin es gar nicht mehr gewohnt, in so kurzer Zeit so viel neues Wissen aufzunehmen. Obwohl mir natürlich einige Punkte durch meine Gespräche mit Felix und Aron bereits vertraut sind, so ist doch noch viel Neues dabei. Das möchte ich mir gerne schnellstmöglich in meinem Notizbuch notieren oder auch nur ein paar Gedanken dazu. Michael Reis bittet, dass wir pünktlich in einer halben Stunde zurück auf unseren Plätzen sind und verabschiedet sich mit den Worten „Die ersten beiden Schritte waren wirklich sehr umfangreich. Keine Angst, die nächsten sind etwas kürzer und schneller zu erklären. Bis später!"

Schritt 3: Seine Leidenschaft finden

„Menschen mit einer neuen Idee gelten so lange als Spinner, bis sich die Sache durchgesetzt hat." **Mark Twain**

Pünktlich nach der Kaffeepause macht Michael Reis weiter. „Einer der entscheidendsten und wichtigsten Punkte ist, dass jeder von uns seine tief verborgene Leidenschaft findet. Etwas, das uns wirklich Spaß macht und bei dem wir absolut motiviert sind. Genauso, wie wir als Kinder vielleicht eine ganz besondere Sportart geliebt haben oder irgendeine andere Aktivität, wie zum Beispiel Musik spielen. Es kam vor, dass wir bis spät in den Abend hinein Fußball spielten. Dazu musste uns niemand motivieren. Wir haben es gemacht, weil es uns wirklich Spaß gemacht hat, weil wir eine richtige Leidenschaft dafür entwickelt hatten. Unsere Leidenschaft ist auch ein Druckmittel. Wir durften kein Fußball spielen, wenn wir nicht artig waren – und das war die härteste Bestrafung für uns. Und jetzt benötigst du genau die gleiche Leidenschaft für deinen Beruf, für dein Leben. Was motiviert dich also bis zu deinen Zehenspitzen? Was willst du unbedingt haben?"

Jetzt geht es also darum, dass wir unsere berufliche Leidenschaft finden. Darüber hatte ich mit Aron ja bereits ausführlich gesprochen. Wir sollen ein Blatt Papier nehmen und alle Ideen aufschreiben, die wir lieben, die uns Spaß machen, worauf wir Lust haben. „Was macht dir im Beruf wirklich Spaß? Wobei erlebst du Erfüllung?" Überall im Raum schreiben die Teilnehmer ganz eifrig und auch ich notiere mir noch einmal, wofür mein Herz schlägt. Unser Trainer sagt: „Schreibe erst einmal alles auf, ohne zu bewerten. Sei verrückt, träume!"

Ich bin absolut motiviert und schreibe tatsächlich noch einmal eine ganze DIN A4 Seite voll mit vielen tollen Ideen.
„Es kann auch sein, dass du für diesen Prozess vielleicht nur fünf oder zehn Minuten brauchst. Du kannst diesen Prozess aber auch länger machen. Zum Beispiel, wenn du zu Hause bist. Schreibe doch mal eine Woche lang regelmäßig all die Dinge auf, die du gerne tust. Dinge, für die dein Herz schlägt. So findest du wirklich deine Leidenschaft. Und wenn du sie tatsächlich gefunden hast, dann kommt der vierte Schritt."

Schritt 4: Echte Entscheidungen treffen

„Ein Misserfolg ist die Chance, es beim nächsten Mal besser zu machen."
Henry Ford

„In diesem Schritt geht es darum, dass du eine hundertprozentige Entscheidung triffst. Das gilt nur, wenn wirklich jede Faser und jeder Gedanke in dir dieser Entscheidung zustimmt. Eine solche echte Entscheidung zu treffen ist Macht. Aber Vorsicht! Wenn du eine hundertprozentige Entscheidung triffst, dann verändert sich dein Leben. Das sollte man berücksichtigen. Vielleicht sagst du dir: ‚Aber ich habe doch schon viele Entscheidungen getroffen und getan hat sich trotzdem nichts oder nicht viel bei mir.' Dann war es höchstwahrscheinlich keine echte Entscheidung." Wirklich interessant.

„Wenn du eine Entscheidung triffst, an der du ein wenig zweifelst, wenn du eine Entscheidung triffst, bei der ein Teil in dir irgendwie nicht daran glaubt, oder du dich fühlst, als würdest du zwischen zwei Stühle sitzen, dann verändert sich nichts in deinem Leben. Vielleicht kannst du dich ja daran erinnern, als du selbst schon einmal eine wirklich starke und wichtige Entscheidung in deinem Leben getroffen hast und sich dadurch dein gesamtes Leben verändert hat. Genau das ist damit gemeint."

Kurz darauf bittet er uns, ein Blatt Papier zur Hand zu nehmen und die wichtigste, bahnbrechende Entscheidung aufzuschreiben, die unser Leben komplett verändert hat.
„Denke einfach kurz darüber nach."
Mir fallen gleich zwei Dinge ein. Die Entscheidung in meiner Jugend, eine kaufmännische Ausbildung zu machen, hat mein Leben sicherlich maßgeblich beeinflusst. Und natürlich die

erst kürzlich getroffene spontane Entscheidung, Felix anzusprechen. Diese hat mein Leben ebenfalls völlig verändert und wird es weiterhin, da bin ich mir absolut sicher.

Michael Reis vertieft das Thema: „Sobald du eine wirkliche, hundertprozentige Entscheidung getroffen hast, verändert sich automatisch dein Fokus und du nimmst die Welt anders wahr!"
Und ich verstehe plötzlich viel besser, was Aron mir erklärt hat: Unsere Glaubenssätze, unsere tiefen Überzeugungen verändern unseren Fokus. Ich erinnere mich an seine Aufforderung, nach der Farbe Rot zu suchen und dass wir dann nur noch das mit unserer inneren Kamera sehen, worauf wir fokussiert sind. Alles andere wird automatisch ausgeblendet. Jetzt wird die ganze Sache immer runder. Triff eine echte Entscheidung und dein Leben wird sich verändern.

Schritt 5: Massive Aktionen starten, die 72-Stunden-Regel

„Genie ist 1 Prozent Inspiration und 99 Prozent Transpiration."
Thomas Alva Edison

„So, nachdem du dich mit deinem Selbstwertmuskel auseinandergesetzt und gelernt hast, deinen inneren Zustand zu managen, deine Leidenschaft gefunden und die Bedeutung einer echten Entscheidung kennengelernt hast, kommen wir mit dem fünften Schritt nun endlich ins Handeln", verspricht uns Michael Reis.

„Wenn wir uns vornehmen irgendetwas umzusetzen, dann ist es wichtig, dass wir innerhalb von 72 Stunden damit beginnen. Wenn wir es später angehen, dann verfliegt die Idee und wir kommen nicht ins Handeln."
Das ist absolut neu für mich und ich begreife jetzt erst, warum ich mir oft etwas vornehme, aber dann doch nicht umsetze. Ich höre weiter gespannt zu.
„Wenn du also irgendetwas unternehmen möchtest, irgendwelche Aktivitäten, um deinen beruflichen Erfolg zu steigern, dann ist es wichtig, dass du innerhalb von 72 Stunden die ersten Aktionen startest. Berücksichtigst du die Zeitspanne nicht, verläuft sich alles in deinem Alltag. Starte also die Dinge, die du dir vorgenommen hast und die wichtig sind und zögere nicht. Das Gute daran ist, dass du es nicht in 72 Stunden erledigt haben musst. Du musst jedoch auf jeden Fall etwas starten und in Bewegung bringen."

Da meldet sich ein Teilnehmer zu Wort:
„Das klingt in der Theorie ja alles sehr spannend, aber so richtig vorstellen kann ich mir nicht, wie es in der Praxis funktionieren soll."

Er spricht mir aus der Seele. Schließlich kennen wir das doch alle. Da nimmt man sich etwas ganz fest vor und dann vergeht ein Tag und vielleicht noch einer und dann verliert man das Vorhaben aus den Augen. Schließlich kommen ja auch schon wieder neue Ziele dazu.

„Es wird sicher logischer, wenn ich euch ein Beispiel dazu erzähle. Wenn du mehr Sport machen willst und dir vornimmst, endlich am Wochenende mit dem Laufen anzufangen, wird es sehr schwer, wenn du am Montag die Entscheidung triffst. Falls du dir trotzdem an einem Montag vornimmst, am Wochenende mit dem Laufen zu beginnen, dann geh doch am Dienstag schon einmal direkt los und kauf dir ein paar neue Laufschuhe. Stelle dir gleich am Montag einen Laufplan zusammen, der ab Freitag gelten wird. Du kannst natürlich als Vorbereitung auch schon einmal an den folgenden Wochentagen abends zunächst eine halbe Stunde flott um den Block gehen. Eine weitere Möglichkeit ist, dass du dich mit einem alten Freund verabredest, um am Samstagnachmittag gemeinsam eine Runde durch den Park zu joggen. Du merkst schon, du musst nicht gleich am Montag loslaufen, aber irgendetwas tun, damit du dein Ziel nicht aus den Augen verlierst. Viele scheitern genau an diesem Punkt. Sie möchten gerne vieles erreichen, kommen aber nicht ins Handeln."
Okay, das scheinen jetzt alle verstanden zu haben. Ich bin schon gespannt auf den nächsten Schritt, den Michael Reis auch gleich ankündigt.
„Als nächstes geht es darum, sich Vorbilder zu suchen, die uns durch ihr Wissen und ihre Erfahrung helfen können, schneller ans Ziel zu kommen."

Schritt 6: Modelling of Excellence – Vorbilder suchen

„Unsere größte Schwäche liegt im Aufgeben. Der sicherste Weg zum Erfolg ist immer, es doch noch einmal zu versuchen."
Thomas Alva Edison
(Er selbst musste 10.000 Versuche machen, bis er die Glühbirne erfand.)

„Suche dir ein Vorbild. Jemanden, der das geschafft hat, was du dir wünschst. Frage ihn, wie er das geschafft hat. Lerne aus seinen Erfahrungen."
Damit habe ich mich schon intensiv beschäftigt, sodass ich die entsprechende Seite in meinem Notizbuch aufschlage und hier und da noch etwas zum Thema ergänze. Dennoch lausche ich aufmerksam, was unser Trainer dazu zu sagen hat.

„Wenn du beispielsweise ein Unternehmen gründen willst, dann suche dir Vorbildunternehmer. Frage dich, wer in der Branche, in der du aktiv werden willst, die Pole-Position hat und Marktführer ist. Frage dich – oder noch besser direkt sie oder ihn. Gibt es vielleicht auch spannende Artikel oder sogar ein Buch über das Lebenswerk zu lesen? Was macht genau dieser Unternehmer anders? Was macht dieses Unternehmen so besonders? Mach eine intensive Recherchearbeit und versuche, so viel wie möglich darüber herauszufinden. Wie sind die Arbeitsprozesse, wie ist das Marketing, wie werden neue Kunden gewonnen, welche Innovationen gibt es, welche Produkte oder Dienstleistungen werden wie angeboten?" In diesem Moment stellt sich mir die Frage, ob jemand im Unternehmensumfeld das alles verrät, schließlich sind es ja die entscheidenden Faktoren seines Erfolgs. Die Erklärung von Michael Reis folgt prompt.

„Vielleicht fragst du dich gerade, ob ein erfolgreicher Unternehmer seine Geheimnisse tatsächlich verraten wird. Du wirst dich wundern! Viele erfolgreiche Menschen fühlen sich geschmeichelt, wenn jemand zu ihnen kommt und ihre Erfolgsstrategien kennen lernen möchte. Schließlich dürfen sie sich jetzt in einem besonderen Licht zeigen. Gerade sehr erfolgreiche Unternehmer haben meistens auch überhaupt kein Problem damit, ihre Geheimnisse des Erfolgs zu offenbaren. Meist sind es so kluge Köpfe, die keine Angst haben, dass ihnen jemand den Erfolg streitig machen könnte. Schließlich hängt der Erfolg ja auch damit zusammen, dass außergewöhnlich erfolgreiche Unternehmen dem Wettbewerb aufgrund von kontinuierlichen Innovationen sowieso immer einen Schritt voraus sind.

Und jetzt kommt noch ein wichtiger Punkt: Glaube mir, mit dem Recherchieren und Zuhören ist es natürlich nicht getan. Im nächsten Schritt überprüfst du die Strategien und übernimmst ein oder zwei Dinge oder mehr. Vielleicht sogar alles, was deiner Ansicht nach passt, um selbst schneller vorwärts zu kommen. Wahrscheinlich musst du den einen oder anderen Punkt auch weiterentwickeln, je nachdem wie dein Ziel und deine Strategie aussieht. Doch Achtung: Gerade, wenn du in einem für dich neuen unbekannten Bereich aktiv bist, beginne nicht gleich, alles zu verändern. Überlege lieber, was wirklich Sinn macht. Im Grunde genommen verhält es sich wie bei einem Kochrezept. Wenn du nur eine Zutat veränderst, dann verändert sich dadurch manchmal der gesamte Geschmack. Vielleicht ist es besser, tatsächlich erst einmal alles nachzuahmen, gegebenenfalls nur leicht zu modellieren und erst zu einem späteren Zeitpunkt konsequent zu optimieren und an die eigenen Bedingungen anzupassen. So bist du zumindest auf der sicheren Seite und kannst aus dieser Sicherheit heraus auch schneller besser werden."

Michael Reis kündigt an, den nächsten Schritt zum Thema Strategie nach einer weiteren zehnminütigen Pause nur kurz anzureißen, weil dafür ein Extra-Seminar vorgesehen ist und es den Rahmen dieser Veranstaltung ansonsten sprengen würde.

Schritt 7: Strategie finden, messen, verstärken, verändern

"Suchen Sie nicht nach Fehlern, suchen Sie nach Lösungen."
Henry Ford

Ich habe meinen Sitzplatz nicht verlassen, sondern die kurze Pause lieber genutzt, um noch einmal die letzten Notizen durchzugehen. Dabei mache ich mir auch gleich bei den Themen einen kurzen Vermerk, zu denen ich Aron noch einmal fragen möchte. Schließlich ist es ja sein Seminar und er ist sicherlich noch viel tiefer in der Materie drin als der heutige Trainer. Ich möchte Michael Reis nicht schlechtmachen. Ich finde ihn wirklich gut. Sowohl seine persönliche Art als auch wie er den vielen Zuhörern die Inhalte vermittelt. Er hatte sicherlich einen guten Lehrer in Aron.

Schon geht es weiter im Programm.
„Das Thema Strategie ist wirklich sehr umfangreich", erklärt Michael Reis, „sodass ich euch heute nur in groben Zügen die wichtigsten Schritte erläutern werde. Es gibt, wie bereits vor der Pause erwähnt, ein eigenes Seminar, das sich nur damit beschäftigt. Wenn ihr Interesse habt, gibt es an unserem Infostand eine Broschüre dazu. Aber zurück zum Thema. Die Strategie gliedert sich in vier Punkte, die ich hiermit kurz erläutere.

Erstens: Die Strategie finden. Du musst herausfinden, wie du vorgehen willst. Eine gute Grundlage dafür bietet das im letzten Schritt beschriebene Modelling of Excellence. Bücher, Fachartikel, Seminare und gute Gespräche oder Interviews mit erfolgreichen Menschen helfen auch. Gewöhne dir an, erst einmal alles aufzuschreiben, um dann zu entscheiden, welche Strategie für dich am besten ist.

Zweitens: Regelmäßig die Strategie messen. Ob du wirklich auf dem richtigen Weg bist, kannst du nur feststellen, wenn du deine Strategie misst. Prüfe zum Beispiel, wenn möglich, welche Marketing-Strategie welche Erfolge bringt. Manche haben kleinere Erfolge, manche haben größere Erfolge. Miss in jedem Fall die Ergebnisse. Du kannst zum Beispiel auch bei einem neuen Mitarbeiter messen, wie lange er braucht, um sich einzuarbeiten.

Drittens: Die Strategie verstärken. Sobald du eine funktionierende Strategie gefunden hast, verstärke diese. Mach mehr von dem, was wirkt und lass das weg, was nicht funktioniert. Denke aber daran, immer wieder zu messen. Falls du merkst, dass die gewünschten Ergebnisse nicht erzielt werden oder bestimmte Aufgaben nicht das richtige Resultat bringen, dann beginne mit dem vierten Punkt.

Viertens: Die Strategie verändern. Viele Menschen verändern das Ziel, wenn ihnen auffällt, dass sie nicht vorwärtskommen. Meistens schrauben sie ihre Ansprüche zurück und geben sich mit weniger zufrieden. Das ist falsch! Wenn du nicht das Ergebnis erreichst, das du erzielen willst, dann verändere deine Strategie und messe immer wieder nach. Solange bis du das gewünschte Resultat erhältst. Merke dir, erfolglose Menschen denken, es gibt nur einen Weg zum Ziel. Erfolgreiche Menschen wissen, dass es viele Wege gibt, die zum Ziel führen. Man darf, soll und muss einfach so lange experimentieren und etwas Neues oder Anderes versuchen, bis man das gewünschte Ergebnis erreicht hat.

Gib dir bitte ausreichend Zeit, die richtige Strategie zu finden, immer wieder zu messen, ob du noch auf Kurs bist, zu verstärken, was gut läuft und zu verändern, wenn etwas nicht funktioniert. Aber Vorsicht: Verändere bitte nicht permanent deine Strategie, nur weil du ungeduldig bist. Prüfe überlegt, erhöhe vielleicht lieber einmal deine Messlatte, um nicht vorschnell zu agieren. Dann geh strategisch zu Werke."

Schritt 8: Durchhalten und Ausdauer haben

„Erfolg haben heißt, einmal mehr aufstehen als man hingefallen ist."
Winston Churchill

Vor dem achten Schritt warnt uns Michael Reis eindringlich. Das sei der schwierigste Punkt auf dem Weg des Erfolgs. Reis betont: „Und genau hier versagen die meisten Menschen. Es geht darum, an seine Ziele und Wünsche zu glauben und daran festzuhalten. Das bedeutet nicht, dass du deine Strategie nicht verändern oder anpassen darfst, sondern dass du dein Ziel, deine Lebensvision klar vor Augen hast und einfach darauf zugehst. Es kann sein, dass es andere Wege gibt, die zum Ziel führen, dann darfst du diese natürlich auch gehen. Manchmal braucht es einen Umweg, manchmal gibt es eine Abkürzung. Doch egal welchen Weg du einschlägst, deine Lebensvision und deine Lebensmission darfst du niemals aus den Augen verlieren. Genau dafür brauchst du Durchhaltevermögen und Ausdauer. Beispiele dafür gibt es viele." Ich erinnere mich daran, was Aron mir von Arnold Schwarzenegger und Sylvester Stallone erzählt hat und bin gespannt, welche Beispiele wohl unser Trainer hat.

„Bill Gates hat es die ersten sieben Jahre sehr schwer gehabt. Die Zeit war für seine neue Technologie noch nicht reif. Alle in seinem Umfeld haben ihm davon abgeraten, doch er hat durchgehalten und Ausdauer bewiesen. Wo Bill Gates heute steht, das muss ich euch nicht sagen. Er ist einer der reichsten Männer der Welt. Walt Disney hat 1.001 Banken besucht, bis er einen Kredit bekommen hat.

Ein weniger bekanntes Beispiel ist Marlboro. Die Älteren unter uns werden sich sicher noch an den Mann aus der Marlboro-Werbung erinnern. In den ersten 30 Jahren hatte Marlboro als ‚Frauenzigarette' keinen allzu großen Erfolg. Dann hat das Unternehmen sein Marketing verändert. Die Zigarette wurde kleiner, dicker, robuster und dann kam der besagte Marlboro-Cowboy. Eine starke Marke war geboren und das Unternehmen hat lange Zeit davon profitiert.

Denke also bitte daran! Halte an deiner Lebensvision und deiner Lebensmission fest. Zeige Durchhaltevermögen und beweise Ausdauer. So entsteht Erfolg. Natürlich gibt es im Business das eine oder andere Beispiel für den schnellen Erfolg. Aber gerade wenn es darum geht, die eigene Persönlichkeit weiterzuentwickeln, dem eigenen Leben eine andere Wendung zu geben, einfach erfolgreicher und glücklicher zu werden, geben die meisten genau an diesem Punkt auf."

Jetzt fehlt nur noch ein weiterer der neun Schritte zum Erfolg. Mal sehen, was sich hinter dem letzten Thema „Kommunikation stärken" noch verbirgt.

Schritt 9: Kommunikation stärken

„Wer nicht weiß, wo er hinwill, wird sich wundern, dass er ganz woanders ankommt." **Mark Twain**

Ich lese in der Broschüre zum Seminar die Aussage: „Ein Unternehmen ist nur so erfolgreich, wie es in der Lage ist, seine Produkte oder Dienstleistungen zu verkaufen."
Genau mit diesem Satz leitet auch Michael Reis den letzten Schritt ein. „Und je besser du Marketing, Verkauf und Kommunikation beherrschst, desto erfolgreicher wirst du in deinem Business." Davon hatten wir wohl alle schon einmal gehört. Trotzdem bin ich gespannt, was ich dazu heute noch lernen kann.

„Das gilt aber nicht nur dann, wenn du ein Unternehmen hast. Auch persönlich kannst du wesentlich mehr erreichen, wenn du in der Lage bist, etwas zu verkaufen und wirkungsvoll zu kommunizieren. Sicherlich kennt ihr alle den Namen Steve Jobs. Der Computer-Visionär und Apple-Gründer war nicht nur ein innovativer Erfinder und erfolgreicher Unternehmer, sondern auch ein begnadeter Verkäufer und Kommunikator. Seine Shows waren legendär. Er verstand es, Menschen zu begeistern – von Ideen und von Produkten. Ob Mitarbeiter, Kunden, Geschäftspartner oder Geldgeber, sie alle hingen an seinen Lippen, wenn er in seiner ruhigen, ja geradezu bescheidenen Art sprach. Sein Verstand war messerscharf. Der Inhalt seiner Botschaften war höchst konzentriert und ebenso, hat er diese auch vermittelt."
Das stimmt, ich hatte einmal die Präsentation eines neuen iPhones im Internet verfolgt und war fasziniert von Jobs Persönlichkeit und seiner Bühnenpräsenz.

In Gedanken noch bei der Präsentation, dringt die Stimme unseres Trainers wieder an mein Ohr. „Schau dich bitte einmal um, welche Unternehmen außergewöhnlich erfolgreich sind und welche nicht. Apple und Steve Jobs sind das eine Ende der Fahnenstange. Am anderen Ende sind die vielen erfolglosen Unternehmen, die zwar vielleicht auch gute Ideen und innovative Produkte haben, es aber nicht schaffen, diese zu verkaufen. Erfahrungsgemäß fehlt es an einer guten Vertriebs- und Marketingstrategie und auch an der Kommunikationsstärke der Mitarbeiter – vom Chef bis zu den Verkäufern."

Und er appelliert an uns:

„Lernt diese Fähigkeit und erweitert eure Kompetenz in diesem entscheidenden Bereich. Nicht umsonst heißt es: Zeige mir einen erfolgreichen Menschen und ich zeige dir einen Menschen, der erfolgreich verkaufen kann. Zeige mir einen erfolglosen Menschen und ich zeige dir einen Menschen, der nicht gut verkaufen kann. Es ist nicht nur der Verkauf, wenn ein Produkt den Besitzer wechselt oder ein Dienstleistungsauftrag erledigt wird. Alles im Leben hat irgendwie mit Verkaufen zu tun. Heute hast du dich zum Beispiel entschieden, diese Kleider anzuziehen, um dich so deinen Mitmenschen zu verkaufen. Du rückst dich ins rechte Licht, legst ein ganz besonderes Verhalten an den Tag und verkaufst dich damit. Wir alle müssen permanent verkaufen. Eine Gehaltsverhandlung ist ein Verkaufsgespräch. Ein Einstellungsgespräch ist ein Verkaufsgespräch. Eine Mutter, die ihre Tochter überzeugt, dass Rauchen schädlich ist, verkauft ihr die Idee, dass es sich lohnt, gesund zu bleiben. Alles ist im Grunde genommen Verkauf. Darum konzentriere dich darauf, Profi in dieser Disziplin zu werden. Weil ein Unternehmen nur so erfolgreich ist, wie es verkaufen kann. Und weil du im Leben nur so erfolgreich bist, wie du dich verkaufen kannst.

Wiederholen wir kurz noch einmal die neun Schritte zum Erfolg:

1. Selbstwertgefühl aufbauen
2. Den inneren Zustand managen
3. Leidenschaft finden
4. Entscheidungen treffen
5. Massive Aktionen starten, 72-Stunden-Regel
6. Modelling of Excellence – Vorbilder suchen
7. Strategie prüfen, Strategie finden, Strategie messen, Strategie verstärken, Strategie verändern
8. Durchhalten und Ausdauer haben
9. Kommunikation stärken

Halte dich unbedingt an diese neun Schritte und ich verspreche dir, der Erfolg wird sich früher oder später einstellen."

Wow, die zwei Tage vergingen wie im Flug und am Ende bin ich wirklich restlos begeistert. Ohne Pause und Unterlass habe ich mich den Neuerungen gewidmet. Für mich gibt es jetzt einen Fahrplan, wie ich vorgehen kann und werde. Ich beschließe, gleich nächste Woche an diesem Konzept zu arbeiten. Ich verabschiede mich von Charlotte und bedanke mich auch noch einmal kurz persönlich bei Michael Reis, der seine Sache wirklich sehr gut gemacht hat. Und ich kann das beurteilen – schließlich kenne ich seinen Lehrer. Aron wird sich sicher freuen und stolz darauf sein, dass sein Schüler ihn so würdig vertreten hat.

Nach dem Seminar fahre ich nach Hause und mein Kopf raucht. Ich bin begeistert, was ich in den beiden Tagen gelernt und wie viele neue Erkenntnisse ich erlangt habe. Während der Heimfahrt lasse ich alles noch einmal Revue passieren, mache mir ein paar Gedanken und notiere auch gleich noch Fragen an Aron zu den Inhalten des Seminars. Zu Hause angekommen, bin ich so erschöpft, dass ich nicht einmal mehr meine Sachen auspacke, sondern nur noch kurz unter die Dusche hüpfe und gleich ins Bett gehe. Schließlich ist morgen schon wieder Montag und ich muss zur Arbeit. Während ich im Bett liege und versuche einzuschlafen, schießen mir tausend Gedanken durch den Kopf. All das, was Aron und Felix mir gesagt haben, vermischt sich mit den Inhalten des Seminars. Ich beschließe, alles gedanklich einfach erst einmal auf die Seite zu legen. Schließlich habe ich wirklich alles in meinem Notizbuch festgehalten. So kann nichts verloren gehen. Ich schaue noch einmal zu meinem Notizbuch, das auf dem kleinen Tisch neben meinem Bett liegt, drehe mich um, schließe die Augen und schlafe sofort tief und fest ein.

Das Schlafen hat mir gutgetan. Am nächsten Morgen wache ich auf, bevor mein Wecker klingelt, bin rundum fit und freue mich auf die Arbeit. Nach dem Aufstehen trinke ich schnell einen Kaffee und schon bin ich auf dem Weg zur Arbeit.

Mein innerstes Gefühl bestätigt mir, dass ich meinen Horizont durch das zweitägige Seminar noch einmal stark erweitert habe. Ich habe inzwischen tatsächlich eine ganz neue Weltanschauung und sehe auch im Büro alles mit anderen Augen.

Meine Gedanken beschäftigen sich plötzlich mit ganz neuen Dingen und ich stelle fest, dass die meisten Menschen in einer völlig anderen Welt leben als ich. Alle sind ständig so beschäftigt mit ihrem Alltag, dass sie gar keine Zeit haben, einmal wirklich über ihr Leben nachzudenken. Die meisten nehmen ihre Situation scheinbar einfach hin, so wie sie ist. Dabei beschweren sie sich ständig über ihr Leben, ihre Arbeit, ihre Freundin oder ihren Freund, ihre Ehe, das letzte Wochenende oder den Urlaub. Ich komme mir vor, als würde ich in zwei Welten leben. Einmal der Leon, der brav ins Büro geht, seine Arbeit verrichtet, sich mit seinem Leben irgendwie abfindet. Und einmal der Leon, der neue Ideen, Inspirationen und Weltanschauungen bekommen hat und gedanklich bereits in einer so ganz anderen Welt lebt.

Bevor ich komplett durchdrehe, beschließe ich, mich lieber wieder voll und ganz auf meine Arbeit zu konzentrieren. Da ich die meisten Vorgänge und Prozesse mittlerweile beherrsche, muss Helga nicht mehr weiter permanent an meiner Seite sein. Die aktive Einarbeitungsphase ist zu Ende. Helga teilt meine Meinung und spricht mir noch Mut zu: „Leon, du bist so weit, aber ich stehe dir natürlich jederzeit gerne mit Rat und Tat zur Verfügung. Komm einfach auf mich zu, wenn du Fragen hast."

Obwohl der Tag nicht besonders anstrengend ist und auch schnell vorbeigeht, merke ich, dass ich doch sehr müde und kaputt bin. Heute musste ich schließlich alleine meinen Mann stehen. Außerdem hatte ich ja auch kein richtiges Wochenende, um zu entspannen, weil ich beim Seminar die ganze Zeit an meiner Persönlichkeit und an meinem Erfolg gearbeitet habe. Auf dem Heimweg kaufe ich mir schnell einen Döner, so spare ich mir schon mal das Kochen. Heute möchte ich relativ früh ins Bett gehen, um mich besser zu regenerieren und um Kraft für den Rest der Arbeitswoche zu tanken. Trotzdem nehme ich noch einmal die Seminarunterlagen in die Hand und lese ein wenig darin. Weil ich ja weiß, dass ich die 72-Stunden-Regel einhalten muss, nehme ich mir fest vor, morgen gleich nach Büroschluss daran zu arbeiten. Ich trinke noch ein Glas Wasser, lasse gedanklich alles los und gehe ins Bett.

Am nächsten Morgen fahre ich wie gewohnt zur Arbeit. Ich bin gedanklich immer noch in jener anderen Welt und immer wieder kommen verschiedene Themen hoch, die ich im Seminar gehört habe. Auch dieser Tag geht vorbei und ich fahre zufrieden, weil ich an meinem neuen Arbeitsplatz schon so gut alleine zurechtkomme, nach Hause. In meiner Wohnung nehme ich meine Seminarunterlagen und Notizen, setze mich an den Schreibtisch und lese alles erneut durch, damit ich das Ganze noch besser verstehe. So versuche ich, das Wirrwarr in meinem Kopf zu ordnen und mir eine Strategie zurechtzulegen. Die ersten Punkte stehen bereits auf meiner Liste, als das menschliche Bedürfnis nach etwas Essbarem die Oberhand gewinnt. Also mache ich mir erst einmal etwas zu essen. Nachdem ich mich gestärkt habe und wieder am Schreibtisch sitze, beschließe ich, gleich am nächsten Morgen mit den Autosuggestionen zu beginnen. Was habe ich schon zu verlieren? Ich probiere es einfach mal aus.

Was stand denn noch so alles in meinem Notizbuch und in den Seminarunterlagen? Ach ja, meine Leidenschaft finden. Ich will prüfen, ob das, was ich dank Aron bereits herausgefunden hatte, wirklich das ist, was ich tun möchte. Schließlich komme ich immer wieder zum gleichen Ergebnis. Import, Export, tolle Innovationen. Ja, das ist wirklich meine Leidenschaft. Ich habe ein sehr gutes Gefühl dabei.
Ich motiviere mich sofort:
„Okay, das ist schon mal sehr gut. Dann gehe ich jetzt am besten noch einmal die neun Schritte durch. Erstens, Selbstwertgefühl aufbauen. Ja, ich schaffe alles, was ich will. Zweiter Punkt – inneren Zustand managen." Also prüfe ich meinen Zustand, der momentan ohnehin gut ist. Trotzdem pusche ich mich noch einmal mental nach oben. Dann der dritte Punkt – Leidenschaft

finden. Das habe ich ja bereits erledigt. Import und Export von Innovationen ist die Sache, die ich wirklich umsetzen möchte. Ich überlege, ob ich noch einmal eine Nacht drüber schlafen soll und beschließe, morgen dann endgültig die echte, hundertprozentige Entscheidung zu treffen. Es ist wieder spät geworden. Ich lege alle meine Unterlagen auf die Seite und bette mein Haupt zufrieden und glücklich auf mein Kopfkissen.

Am nächsten Morgen fühle ich mich einfach stark und wohl in meiner Haut. Ich bin mir absolut sicher, meine Leidenschaft gefunden zu haben. Schließlich weiß ich jetzt, was ich will und welchen Weg ich gehen werde. Das ist meine Vision, mein Ziel und das beflügelt mich ungemein. Heute Abend werde ich die echte Entscheidung treffen. So packe ich meine Sachen und fahre zur Arbeit. Während der Fahrt denke ich an Aron und freue mich schon, ihn am Samstag endlich wiederzusehen. Ich hoffe, es geht im besser! Schon jetzt möchte ich ihm so viele Dinge berichten. Aber das muss wohl noch ein paar Tage warten.

Mein Arbeitstag gestaltet sich ruhig. Ich konzentriere mich voll und ganz auf meine Aufgaben. Schließlich will ich meine Arbeit nicht vernachlässigen. Ich weiß jetzt ja noch besser, dass sie nur eine Haltestelle in meinem Leben ist. Es wird irgendwann einmal der Zeitpunkt kommen, an dem ich mich selbstständig machen und mein eigenes Unternehmen gründen werde. Aber bis es soweit ist, will ich hier mein Bestes geben, also konzentriere ich mich auf meine Arbeit und lege die anderen Gedanken einstweilen auf die Seite.

Der Tag geht richtig schnell vorbei. Ich fahre nach Hause und weiß, heute Abend ist ein wichtiger Moment, der Moment der Entscheidung. Während der Heimfahrt kommen Zweifel hoch.

Was ist, wenn ich die falsche Entscheidung treffe? Bin ich dann immer noch voll motiviert? Habe ich dann auch dieses Durchhaltevermögen? Was ist, wenn ich mich tatsächlich falsch entscheide? Und ich denke: Leon, halte dich einfach an diese neun Schritte und alles wird gut.

16

Ich erinnere mich, wie Aron zu mir gesagt hat: „Auf der Reise unseres Lebens passieren viele Dinge und diese Dinge prägen unsere Persönlichkeit und wir beginnen mit unseren Herausforderungen zu wachsen." Das heißt ja wohl, dass es, während man seinen Lebensweg geht, Aufgaben gibt, die wir zu meistern haben und diese auch meistern können. Und ich denke, dass es in der jetzigen Situation die beste und absolut richtige Entscheidung ist. Ich habe auch lange genug darüber nachgedacht, Für und Wider abgewogen und mich von der Frage nach meiner Leidenschaft leiten lassen. Was sollte also passieren? Und was in der Zukunft geschieht, ob ich diese Entscheidung vielleicht in einem oder zwei Jahren immer noch genau so treffen würde, das kann kein Mensch vorhersagen und deshalb ist es jetzt auch nicht wichtig. Noch einmal spreche ich mir Mut zu. Konzentriere dich auf die neun Schritte zum Erfolg.

Heute mache ich es mir zu Hause mal gemütlich. Ich schlüpfe in bequeme Klamotten und bereite mir erst einmal etwas zu essen zu. Mittlerweile habe ich mir meinen kleinen Schreibtisch so organisiert, dass meine gesamten Unterlagen und Notizen schön sortiert und griffbereit erreichbar sind. Ich nehme die Unterlagen nochmals in die Hand und beginne zu lesen. Erstens: Selbstwertgefühl aufbauen. Check! Zweitens: Den inneren Zustand managen. Check! Ich pusche mich hoch wie in dem Seminar, damit ich in einem absoluten Top-Zustand bin. Dann schaue ich mir alle Punkte noch einmal an und ich merke, ich habe – drittens – meine Leidenschaft tatsächlich gefunden. Check! Also konnte ich jetzt

auch als Viertes die Entscheidung treffen. Check! Dies ist meine echte Entscheidung. Ich treffe jetzt die Entscheidung meines Lebens. Die Entscheidung wird nicht nur möglicherweise, sondern hoffentlich mein ganzes Leben total verändern. Ich stehe auf und sage zu mir selbst mit fester, lauter Stimme: „Ich mache Import und Export für innovative Produkte! Meine Mission ist es, ganz vielen Menschen zu helfen, gute Innovationen kennen zu lernen." Es fühlt sich für mich einfach großartig an. Ich wiederhole diesen Prozess mehrmals, bis es in meinen Gedanken total fest verankert ist. Ich fühle mich wunderbar und stark, also nehme ich mir den fünften Punkt vor – massive Aktionen starten. Check!
Was muss ich alles tun? Ich brauche ein Vorbild. Sechstens: Modelling of Excellence. Check! Ich muss eine Marktrecherche durchführen und beginne gleich im Internet eine erste Suche zu starten. Auffällig ist jedoch, dass es so viele Unternehmen gibt, die die gleiche oder ähnliche Idee wie ich haben. Schon machen sich sorgenvolle Gedanken breit. Wie soll ich das schaffen? Die Welt hat doch nicht auf mich gewartet!

„Stopp!", rufe ich mir selbst zu. Irgendwie habe ich das Gefühl, dass momentan der kleine, ängstliche Leon spricht. Ich beschließe mir, meine Warum-Liste – „Warum ich genau das tun will, was ich tun werde" – noch einmal durchzulesen. Während ich das mache, verstummt der kleine Leon und der große starke Leon kommt zum Vorschein. Mir ist sofort wieder alles klar. Warum ich das mache, was ich tun will. Ich muss es einfach wagen. Ich werde meine Komfortzone verlassen. Meine Recherche geht weiter, doch kann ich dabei nur schwer erkennen, wer wirklich der beste Unternehmer ist. Wer könnte ein Vorbild für mich sein, wen sollte ich fragen, wessen Strategie nachahmen? Leider komme ich an diesem Punkt nicht weiter und verschiebe diese Fragen auf Samstag. Aron wird mir helfen können.

Ich bin ziemlich aufgewühlt und eigentlich will ich den Prozess so mittendrin nicht unterbrechen. Aber manchmal braucht man auch etwas Geduld, das habe ich von Felix und Aron gelernt. Daher lasse ich es für heute gut sein und gehe ins Bett. Obwohl es schon sehr spät ist, habe ich Einschlafprobleme. Um wieder genügend Energie zu tanken, muss ich jetzt aber schlafen. Ich versuche es mit einem großen Schluck Wasser, drehe mich noch ein wenig hin und her, bis ich eine bequeme Liegeposition gefunden habe und schlafe irgendwann doch ein.

Am nächsten Morgen stehe ich im Bad vor meinem Spiegel, nehme mir die fünf Sätze zur Hand, die ich am Vortag mithilfe des Computers noch auf eine neue Seite gedruckt habe, und beginne zum ersten Mal, meine Autosuggestionen durchzuführen. Dreißig Tage muss ich das jetzt einfach machen, jeden Morgen. Kostet ja nichts! Ich brauche nur fünf bis zehn Minuten Zeit und es tut mir im Grunde genommen auch gar nicht weh. Nach einem ersten Test beschließe ich, diese Autosuggestionen ab sofort regelmäßig zu machen. Allerdings werde ich mir die Sätze noch einmal handschriftlich auf ein großes Blatt Papier schreiben. Mit großer Schrift, damit ich es neben meinen Spiegel im Bad hängen und ich die Sätze so jeden Morgen lesen kann.

Gesagt getan. An jedem weiteren Morgen in dieser Woche führe ich die Autosuggestion durch, wenn ich in mein Bad gehe. So verfliegt die Zeit rasend schnell und schon ist es Samstag früh. Endlich an der Zeit, mich wieder mit Aron zu treffen. Ich stehe also auf, mache ein paar Erledigungen, kaufe im nahegelegenen Supermarkt fürs Wochenende ein, bereite mir ein kleines Frühstück zu, nehme meine gesamten Unterlagen und fahre zu Aron.

17

Ich bin ganz aufgeregt, als ich bei Aron eintreffe. Gleich kann ich ihm endlich berichten, wie das Seminar war und welche neuen Erkenntnisse ich habe. Alles läuft ab wie gewohnt. Die Haushälterin macht mir die Tür auf und ich gehe hinein. Als wir durch die Bibliothek gehen und ich Aron erblicke, erschrecke ich. Er hat sich in den letzten beiden Wochen sehr verändert. Schmal und blass liegt er in seinem Bett.

„Hallo Aron, wie geht es dir? Wir haben uns schon lange nicht mehr gesehen." Ich merke, dass es Aron überhaupt nicht gut geht.

„Leon, komm bitte zu mir und nimm dir einen Stuhl. Erzähl mal, wie war das Seminar für dich?"

Aber das ist für mich plötzlich gar nicht mehr wichtig. „Aron, ich mache mir Sorgen um dich, wie geht es dir wirklich? Was sagen die Ärzte?"

„Die Ärzte bleiben bei der Diagnose, dass die inneren Verletzungen schlimmer sind als sie gedacht haben. Ich musste die ganze Zeit sehr starke Medikamente nehmen. Wir müssen jetzt einfach Geduld haben." Ich merke sehr wohl, auch wenn er es sich nicht anmerken lassen will, dass er niedergeschlagen und sehr erschöpft ist.

„Das wird schon, mach dir bitte keine Sorgen!" Aber ich kann gar nicht anders – allerdings will ich auch nicht darauf herumreiten und belasse es erst einmal dabei. Vielleicht kann ich ihn mit meinem Bericht über das Seminar ja sogar etwas ablenken.

„Und jetzt erzähl schon, wie war das Seminar?"

„Aron, es waren wirklich zwei außergewöhnliche Tage. Es hat mir sehr gut gefallen und ich habe tolle neue Erkenntnisse bekommen. Viel gelernt und vieles aufgeschrieben." „Also hat es sich gelohnt, so viel Geld auszugeben?"

„Ja, ich habe dadurch jetzt eine völlig neue Sichtweise auf die Zusammenhänge. Vollkommen neue Ideen gewonnen, Strategien kennen gelernt und ein Konzept erhalten, wie ich das Ganze am besten umsetzen kann. Von alleine wäre ich niemals darauf gekommen. Freunde oder Bekannte hätten mir darüber sicher auch nichts erzählen können. Ich erkenne jetzt erst, wie wichtig es ist, Seminare zu besuchen und viele Bücher zu lesen. Schlussendlich erweitert das alles unseren Horizont, unsere Sichtweise wird verändert und wir lernen, was wir weder in der Schule oder in der Ausbildung, noch an der Universität erklärt bekommen. Aron, ich bin dir wirklich sehr dankbar dafür, dass du mir das Tor zu dieser neuen Welt geöffnet hast."

„Leon, das habe ich gerne getan. Und ich habe es auch getan, weil ich wusste, dass du dazu bereit bist. Du warst offen dafür, bist diesen Schritt aber nicht leichtfertig gegangen. Du hattest aber vor allem den Mut, deine Komfortzone zu verlassen, also kannst du dir selbst dankbar sein, dass du es gewagt und gemacht hast."

„Das stimmt, Aron. Ich habe mich an die 72-Stunden-Regel gehalten und sofort nachdem ich wieder zu Hause war angefangen, jeden Rat zu befolgen. Bloß leider stecke ich jetzt fest!"

„Warum steckst du fest, Leon?"

„Ich weiß nicht mehr weiter. Dein Co-Trainer hat uns ja vom Modelling of Excellence erzählt. Aber wie finde ein geeignetes Vorbild?"

„Klar, ich verstehe. So einfach ist es selbstverständlich nicht, gleich jemand Geeignetes zu finden. Die Recherche im Internet ist das eine, das hast du bestimmt schon versucht, oder?" Ich stimme zu.

„Aber mindestens ebenso wichtig ist es, deinen Wirkungskreis anzupassen beziehungsweise zu verändern. Du musst Kontakte knüpfen, Unternehmer kennenlernen, die bereits im Bereich Import und Export tätig sind. In diesem Kreis findest du, wenn du dich lange genug damit beschäftigst, die allerbesten Global Player."

„Aron, was kannst du mir also raten? Was soll ich genau tun?"

„Du könntest beispielsweise Messen besuchen. Die Expo ist dafür sehr geeignet. Sicher gibt es aber auch noch andere Messen, die sich darauf spezialisiert haben. Besorge dir Termine, suche in den entsprechenden Zeitschriften. Vielleicht gibt es sogar Verbände. Zu all diesen Punkten wirst du noch sehr viel im Internet finden können." „Wonach soll ich denn genau suchen? Nach meiner Innovation oder lieber nach einem Vorbild?"

„Modelling of Excellence – konzentriere dich auf beides. Während du gute Ideen und Innovationen suchst, werden dir automatisch viele Menschen aus dieser Branche begegnen. Früher oder später wirst du dann den richtigen Mann oder die richtige Frau finden. Du wirst schon merken, wenn er oder sie als Vorbild für dich geeignet ist."

Wir wechseln das Thema und unterhalten uns darüber, wie Aron in den letzten zwei Wochen mit seinem Buch vorangekommen ist. Plötzlich fällt mir ein, dass ich ihm noch eine andere wichtige Frage stellen möchte. „Sag mal, Aron, wie schaffst du es nur, dich permanent zu motivieren? Mir fällt auf, dass ich mir oft irgendwelche Dinge vornehme und dann doch nicht umsetze, weil ich einfach keine Lust habe oder nach der Arbeit keine Kraft mehr dafür finde. Oft beginne ich etwas und dann kommt der innere Dialog, der mich von der Aktion abhält. Manchmal erwische ich mich dabei, dass diese kleine innere Stimme gewinnt und ich auf die Aufgabe verzichte, die ich doch so gerne machen wollte."

„Oh ja, das verstehe ich nur zu gut! Auch ich kenne die Situation, wenn man es nicht schafft, den inneren Schweinehund zu überwinden."

„Ach so heißt der Kerl. Dann ist es also doch nicht der kleine Leon, der mir dazwischenfunkt, sondern mein innerer Schweinehund." Ich muss schmunzeln, und Aron fragt mich, ob er mir noch mehr dazu erzählen soll, und beginnt.

„Also, das ist so: Menschen haben bestimmte Vorsätze. Sie wollen gerne abnehmen, regelmäßig ihrem speziellen Hobby nachgehen oder wieder mehr Sport machen. Sie nehmen sich so viel vor und dann wird nichts oder kaum etwas davon umgesetzt. Ich gebe dir gerne einen kleinen Tipp. Am Anfang denkst du nach, was du genau machen möchtest. Wenn du dich entschieden hast, was du tun möchtest, dann beginnst du einfach. Du erinnerst dich an die 72-Stunden-Regel. Also nimmst du dir genau in dem Moment, in dem du entschieden hast, was du machen möchtest, einen Terminkalender und schreibst dir genau auf, wann du was machen wirst. Wenn dann der Zeitpunkt gekommen ist, diese Aufgabe zu erledigen, dann darfst du nicht zögern. Die Frage ‚Soll ich es tun oder soll ich es nicht tun?' oder der Zweifel: ‚Schaffe ich es oder schaff ich es nicht?' – all das gibt es nicht mehr. Mit Terminierung schaltest du diesen internen Dialog einfach ab und stürzt dich in die Aufgabe. Einfach machen! Und während du ein Macher bist, bekommst du Lust auf mehr. Falls das nicht hilfreich für dich ist, dann schau auf deine Liste und kläre, warum du das machst, was du gerade tust. Deine tiefen Gründe. Werde dir noch einmal ganz intensiv bewusst, warum du das machst und dann beginne."

„Aber ich bin mir nicht sicher, ob ich diszipliniert genug bin." Da muss Aron laut lachen. „Leon, ich verrate dir ein Geheimnis.

Disziplin und Ehrgeiz sind wichtige Tugenden. Das Tolle daran ist, dass man Disziplin und Ehrgeiz lernen kann. Kein Mensch wird mit Disziplin oder Ehrgeiz geboren. Das ist kein Talent, das jemand einfach so in die Wiege gelegt bekommt. Je öfter du Disziplin lernst und umsetzt, desto einfacher wird es dir in der Zukunft fallen. Vergleichen wir es mal mit Liegestützen. Stell dir mal vor, ich würde fünfzig Liegestütze schaffen und du schaffst gerade mal acht. Natürlich bewunderst du mich und sagst wahrscheinlich ‚Wow, das schaffe ich nie'. Doch du kannst es schaffen. Entscheidend dafür ist nur, dass du diesen Muskel trainierst. Jetzt wiederholst du und übst jeden Tag Liegestütze. Schnell schaffst du zehn, dann zwölf, dann sechzehn und nach einer Weile sogar zwanzig. Und irgendwann einmal schaffst du fünfzig Stück. Das wird nicht von heute auf morgen geschehen, das ist einfach nur eine Übungs- und Trainingssache." „Also gibt es nicht nur einen Selbstwertmuskel, sondern auch einen Disziplinmuskel?" Wieder lacht Aron laut los.
„Leon, du bist wirklich einmalig. So habe ich das ja noch gar nicht gesehen, aber du hast natürlich Recht. Ja, Ehrgeiz und Disziplin lassen sich trainieren. Und mit etwas Übung nimmst du dir etwas vor und dann setzt du es einfach um. Punkt! Du schaltest diesen internen Dialog einfach ab, konzentrierst dich darauf, was du erreichen willst, stürzt dich einfach hinein und ziehst es durch. Bei den ersten paar Malen erscheint es dir wahrscheinlich komisch, doch nach einer Weile geht es dir in Fleisch und Blut über. Es ist für dich selbstverständlich, wenn du dir etwas vornimmst, sofort einen Termin zu machen und es dann auch hundertprozentig umzusetzen.

Eins noch, Leon, es ist nicht schlimm, wenn du mal deinen inneren Schweinehund nicht überwindest. Es ist auch nicht schlimm, wenn du mal versagst, hinfällst, oder irgendwelche Dinge dir nicht gleich gelingen werden. Das ist absolut menschlich. Es wäre nur gefährlich, wenn du in diesem Loch bleibst, du dich wieder als Opfer fühlst und nicht wieder aufstehst. Erfolgreiche Menschen sind Stehaufmännchen. Sie suchen immer wieder nach neuen Wegen, um ihre Ziele zu erreichen." „Das ist leichter gesagt als getan, Aron." „Ja, ich weiß, doch du wirst es schaffen, Leon. Ich weiß das ganz genau." Ich merke, dass Aron sehr müde ist und ich will ihn auch nicht noch mehr strapazieren. Unabhängig davon, wie gerne ich auch bei ihm bin und wie viel Spaß ich daran habe, solche Themen mit ihm zu diskutieren, er leidet. Wir brechen unseren Termin ab, ich verabschiede mich von Aron mit der Option für die nächste Woche.

Es drängt mich förmlich nach Hause. Heute habe ich besonders viel aufzuschreiben. Ich gehe also flotten Schrittes die Straße entlang, in der Aron wohnt und sehe ein paar Häuser weiter eine ältere Dame im Garten sitzen. Als ich im Vorbeigehen „Hallo" zu ihr sage, grüßt sie zurück und fragt mich, wie es denn Herrn Arcadius ginge. Sie hatte von seinem Unfall gehört und mein Kommen und Gehen beobachtet. „Hatten Sie etwas mit dem Unfall zu tun?", fragt sie neugierig. „Oder sind Sie gar Arzt?"

Freundlich lachend antworte ich ihr: „Weder das eine noch das andere, aber schön, dass Sie sich Gedanken über Ihren Nachbarn machen."

Ich erzähle ihr über den Gartenzaun hinweg von meiner überraschenden Begegnung mit meinem alten Schulfreund am Krankenhausbett. Ich informiere sie, dass es ihm den Umständen entsprechend gut gehe und sie freut sich sichtlich darüber.

„Wissen Sie, junger Mann, ich heiße Betty, bin 85 Jahre alt und habe schon viele Menschen in dieser Straße kommen und gehen sehen. Oft kann man schon alleine an der Körperhaltung

erkennen, ob jemand glücklich oder traurig ist, ob er oder sie auf der Sonnen- oder Schattenseite des Lebens steht. Sie haben sich in den wenigen Wochen, die Sie herkommen, verändert."
Ich muss grinsen und frage Betty, wie sie darauf kommt. Außerdem stelle ich mich vor: „Mein Name ist Leon und ich freue mich sehr, Ihre Bekanntschaft zu machen!" „Freut mich sehr, Leon! Jetzt zu Ihrer Frage. Mir ist aufgefallen, dass Sie aufrechter die Straße entlanggehen und dass Sie mehr lächeln. Und selbst wenn Sie manchmal auf dem Weg zu Herrn Arcadius niedergeschlagen wirken, kommen Sie immer etwas lockerer und gelöster wieder aus dem Haus heraus. Ich habe mich tatsächlich schon gefragt, welches Geheimnis sich dahinter wohl verbergen mag."

Überaus spannend, das von einer Außenstehenden zu hören. Ich beschließe, diese Begebenheit zu Hause zu notieren, damit ich Aron am kommenden Samstag davon erzählen kann. „Kommen Sie denn jeden Samstag hierher?"
„Ja."
„Wenn Sie Lust und Zeit haben", sagt Betty, „schauen Sie doch nächsten Samstag einfach auf eine Tasse Kaffee und ein Stück Blaubeerkuchen bei mir vorbei. Ich bin viel alleine und freue mich immer über einen kurzen Plausch mit einem spannenden Menschen."
Glücklich über das Kennenlernen, verabschiede ich mich von Betty. Ich verspreche ihr, am nächsten Samstag auf einen Sprung bei ihr vorbeizukommen. Betty strahlt über das ganze Gesicht. So habe sie etwas, worauf sie sich die ganze Woche freuen kann. Ich winke ihr zu und denke, wie gut es sich doch anfühlt, einem anderen Menschen etwas Gutes zu tun. Vielleicht ist das auch ein wichtiger Aspekt. Nicht nur an das eigene Glück und den eigenen Erfolg zu denken, sondern mit

was auch immer ich einmal meine Selbstständigkeit bestreite, anderen Menschen einen Nutzen zu bieten.

Mit diesem guten Gefühl mache ich mich endgültig auf den Heimweg. Den inneren Schweinehund zu überwinden ist möglicherweise die schwerste Disziplin. Wieder einmal lese ich zu Hause meine Notizen, Gedanken und Fragen durch. Und dann beginne ich auf Anraten von Aron, wieder im Internet zu recherchieren. Ich suche nach Messen, Verbänden und besonderen Zeitschriften.

Das fehlende Geld in meiner Gehaltsabrechnung bereitet mir ein mulmiges Gefühl in der Magengegend. Ich verdiene weniger, auf der hohen Kante habe ich auch nur noch wenig und ich weiß gar nicht, wie ich die Zeitschriften oder die Messeeintritte überhaupt bezahlen soll. Aber es schadet ja nicht, wenn ich mich im Internet weiterhin schlau mache. Das kostet kaum Geld, weil ich eine Flatrate habe. Es kostet meine Zeit und davon habe ich ja genug. Nach einer Weile – es ist schon spät geworden – bin ich zwar noch sehr motiviert und voller Tatendrang, aber auch völlig erschöpft. Ich lege mich müde ins Bett und schlafe wie ein Stein.

Am Sonntagmorgen treibt mich das schöne Wetter hinaus in die Natur. Ich brauche unbedingt frische Luft. Voller Elan gehe ich in den Keller, schnappe mir mein altes Fahrrad und fahre einfach etwas umher. Eine gute Gelegenheit, um etwas Sonne zu tanken und mich körperlich einfach ein wenig zu betätigen. Mein Ziel ist es, raus aus der Stadt über einen nahegelegenen Feldweg in ein Waldstück zu fahren. Ich lasse mich einfach treiben. Nach einer Weile, circa zweieinhalb Stunden später, fahre ich wieder zurück. Zu Hause angekommen, packe ich mein Fahrrad wieder in den Keller und stelle mich ein wenig verschwitzt unter die Dusche. Danach fühle ich mich voller Energie und Kraft. Anstatt immer nur mental zu arbeiten und sich viele Gedanken zu machen, habe ich mich heute wieder einmal körperlich gefordert. Das hat wirklich gutgetan.

Nachdem ich etwas gegessen habe, gehe ich ins Internet und recherchiere weiter. Aron würde sagen, damit erweitere ich meinen Wirkungskreis. Ich soll neue Menschen suchen und kennenlernen. Aber irgendwie werde ich nicht fündig. Vielleicht sehe ich den Wald vor lauter Bäumen nicht mehr. Es gibt so viele Unternehmen, soll ich einfach mal bei einer Firma spontan anrufen und fragen, ob ich mit dem Chef reden kann? Das funktioniert doch nicht. So etwas muss sich einfach ergeben. Ich muss jemanden zufällig kennenlernen. Aber wie und wo? Mein Entschluss ist gefallen, für heute habe ich genug getan. Ich schalte meinen Rechner aus und mache noch ein wenig Hausarbeit. Es ist schon spät geworden, also gehe ich ins Bett. Schließlich ist morgen schon Montag und es geht wieder eine neue Arbeitswoche los.

Wie an jedem Arbeitstag stehe ich um halb sieben auf und fahre zur Arbeit. Kaum habe ich meinen Arbeitsplatz erreicht, schellt mein Telefon. Jörg ist dran, Jörg Walter. Er erzählt mir, dass er gerade in China ist und dort möglicherweise einen neuen Kunden akquiriert hat. Er möchte, dass ich ihm ein kundenorientiertes Angebot vorbereite.

Wir erörtern die Details und er verspricht mir in der nächsten Stunde noch eine E-Mail mit allen wichtigen Eckdaten zu schicken, damit ich ein Angebot zusammenstellen kann. Es scheint ein großer Interessent zu sein, weil das Angebot sehr umfangreich ist. Außerdem erzählt er mir, dass unsere Firma nicht die Einzige ist, die ein Angebot abgeben darf. Mehrere Mitbewerber sind im Spiel. Ich wusste, dass er in China unterwegs ist, aber dass es dabei um einen so großen Auftrag geht, ist mir neu. Jörg klingt ganz optimistisch. „Das Kind werde ich schon schaukeln", sagt er und beendet das Telefonat.

Da fällt es mir wie Schuppen von den Augen. Jörg ist in China. Jörg – genau der könnte mir doch helfen. Vielleicht hat er, wenn er wieder im Lande ist, ja Zeit und Lust, sich einmal mit mir darüber zu unterhalten. Den Import und Export im Allgemeinen, meine Verkaufsfähigkeiten und wie man den Vertrieb tatsächlich am besten angeht, um seine Produkte im Ausland zu verkaufen. Auch wenn ich natürlich in der Firma nicht offiziell darüber reden darf, einen Versuch wäre es wert. Kurz nach unserem Telefongespräch sendet er mir die versprochene E-Mail. Ich beeile mich und sende das vorbereitete Material. Es ist gut, wenn ich zukünftig mehr Kontakt mit Jörg halte, um vielleicht von ihm zu lernen. Gleich am Nachmittag werde ich nochmal bei ihm anrufen, ob das Angebot auch zu seiner vollsten Zufriedenheit ist.

Manchmal liegen die Dinge wirklich ganz nah, man sieht sie nur nicht. Jörg ist vermutlich kein Profi im Bereich Import und Export, aber einer der besten Verkäufer hier im Haus. Ich kann von ihm sicher viel lernen. Am Nachmittag nehme ich wie geplant den Hörer in die Hand und rufe Jörg in China an. Durch die Zeitverschiebung, die ich total vergessen hatte, ist es in Asien allerdings spät in der Nacht und es meldet sich nur die Mobilbox. Kein Problem, dann versuche ich es am besten gleich morgen früh noch einmal.

Ich weiß, jetzt klammere ich mich an einen Strohhalm. Aber ich hoffe inständig, von Jörg viele Antworten zu erhalten. Schließlich ist der neunte Schritt ja „Kommunikationsfähigkeit stärken". In Sachen Verkauf und Marketing kann ich von Jörg bestimmt so einiges lernen. Schon ist der Arbeitstag vorbei und ich fahre nach Hause. Momentan vergeht die Zeit für mich schneller als sonst.

Am nächsten Morgen im Büro prüfe ich zunächst die Uhrzeit, damit ich mit der Zeitverschiebung auch nichts falsch mache. Erst dann wähle ich Jörgs Nummer und freue mich, dass die Verbindung sofort steht. Als erstes frage ich, ob das Angebot seinen Vorstellungen entsprochen hat oder ob noch etwas fehlt. Er möchte tatsächlich noch etwas anders haben, aber das sind nur ein paar kleine Änderungen. Ich notiere mir alles ganz genau, verspreche, dass ich ihm das neue Angebot gleich schicke und überfalle ihn mit meiner Frage „Jörg, auf ein kurzes Wort. Ich weiß, dass du in China bist, aber es würde mir helfen, wenn ich etwas genauer verstehe, wie du das eigentlich machst, dass du neue Kunden, vor allem natürlich solche dicken Fische, findest."

Jörg lacht und antwortet amüsiert: „Ich habe sowieso gerade nichts Besseres zu tun, also warum soll ich dir darüber nichts erzählen. Außerdem freut es mich, dass du dich mehr und mehr in die Materie einarbeitest. Also, das mit der Kunden-Akquise ist gar nicht so einfach. Ich betreue den gesamten asiatischen Raum. Als allererstes habe ich mir Gedanken gemacht, welche Unternehmen unsere Produkte brauchen. Ich habe mir also als erstes klargemacht, wer meine Zielgruppe ist. Und je genauer ich darüber Bescheid wusste, desto einfacher konnte ich sie finden. Und dann, Leon, ist es doch irgendwie ganz einfach. Kontaktaufnahme ist das Zauberwort. Ich nehme den Hörer in die Hand, rufe meinen hoffentlich zukünftigen Kunden an und versuche einen Termin zu vereinbaren." „Einfach so? Die kennen dich oder unsere Firma doch gar nicht."

„Aber das ist doch gerade der Reiz."
„Kostet dich das nicht sehr viel Überwindung?"
„Sicher, Leon, und am Anfang ist es auch für mich sehr schwer gewesen. Doch mittlerweile habe ich Übung und Routine. Jetzt ist es für mich etwas völlig Normales, einfach mein Tagesgeschäft."
Wir unterhalten uns noch ein wenig über die Gepflogenheiten in China, verabschieden uns und legen dann auf.

Ich finde Jörg wirklich sehr sympathisch und sehr mutig. Er ist ein begabter Kommunikationsspezialist. Er klingt überzeugend und kompetent. Das kommt bestimmt auch davon, dass er von dem überzeugt ist, was er tut. Die Zusammenarbeit mit Jörg macht mir sehr viel Spaß.
Martin Schmidt, der andere Kollege im Vertrieb, dem ich zuarbeite, ist nicht so optimistisch. Ganz im Gegenteil, er ist sogar eher meistens besorgt. Er will zwar auch wie Jörg immer wieder ganz schnell Angebote haben, doch dann passiert nichts mehr. Ich vergleiche Jörg und Martin und frage mich, was wohl das Erfolgsgeheimnis von Jörg ist? Warum ist er so viel besser im Verkauf als Martin?

Ich nehme mir vor, dass ich das Vorgehen der beiden einfach einmal eine Zeit lang beobachte und analysiere. Es stimmt mich fröhlich, dass sich mein Kontakt mit meinen beiden Außendienst-Verkäufern Jörg und Martin immer mehr intensiviert. Wir verstehen uns überhaupt alle sehr gut und ich fühle mich richtig wohl in der neuen Abteilung, die inzwischen gar nicht mehr so neu für mich ist.

Schneller als ich denken kann, ist wieder Samstag. Ein Wiedersehen mit Aron und ein Treffen mit der alten Lady Betty. Wie gewohnt, packe ich meine ganzen Sachen ein und beschließe auf dem Weg ein paar Blumen für Betty zu kaufen. Leider reicht es nur für einen kleinen Blumenstrauß, weil ich nicht mehr so viel Geld zur Verfügung habe. Aber der Wille zählt und ich hoffe natürlich, dass Betty sich darüber freuen wird.

Bei Aron werde ich herzlich begrüßt. „Hallo mein Lieber, schön dich zu sehen". Mir kommt es vor, als sei Aron seit letztem Samstag noch schmaler geworden.
„Hallo Aron!" Aron sieht die Blumen in meiner Hand und fragt verwundert:
„Oh Leon, hast du mir etwa Blumen mitgebracht?"
„Nein, du hast eine wunderschöne Blumenpracht vor deinem Fenster. Die sind für deine Nachbarin Betty!"
„Welche Betty?"
„Die ältere Dame, die zwei Häuser weiter die Straße runter wohnt!"
„Ah, Betty, jetzt weiß ich!"
„Ja, nach unserem Gespräch heute werde ich sie besuchen. Ich habe sie letzte Woche zufällig beim Vorbeigehen kennengelernt. Sie hat sich übrigens nach dir erkundigt."
„Das ist aber nett. Sie ist wirklich eine sehr liebe alte Dame."

Ich lege meine gesamten Sachen auf die Seite und die Haushälterin gibt mir – ohne etwas zu sagen – eine Blumenvase. Ich bedanke mich und stelle die Blumen hinein. Bewaffnet mit meinem Notizbuch setze ich mich zu Aron.
„Und Leon, wie läuft es mit deinem Projekt?"
„Ehrlich gesagt, komme ich nicht so vorwärts, wie ich es mir vorgestellt habe. Aber vielleicht bin ich auch nur zu ungeduldig? Ich habe sehr viel im Internet recherchiert und alles Mögliche überprüft. Ich trete auf der Stelle."

Aron schaut mich prüfend an und macht mich auf den siebten Punkt aufmerksam: Strategie finden, Strategie prüfen, Strategie messen, Strategie verstärken und/oder Strategie verändern.
„Zuerst war deine Strategie, im Internet zu recherchieren. Messung: Du bist zu kaum einem Ergebnis gekommen. Solltest du es verstärken? Nein! Was solltest du tun? Deine Strategie verändern. Entweder musst du irgendwo anders suchen oder du musst nach etwas anderem suchen."
„Wie meinst du das denn?", frage ich Aron.
„Suchst du denn nicht die ganze Zeit nach Exportfirmen?"
„Ja, ich suche doch ein Vorbild, das ich modellieren kann!"
„Verstehe. Vielleicht solltest du dich jetzt aber einmal darauf konzentrieren, gute Innovationen zu finden. Weißt du Leon, du musst dich erstmal herantasten und den Markt beobachten. Lerne, wie der Hase läuft in dieser Branche. Ich würde dir empfehlen, dass du jetzt deine Strategie änderst und nach Innovationen suchst. Möglicherweise begegnet dir währenddessen das geeignete Unternehmen, dessen Strategie du modellieren kannst oder eine Person als Vorbild."
„Das ist eine gute Idee, Aron, aber wie finde ich eine gute Innovation? Und wann weiß ich, dass eine Innovation auch wirklich gut ist?"

„Leon, ich gebe dir einen wichtigen Anhaltspunkt. Es ist entscheidend, dass du ein Produkt mit hoher Nachfrage aussuchst. Gleichzeitig sollte ein geringes Angebot am Markt vorhanden sein. Zusätzlich sollte es einen hohen Nutzen für Kunden bieten." „Aha, ich verstehe – Angebot und Nachfrage bestimmen den Preis. Das habe ich in Betriebswirtschaftslehre gelernt!"

„Gut, dann setze genau das um. Wichtig ist aber auch noch, dass dieses Produkt nicht nur stark nachgefragt wird und im

Markt gering vorhanden ist – zusätzlich sollte es dem Kunden einen hohen Nutzen beziehungsweise einen großen Mehrwert bieten. Du musst das Problem deiner Zielgruppe lösen. Am besten ein großes Problem, dessen Beseitigung dem Kunden außerordentlich nützlich ist und ihn weiterbringt. Konzipiere auf dieser Basis ein Produkt und habe dabei immer den Blick auf den Problemen deiner Zielgruppe. Genau mit diesem Fokus solltest du suchen!"
„Prima Aron, das ist ein richtig guter Tipp!"

Ich erzähle Aron kurz von Jörg und Martin und wie unterschiedlich sie jeweils als Verkäufer sind. Aron empfiehlt mir, beide zu beobachten und ihr Verhalten und ihre grundsätzliche Einstellung zu studieren. „Leon, du wirst bald merken, dass der erfolgreichere Verkäufer viel optimistischer ist und auch mit Menschen besser umgehen kann. Beobachte und lerne!"
„Das werde ich machen, Aron." Wir unterhalten uns noch ein wenig und ich wünsche mir, dass die Zeit nicht so schnell verrinnt. Aron wird immer schneller müde und wirkt erschöpft. Vor einigen Wochen noch konnten wir uns den ganzen Nachmittag unterhalten und jetzt ist oft schon nach einer Stunde Schluss. Die Stippvisiten der Krankenschwester werden auch immer zahlreicher. Sie gibt Aron irgendeine Medizin, kontrolliert die Infusion oder schaut einfach nur, ob er in seinem Bett gut liegt. Ich habe ein komisches Gefühl, lasse es aber nicht an mich heran. Diesmal gehen die Verabschiedung und die neue Terminvereinbarung recht schnell. Er lächelt mir noch einmal zu, als ich das Zimmer verlasse und schließt in dem Moment auch schon seine Augen. Wenn ich nur etwas für Aron tun könnte. Ich verlasse traurig sein wunderschönes Haus.

18

Wie verabredet gehe ich direkt zu Bettys Haus, klingle und die Tür öffnete sich.

„Hallo Leon!", ruft Betty und ich antworte: „Hallo Betty, ich freue mich, Sie zu sehen". „Ich freue mich auch, kommen Sie doch herein, Leon!" Ich gehe hinein und wieder stehe ich in einem wunderschönen großen Haus. Diese Gegend ist einfach eine ganz besondere, in der viele erfolgreiche und wohlhabende Menschen leben. Ehrlich gesagt ist Arons Haus zwar um einiges imposanter, aber dieses hier ist unglaublich liebevoll eingerichtet. Jedes Teil scheint genau auf das andere abgestimmt zu sein. Ob Teppiche, Gardinen oder Deko, die Bilder an der Wand oder die außergewöhnlichen Leuchten, die überall im Haus verteilt sind – hier steckt unheimlich viel Liebe auch im kleinsten Detail.

Wir durchqueren das Haus nur kurz und gehen auf direktem Weg in den Garten. Betty hatte alles bestens vorbereitet. Kaffee und eine Karaffe Wasser stehen auf dem Tisch und es gibt einen leckeren Blaubeerkuchen – wie angekündigt. Ich überreiche ihr die Blumen und sie freut sich wirklich sehr darüber. Sie strahlt mich glücklich an. „Ist lange her, dass mir ein junger Mann Blumen geschenkt hat." Ich schmunzle und wünsche mir, dass ich mein Leben auch einmal mit so viel Sinn für Humor bestreite, wenn ich so alt wie Betty bin.

„Leon, wenn es Ihnen nichts ausmacht, können wir gerne Du zueinander sagen. Wir haben uns doch auf Anhieb so schön unterhalten und gut verstanden. Ich zumindest habe das Ge-

fühl, als würden wir uns schon ewig kennen. Einverstanden, Leon?" „Ja, gerne Betty, sehr gerne."
„Also, möchtest du einen Kaffee trinken?"
„Gerne, das wäre wunderbar. Aber sag mal Betty, hast du den Blaubeerkuchen selbst gebacken?"
„Natürlich, das ist ein altes Familienrezept!"
„Der sieht ja fantastisch aus!"
Wir trinken gemütlich Kaffee, essen leckeren Blaubeerkuchen und unterhalten uns über Gott und die Welt. Schön, mal einfach nur so das Leben zu genießen.
Dann klingelt es an der Tür und Betty erklärt mir, dass ihr Sohn mit seiner Frau auch zum Kaffee kommt.
„Ich hoffe, das ist in Ordnung für dich!" „Selbstverständlich!"
Wie ich vom Garten aus beobachten kann, begrüßen sie sich ganz herzlich. Dann kommen sie zusammen in den Garten.
„Darf ich euch bekannt machen? Das ist Leon, das ist mein Sohn Helmut und das ist seine liebe Frau Silvia." Wir begrüßen uns und setzen uns alle an den gedeckten Tisch. Betty bietet mir noch ein leckeres Stück Blaubeerkuchen an und wer kann dazu schon nein sagen.

Wir unterhalten uns weiter und Betty schwärmt von ihrem Sohn Helmut.
„Helmut ist ein wirklich erfolgreicher Unternehmer." Man spürt regelrecht, wie stolz Betty auf Helmut ist. „Ah toll, in welcher Branche bist du denn tätig?"
„Ich habe ein Import-/Exportgeschäft!" Mich trifft der Schlag des Zufalls. Ich kann es kaum glauben. „Entschuldigung, wie bitte?"
„Ich habe ein Import-/Exportgeschäft. Wieso fragst du?" „Ich überlege schon länger, ob ich mich selbstständig machen soll und stell dir mal vor, erst vor kurzem habe ich mich entschie-

den, in den Import/Export einzusteigen." „Aber das ist doch toll!", bestärkt mich Helmut.

Irgendwie kann ich es kaum glauben – vor mir sitzt ein erfolgreicher Unternehmer, der im Import und Export tätig ist. Helmut könnte mir doch bestimmt helfen und er könnte mir sicher gute Tipps geben, was ich machen kann und sollte. Das ist eine Fügung! Was für ein Zufall! Ich nehme meinen ganzen Mut zusammen und frage Helmut frei von der Leber weg:
„Sag mal Helmut, wie machst du denn alles genau?" „Im Grunde genommen ist das ganz einfach. Du überlegst dir zuerst, ob du irgendetwas nach Deutschland importieren oder von Deutschland aus in andere Länder exportieren möchtest. Dann wählst du ein geeignetes Produkt oder auch mehrere aus und suchst einen geeigneten Händler, der die Ware direkt vor Ort vertreiben kann."
„Okay, das klingt ja eigentlich ganz einfach. Man muss nur die richtigen Produkte und die richtigen Händler finden."

Ich denke, jetzt werde ich mal etwas Schlaues sagen, was ich gerade eben von Aron gelernt hatte. „Dann brauche ich aber etwas, das eine hohe Nachfrage hat, ein geringes Angebot und einen großen Nutzen für den Kunden!" „Ja, das ist richtig. Zusätzlich musst du noch die Marktgegebenheiten ganz genau beobachten. Ich gebe dir mal ein kleines Beispiel. In Japan wird sehr gerne Tee getrunken, Tee hat einen Kultstatus in Japan. Und da gibt es die besten Teesorten der Welt. Wenn du jetzt den besten Tee Japans nach Deutschland importieren möchtest, wirst du womöglich nicht so viele Absatzmärkte und Käufer finden." „Warum denn?"
„Weil in Deutschland nicht so viel Tee getrunken wird wie in Japan! Was also sehr wichtig ist, Leon, ist vorab eine genaue

Marktanalyse zu machen, damit du wirklich weißt, wo es in welchem Markt eine hohe Nachfrage gibt. Oder du fragst dich, welches dringende Problem deine Zielgruppe hat und wie du es lösen kannst." „Klingt einleuchtend. Ein guter Tipp, Danke."

„Wie hast du angefangen?", frage ich Helmut. „Auf meinen Reisen habe ich immer so viele wunderschöne Dinge gesehen und ich dachte mir, das könnten wir in Deutschland auch gut gebrauchen. Und so habe ich mir ein, zwei Produkte ausgesucht, die ich nach Deutschland importieren wollte, um sie dort zu vermarkten. Früher habe ich alles selbst vermarktet, weil dadurch die Marge viel höher ist. Heutzutage habe ich auf der einen Seite Produkte, die wir selber vermarkten, aber auch sehr viele Händler, die die gesamte Vermarktung übernehmen und ich bin in diesen Fällen nur der Zwischenhändler." Das finde ich wiederum außerordentlich interessant. Die beiden Damen, Betty und Silvia, haben sich einstweilen über irgendeine Familienfeier unterhalten. Ich nehme mich ein wenig zurück, schließlich möchte ich die Fragerei nicht überspannen. Sonst fühlt sich Helmut noch wie bei einem Verhör. Aus diesem Grund stelle ich erst einmal keine weiteren Fragen mehr. Ich bin wirklich neugierig und finde es sehr spannend, mich mit dem Thema immer intensiver zu beschäftigen. Es muss aber erst einmal reichen, mir die vielen Informationen zu merken.

Es ist spät geworden und ich verabschiede mich von Helmut und Silvia und bedanke mich ganz herzlich bei Betty. Ich denke, wenn ich Helmut jetzt nicht nach seiner Telefonnummer frage, wann dann? Ich ergreife die Chance.
„Helmut, ist es in Ordnung für dich, wenn du mir deine Telefonnummer gibst? Und darf ich dich vielleicht, wenn ich noch Fragen habe, bei Gelegenheit einmal anrufen?" „Ja klar, wer in

Mamas Haus willkommen ist, der ist auch bei mir in der Firma willkommen!"

Er reicht mir seine Visitenkarte und ich erkläre ihm, dass ich noch keine Visitenkarten besitze, aber nachher einfach eine SMS mit meinen Kontaktdaten schicken werde. Wir sind uns einig und ich habe das Gefühl, wir verstehen uns auf Anhieb wirklich gut. Dann trennen wir uns endgültig.

Ich bin ganz gespannt, was sich daraus vielleicht noch alles entwickelt und freue mich über diese Begebenheiten, die gerade in meinem Leben passieren. Während ich auf die S-Bahn warte, nehme ich gleich mein Notizbuch und schreibe alles nieder, was Helmut mir gerade erzählt hat. Danach denke ich kurz über einen erneuten Besuch oder ein Telefonat mit Aron nach. Ich bin unsicher, aber dann entscheide ich, dass ich Aron nicht zur Last fallen will. Er hat momentan schon genügend Herausforderungen und Probleme mit seiner Gesundheit! Nächsten Samstag werde ich ihm einfach alles persönlich berichten.

So fahre ich nach Hause und erledige die üblichen, notwendigen Arbeiten. Ich bin total geschafft und lege mich relativ früh ins Bett. Während ich dort liege, denke ich über diesen Tag nach. Was für eine Fügung, was für ein Zufall! Was in den letzten Monaten passiert ist, kann ich kaum glauben. Dann muss ich an Felix denken. Er müsste doch schon längst wieder aus Bangkok zurück sein. Am besten schreibe ich ihm gleich morgen früh mal eine SMS. Mit diesem Gedanken schlafe ich tief und fest ein.

19

Weil am nächsten Tag Sonntag ist, schlafe ich mich erst einmal so richtig aus. Es tut gut, sich auch ausruhen zu können und Kraft zu tanken. Gegen zehn Uhr stehe ich auf, frühstücke gemütlich und mache einen Plan, was ich heute alles erledigen möchte. Ich werde meine Unterlagen auf Vordermann bringen und verschiedene Internetrecherchen machen mit einem völlig neuen Rechercheansatz.

Ich suche im Internet nach Innovationen, doch irgendwie finde ich nichts. Ich breche die Recherche ab und wende mich rein privaten Dingen zu. Ich überlege, ob ich mir ein neues Handy kaufen soll, suche im Internet, was gerade so auf dem Markt ist und erfahre dadurch, dass das neue iPhone bald rauskommt. Tolle Sache, aber zurzeit für mich unerschwinglich.

Trotzdem kann ich nicht aufhören, mich weiter zu informieren. Dann ereilt mich ein Geistesblitz. Wenn die neue iPhone-Serie rauskommt, werden alle neue Hüllen brauchen. Sicher hat das neue Modell wieder eine andere Größe. Oder die Besitzer möchten Abwechslung im Design. Wenn ich mir ein neues iPhone kaufen würde, würde ich es auf jeden Fall in so eine Schutzhülle stecken. Das scheint mir eine gute Idee zu sein. Vertreiben könnte ich meine Produkte im Internet über Ebay, Amazon oder über andere Portale. Mir fällt ein, dass Jörg Walter momentan geschäftlich in China ist. Er könnte vielleicht schon den einen oder anderen Kontakt für mich herstellen. Ich finde die Idee super und schreibe es einfach mal auf. So geht auch der Sonntag ganz schnell vorbei und ich beschließe, gleich am Montag mit Jörg darüber am Telefon zu sprechen.

Am nächsten Tag rufe ich Jörg an. Wir unterhalten uns kurz über das Tagesgeschäft und die wichtigen Projekte in dieser Woche. Gerade als ich ihn fragen will, ob er vielleicht ein Unternehmen in China kennt, das Handyhüllen herstellt, bricht plötzlich die Verbindung ab. Zuerst ärgere ich mich über die verpasste Chance, dann aber denke ich: „Wer weiß, für was es gut ist."
In der Mittagspause treffe ich zufällig Michael aus meiner alten Abteilung und er erzählt mir, dass Jörg offensichtlich dafür bekannt ist, nicht zimperlich mit seinen Kollegen umzugehen. So hatte ich ihn noch gar nicht kennengelernt. Zu mir war er bislang immer sehr freundlich gewesen. Michael warnt mich noch einmal eindringlich. „Gehe sehr bewusst mit deinen Informationen um. Dein Vorgänger hatte offensichtlich Ambitionen, aufzusteigen, Karriere zu machen und das hat Jörg nicht gepasst. Es hat nicht lange gedauert und die Kündigung seines Innendienstkollegen lag auf dem Tisch. Du musst wissen, Jörg und dein Chef spielen zusammen Golf." Da habe ich ja vielleicht gerade noch einmal Glück gehabt. Gut, dass die Verbindung abgebrochen ist. Wer weiß, für was es gut ist!

Ich entscheide mich dafür, heute Abend nach Feierabend lieber mit Helmut zu telefonieren. Ich kann genauso gut ihn nach einem Handyhüllen-Hersteller in China fragen.

Gesagt, getan! Ich fackle nicht lange und rufe ihn gemütlich von zu Hause aus an. „Hallo Helmut. Du hast wahrscheinlich nicht geglaubt, so schnell von mir zu hören." „Hallo Leon, ja, ich bin überrascht. Geht es dir gut? Mir hat unser Gespräch in Mamas Garten sehr viel Spaß gemacht und auch Silvia fand dich sehr sympathisch. Aber sag, hast du was auf dem Herzen?"

„Ja, Helmut, ich habe dir doch erzählt, dass ich mit dem Gedanken spiele, mich mit einem Import-/Exportunternehmen selbstständig zu machen. Kennst du irgendjemanden in China, der Handyhüllen produziert?" „Nein, aber ich kann mich ja mal umhören. Ich bin zufälligerweise morgen auf einer Veranstaltung, bei der sich auch das Exportland China präsentiert. Würde mich sehr wundern, wenn da nicht ein passender Anbieter dabei wäre." „Das wäre wirklich spitze, Helmut, wenn du das für mich machen könntest!"

Zwei Tage später ruft Helmut mich zurück. „Leon, ich habe jemand Geeigneten gefunden. Eine sehr große und professionelle Firma in China, die nur Hüllen für iPhones produziert. Ich sende dir die Kontaktdaten, dann kannst du dort direkt anrufen." Es sieht so aus, als hätte ich einen geeigneten Lieferanten und einen Markt. Mir ist klar, dass es sicher viele verschiedene Konkurrenten oder Mitbewerber gibt, doch ich vermute, die Nachfrage ist so hoch, dass ich mit Leichtigkeit so viel verkaufen kann, dass es sich in jedem Fall rechnet.
Am nächsten Morgen wähle ich noch vor der Arbeit die Nummer in China. Eine Frauenstimme meldet sich und als ich mein Anliegen in englischer Sprache erkläre, werde ich sofort mit dem Vertrieb verbunden. Ein Mann meldet sich, wir unterhalten uns weiter auf Englisch und ich frage nach, ob sie in der Firma bereits Hüllen für das neue iPhone produzieren würden. Er bestätigt dies und ein typisches Verkaufsgespräch folgt. Er fragt nach der Stückzahl und ich nach dem Preis. Nachdem ich ihm fürs erste die Abnahme von 1.000 Stück in unterschiedlichen Designs garantiere, lehnt er ab. „Oh sorry, mit so einer

kleinen Menge können wir nichts anfangen!"
Ich hätte mich wohl besser auf das Gespräch vorbereiten sollen, aber ich will jetzt einfach ins Handeln kommen. Schließlich habe ich ja nichts zu verlieren und kann so auch sehr viel lernen.

Zum Glück bin ich durch meine Erfahrung im Export und jetzt auch in der Vertriebsabteilung in der Lage, schnell zu reagieren. Ich sage ihm, dass es natürlich erst einmal ein Testkauf wäre, um mich von der Qualität der Ware zu überzeugen. Er ist einverstanden und offeriert mir ein Angebot. Ich könnte bei ihm eine Hülle für 1,29 Euro kaufen und sie dann in Deutschland ohne weiteres für zehn bis sechzehn Euro verkaufen. Ich bedanke mich für sein erstes Angebot und sage, ich werde es prüfen und mich später melden. Bevor ich das Gespräch beende, erkundige ich mich nach dem Versand und versteckten Kosten. Ein weiterer wichtiger Faktor. Selbstverständlich würden Frachtkosten auf mich zukommen.

Sofort notiere ich mir alle wichtigen Informationen, damit ich nichts vergesse und die Konditionen schon einmal für Vergleichsangebote parat habe.
Beim Abendessen bin ich immer noch ganz aufgeregt über die neuen Ereignisse und sehr dankbar, dass Helmut mir so einen guten Tipp gegeben hat. Ich denke daran, ihn morgen noch einmal anzurufen, um ihm von meinem ersten Gespräch mit dem Lieferanten zu berichten. Vielleicht kann er mir noch ein paar andere Tipps geben. Gut gesättigt entspanne ich mich noch ein wenig vor dem Fernseher und kurz danach ist Bettruhe.

Am nächsten Morgen gehe ich wie üblich zur Arbeit und verrichte alle Aufgaben, die auf meinem Schreibtisch liegen. Ich kann es kaum erwarten, Helmut nach Feierabend anzurufen.

Da ich mich richtig auf meine Arbeit konzentrieren kann, vergeht der Tag wie im Flug. Nach Dienstschluss nehme ich gleich mein Handy in die Hand und rufe Helmut an. Ich möchte nicht warten, bis ich zu Hause bin.

„Hallo Helmut, erstmal möchte ich mich für den guten Tipp ganz herzlich bei dir bedanken. Ich habe beim Unternehmen angerufen und alle Details besprochen. Wie findest du eigentlich meine Idee?"

„Grundsätzlich finde ich die Idee gut, denn dafür gibt es sicherlich einen Markt. Du musst nur aufpassen, denn dieser Markt ist sehr schnell übersättigt. Wenn erstmal alle das neue Handy und eine passende Schutzhülle gekauft haben, dann geht der Bedarf sehr schnell zurück. Du musst also den richtigen Zeitpunkt finden, wann du wieder ein anderes Produkt vermarktest."

„Helmut, kannst du mir sagen, ob noch weitere Kosten auf mich zukommen? Außer der Ware und Fracht. Vielleicht für den Zoll?"
„Ja Leon, da ist natürlich die Verpackung und die Lieferung! Beides kostet Geld, aber auch Zeit. Gerade wenn du dich erst einmal nebenbei selbstständig machst, möchtest du das bestimmt nicht alles selber leisten, oder?" „Hast du da einen Tipp?"
„Selbstverständlich. Im Internet gibt es sehr viele Dienstleister, die die Ware für dich einpacken und versenden." „Das hört sich prima an, Helmut. Dann werde ich mich mal noch darüber informieren und das Projekt vielleicht bald in Angriff nehmen."
„Sehr gut. Schön, dass ich dir helfen konnte. Wir hören uns bald, bis dann." Wir verabschieden uns und ich fahre nach Hause.

Zu Hause setze ich mich gleich an meinen Schreibtisch, mache eine grobe Kalkulation und recherchiere zum Thema Logistikunternehmen. Nach einer Weile werde ich fündig. Ich habe ein Unternehmen entdeckt, an das ich die ganze Ware liefern lassen kann und das die Ware verpackt und versendet. Zur Sicherheit suche ich noch zwei weitere Anbieter heraus und schreibe mir alle Telefonnummern auf. Am besten rufe ich morgen gleich an, um mir Angebote erstellen zu lassen.

Ich nehme meinen Stift in die Hand, lege ein weißes Blatt Papier vor mich auf den Schreibtisch und fange mit der Kalkulation an. 1,29 Euro pro Hülle mal 1.000 Stück ergibt 1.290 Euro. Ich schätze 300 Euro für Fracht und 300 Euro für den Zoll plus circa 3,60 Euro für Versand- und Verpackungskosten pro Hülle. Das würde bedeuten, für 1.000 Stück hätte ich eine Investition von rund 5.490 Euro. Wenn ich die Hüllen für 9,90 Euro das Stück zuzüglich Versandkosten verkaufe, beträgt mein Umsatz 9.900 Euro. Dann wären das ca. 4.410 Euro Gewinn. Das hört sich doch ganz gut an. So könnte es gehen.

Ich denke, es ist wichtig, alle Informationen zu sammeln und möglichst zu konkretisieren, damit es nicht nur Vermutungen sind, sondern kalkulierbare Zahlen. Ich nehme mir vor, in dieser Woche zur Sicherheit alle Daten schriftlich zusammenzutragen und dann am Samstag mit Aron darüber zu reden.

Ich bin etwas nervös. So oder so ist mein Unternehmergeist geweckt geworden und ich sehe, dass viele Möglichkeiten bestehen. Natürlich möchte ich auch endlich loslegen. Trotzdem will ich das Ganze mit Sinn und Verstand angehen und keine Hauruck-Aktion starten. Etwas aufgewühlt schließe ich meine ganzen Unterlagen, lege alles auf die Seite und versuche runterzukommen. Da hilft nur schlafen. Am nächsten Morgen möchte ich wieder fit für die Arbeit als auch für meine weiteren Aktivitäten als zukünftiger Unternehmer sein.

Frohen Mutes beginne ich in den neuen Tag. Ich habe mehrere Telefonnummern vorbereitet, um in der Pause von der Arbeit aus zu telefonieren. Zum einen will ich herausfinden, wie viele Kosten durch Fracht und Zoll tatsächlich entstehen, zum anderen möchte ich mit dem Lieferservice noch einmal alles konkret abklären.

Endlich Mittagspause. Ich schnappe mir mein Handy und verlasse das Firmengelände, um in Ruhe zu telefonieren. Telefonisch versuche ich alle wichtigen Daten zu erfragen.
Die Frachtkosten belaufen sich auf 290 Euro und 360 Euro muss ich für die Zollkosten veranschlagen. Dazu kommen 3,40 Euro pro Versand mit Tasche. Die gesamten Kosten betragen also nach Adam Riese 5.340 Euro. Die möglichen Einnahmen könnten 9.900 Euro sein. Das könnte ein sehr gutes Geschäft werden. Die ganze Datenerfassung hat gedauert, sodass ich schnell wieder zurück ins Büro gehe. Nach Erledigung meiner Arbeit fahre ich nach Hause, mache mir etwas zu essen und freue mich wirklich sehr über mein erstes gutes Konzept.
Ich bin schon ganz gespannt, was Aron von meiner Geschäftsmöglichkeit denkt und was er zu meinem Konzept und meiner Kalkulation sagt. Die restlichen Tage der Woche vergehen schnell und endlich ist wieder Samstag.
Gegen neun Uhr packe ich alle Notizen und die gesamten Kalkulationen zusammen und fahre zu Aron. Es läuft immer gleich ab. Ich klingle bei Aron und die Haushälterin öffnet mir die Tür. Ich gehe hinein und begrüße Aron. Dem Anschein nach geht es ihm heute um einiges besser. Das freut mich ungemein und Aron sieht mir meine Freude an.
„Ja Leon, mir geht es heute sehr gut, komm doch näher. Wie geht es dir denn?"
„Super, ich habe eine tolle Idee, die möchte ich dir gerne vorstellen. Du weißt doch, dass ich letzten Samstag noch bei dei-

ner Nachbarin Betty war? Betty hat einen Sohn, der heißt Helmut und als wir so ins Gespräch gekommen sind, stellte sich heraus, dass er im Import- und Exportgeschäft tätig ist."

„Siehst du Leon, es gibt eben keine Zufälle!" „Genau, das dachte ich mir auch. Also tauschten Helmut und ich gleich unsere Kontaktdaten aus. Zu Hause habe ich mir dann wieder Gedanken darübergemacht, was ich exportieren oder importieren könnte. Helmut hat mir ein paar gute Tipps gegeben, so dass ich gleich im Internet recherchieren konnte. Anfänglich habe ich nichts wirklich Spannendes gefunden, aber dann hatte ich eine glorreiche Idee: Beflügelt hat mich die Tatsache, dass bald wieder ein neues iPhone herauskommt. Bestimmt hat das Produkt eine andere Größe als das Vorgängermodell. So habe ich mir gedacht, ich könnte maßgerechte Hüllen mit unterschiedlichen Designs verkaufen, sie in China produzieren lassen, sie weiter nach Deutschland importieren und meine Produkte dann über Ebay, Amazon oder andere Internetshops verkaufen. Ich habe auch schon eine konkrete Kalkulation gemacht."

„Na dann lass mal hören, Leon."
„Bei einem Stückpreis von 1,29 Euro plus Frachtkosten, Zoll, allem Drum und Dran, mit Verpackung und Lieferung durch einen Dienstleister müsste ich insgesamt mit Kosten in Höhe von 5.340 Euro rechnen. Im Gegenzug könnte ich etwa 9.900 Euro Umsatz damit machen. Wie findest du das?"
„Leon, du bist ja ein richtiger Geschäftsmann geworden. Diese Idee gefällt mir sehr gut. Du hast viele Informationen gesammelt und alles auch schon detailliert durchdacht und kalkuliert. Das ist wichtig! Denke daran, Ebay und Amazon wollen auch Geld für die Vermarktung haben. Selbstverständlich musst du wissen, dass es ein Trendprodukt ist, das nur eine kurze Le-

bensdauer hat. Bei so etwas muss man etwas vorsichtiger kalkulieren, damit man nicht zu viel kauft und dann auf der Ware sitzen bleibt. Aber ich gratuliere dir. Das ist eine gute Möglichkeit, um dein Unternehmerdasein zu starten. Es ist immer gut, einfach einmal den ersten Schritt zu wagen und zu testen. So kannst du Referenzerlebnisse schaffen und dich damit für die nächsten Projekte stärken."

Mir persönlich ist wichtig, von Aron nochmals eine Bestätigung dafür zu bekommen, dass dies eine gute Sache sein könnte. Ich beschließe, dieses Projekt zu starten. Unser Gespräch war diesmal kurz, aber intensiv. Auf meinem Nachhauseweg mache ich mir eine Liste, an was ich alles denken muss. Vor allem muss ich die Kosten von Ebay und Amazon prüfen und alles neu kalkulieren. Als allererstes muss ich von meiner Personalabteilung das „Go" bekommen und erst dann werde ich ein Gewerbe anmelden. Ich hoffe, dass es bald losgehen kann.

20

Nach dem Termin mit Aron bin ich euphorisch und überzeugt davon, dass das genau das richtige Projekt ist, um einfach mal zu starten. Doch je mehr Punkte ich auf meiner Liste notiere, umso nachdenklicher werde ich. Während ich also zunächst so zuversichtlich nach Hause fahre, fällt mir ein, dass ich immer noch nicht weiß, wie ich das Ganze finanzieren soll. Schnell mal 5.500 Euro auf den Tisch legen – das kann ich nicht leisten! Plötzlich bin ich ganz besorgt, denn so kann ich mein Projekt niemals umsetzen! Während ich immer und immer wieder darüber nachdenke, komme ich endlich zu Hause an. Was soll ich jetzt genau tun? Ich muss Aron fragen und mich darüber informieren. Meine Hoffnung dabei ist, dass er schon eine interessante Lösung dafür haben wird. Hoffentlich!

Ich erinnere mich an ein Gespräch mit Aron, in dem er mir gesagt hat, dass es nichts bringt nur zu grübeln, sondern dass es im Leben darum geht, etwas einfach zu tun! Also zögere ich nicht länger und halte mich nicht mehr mit Bedenken auf. Ich muss einfach am Ball bleiben – schließlich bin ich selbst dafür verantwortlich, dass meine Idee realisiert wird und zu einem Erfolg führt. Noch am selben Abend setze ich meine Recherche fort. Ich prüfe im Internet, welche Kosten durch Ebay, Amazon und andere Anbieter entstehen, um eine genaue Kalkulation durchführen zu können. Schnell melde ich mich bei Ebay an, erstelle einen Account und informiere mich, wie ich die Ware über das Portal am besten verkaufen kann. Erkundige mich nach den Richtlinien und Kosten und wie man die Plattform am besten bedient. Ich bin so voller Tatendrang, dass ich gar nicht mitbekomme, wie spät es ist. Es ist schon kurz nach zwei Uhr nachts und ich wundere mich wieder einmal, wie schnell doch die Zeit vergeht, wenn man konzentriert und begeistert an einer eigenen Idee arbeitet.

Schlaf ist wichtig. Ausgeruht kann ich noch intensiver arbeiten. Ich lege mich also ins Bett, aber meine Gedanken kommen nicht zur Ruhe. Wenn ich nur wüsste, wie ich die Anfangsinvestition stemmen könnte. Fakt ist, ich habe ca. 1.500 Euro auf meinem Bankkonto für besondere Fälle gespart. Das ist eindeutig ein besonderer Fall! Für den Rest wird sich schon eine Lösung finden. Also schlafe ich erstmal ein und im Traum erscheint mir Aron, der mir Mut zuspricht: „Keine Sorge, Leon, es gibt immer eine Lösung. Du musst nur dranbleiben!"

Auch den gesamten Sonntag verbringe ich damit, mich zu informieren, wie ich auf Amazon und Ebay ganz genau Produkte oder Waren verkaufen kann. Ich lese unendlich viele Internetseiten, schaue mir Tutorials an und informiere mich in Chats.

Obwohl ich nach wie vor nicht weiß, wie ich die Anfangsinvestition tätigen soll, bin ich davon überzeugt, dass ich eine Lösung finde. Wenn nicht ich, dann vielleicht Aron. Der Tag endet wieder spät und ich gehe zu Bett, um für Montag fit zu sein. Schließlich darf ich vor lauter Euphorie nicht meine Hauptarbeit vernachlässigen. Tagsüber werde ich mich voll und ganz auf meine Arbeit konzentrieren.

Die Woche vergeht arbeitsam, aber es läuft alles. Am Abend bereite ich mein Projekt vor, um mich für den großen Moment zu wappnen. Und endlich ist es wieder soweit, es ist Samstag. Ich bereite mich vor, um zu Aron zu fahren. Ich stecke mein Notizbuch ein, in dem ich verschiedene Fragen aufgeschrieben habe, die ich Aron gerne stellen möchte. Mein Augenmerk liegt auf der Finanzierungsfrage.

Bei Aron zu Hause erkundige ich mich erstmal nach seinem Gesundheitszustand. Dieser ist nach seinen Aussagen grundsätzlich gut. Die Ärzte kommen leider nicht weiter bei ihm, trotzdem ist er sehr optimistisch.
„Leon, ich denke, dass das alles irgendwie wieder gut wird." Ich lächle ihm aufmunternd zu und komme dann auch gleich zum Punkt: „Entschuldige bitte, dass ich dich auch noch mit meinen Problemen belästige, aber ich weiß einfach nicht, wie ich mein Projekt finanzieren soll! Bitte versteh mich nicht falsch, ich möchte kein Geld von dir, sondern ich möchte gerne wissen, ob du eine Idee hast." „Leon, das ist kein Problem, sondern eine Herausforderung. Solche und andere Herausforderungen werden dir bei deiner Selbstständigkeit permanent beggnen. Der Umgang mit Herausforderungen zeichnet einen guten Unternehmer aus. Nicht nur gute Ideen zu haben, sondern vor allem Lösungen zu finden. Mit jeder Herausforderung wirst du wachsen und neue Aufgaben meistern können. Wie wäre es denn, wenn du die Ware schon mal im Internet präsentierst. Du verkaufst die Handyhüllen und bietest sie zu einem Sonderpreis an. Du musst dabei darauf hinweisen, dass die Lieferzeit erst in vier oder fünf Wochen möglich ist. Somit bekommst du schon die Gelder und Einnahmen von den Kunden und kannst damit die Ware kaufen und sämtliche Kosten tragen." „Funktioniert das wirklich und kann ich das tatsächlich so machen?"
„Selbstverständlich kannst du das tun! Du musst nur den Kunden einen zusätzlichen Mehrwert geben, also einen guten Preisnachlass. Und es gibt immer wieder Kunden, die gerne ein Schnäppchen machen wollen und dafür bereit sind, länger auf die Ware zu warten."

Das ist eine sehr gute Idee! Dann könnte ich auch sofort starten. Ich notiere mir die Idee in meinem Buch und bin begeistert über eine so gute und vor allem einfache Lösung. „So, jetzt hast du hoffentlich alle Zweifel beiseite geräumt. Du hast genug überlegt und kalkuliert, um deine Geschäftsidee zu starten. Spring jetzt einfach ins kalte Wasser und starte endlich durch!" Und mit diesem Satz verabschieden wir uns und ich fahre nach Hause.

In meinen heimischen Gefilden erstelle ich mir sofort einen genauen Zeitplan. Wann ich welche Kosten konkret zu zahlen habe und ab wann die Ware kommen müsste. Auch am Sonntag recherchiere ich den ganzen Tag und untermauere meine Vorbereitungen. Die neue Woche beginnt. Ich entschließe mich, noch einmal bei dem Lieferanten anzurufen, um mit ihm ein letztes Mal die finalen Kosten beziehungsweise wann die Zahlung fällig sei, zu besprechen. Nachdem ich alles geklärt habe, bestelle ich die Ware und bin schon ganz aufgeregt, zugegebenermaßen auch etwas verängstigt. Schließlich werde ich jetzt meine letzten 1.500 Euro investieren. Aber was habe ich schon zu verlieren? Ich muss es einfach wagen. Ich habe mir ja bereits einen genauen Plan gemacht, ab wann ich mit der Werbung und mit dem Schalten der Anzeige starten sollte. Ich beginne spätestens drei Wochen nach der Bestellung damit, die komplette Ware anzubieten. Und tatsächlich, bei einem Blick in meinen Account kann ich es kaum glauben: Bis zum Eintreffen der ersten Bestellung ist innerhalb von drei Wochen die gesamte Ware verkauft. Ich reagiere sofort und bestelle weitere 5.000 Handyhüllen, um den hohen Andrang tatsächlich umzusetzen. Es ist unglaublich, aber ich habe tatsächlich ca. 4.000 Euro Gewinn gemacht. Genau wie kalkuliert, reicht der Rest für sämtliche andere Kosten. Einfach unglaublich! 4.000 Euro in so einer kurzen Zeit zu verdienen, das ist viel mehr, als ich monatlich brutto bekomme. Zum Glück hatte ich bei meiner Firma die Genehmigung zum Nebenerwerb erhalten. Ich bin beflügelt und voller Tatendrang, weil ich es einfach nicht für möglich gehalten habe, dass das Ganze so einfach ist. Erst jetzt wird mir bewusst, dass die ganze Zeit die Angst, die Sorge, mein interner negativer Dialog, mein Kopfkino mich davon abgehalten haben, ein anderes Leben zu leben. Wir machen uns so viele Sorgen über Dinge, die niemals eintreffen werden und so lebt man nicht das Leben, das man eigentlich leben will.

In der Zwischenzeit ist auch Felix von seiner Bangkok-Reise wieder zurückgekehrt. Wir verabreden uns und vereinbaren gleich einen Termin. Ein gemeinsames Treffen bei Aron erscheint uns sinnvoll. Zum Glück geht es Aron um einiges besser. Er läuft schon herum und hat in der Zwischenzeit begonnen, sein Buch zu Ende zu schreiben. Ausführlich erzähle ich Felix, was in seiner Abwesenheit passiert ist. Aron bemerkt wohlwollend, wie ich vor Begeisterung und vor lauter Freude sprudele. Felix ist eher erstaunt. „Leon, du bist ein anderer Mensch geworden! Wie du dich in den letzten drei bis vier Monaten entwickelt hast, ist verblüffend und beeindruckend zugleich." Felix wirft Aron einen kurzen Blick zu.
„Aron, dein Erfolgsbote-Projekt ist sensationell. Zu sehen, wie die Menschen anfangen, an ihrem eigenen Leben zu arbeiten und ihr Leben selbst zu gestalten, um ihre Träume zu erfüllen, ist phänomenal."
An diesem Tag unterhalten wir uns noch sehr lange, lachen viel und haben Spaß. Erleichtert darüber, wie gut es uns allen geht, freuen wir uns, gedanklich auf einer Wellenlänge zu sein. Wir genießen unser Beisammensein, aber leider geht es auch dieses Mal viel zu schnell vorbei.

21

Meine 5.000 Hüllen habe ich innerhalb kürzester Zeit verkauft. Diesmal ist jedoch ein ganz anderer Gewinn entstanden. Durch die höhere Stückzahl konnte ich bessere Einkaufskonditionen verhandeln. Auch die Kosten für die Verpackung konnte ich reduzieren. Fracht und Zoll sind prozentual angestiegen. Trotzdem habe ich jetzt einen Gewinn von 25.000 Euro erwirtschaftet. Ich kann es wirklich kaum glauben. Das sollte auch Helmut erfahren. Ich wähle seine Nummer und prompt habe ich ihn am Telefon.

„Hallo Helmut, Leon am Apparat. Ich wollte dir berichten, dass ich mit den Handyhüllen echt gute Erfolge erzielt habe. Zuerst habe ich 1.000 Hüllen gekauft und später sogar 5.000 Stück. Beide Bestellungen gingen innerhalb kürzester Zeit weg."
„Ich gratuliere dir. Du bist jetzt ein Unternehmer. Was du jetzt brauchst, sind neue Ideen, neue Produkte. Denk daran, dass die Handyhüllen nur einen gewissen Produktzyklus haben und sich der Hype nach der Sättigungsphase sehr stark und schnell abschwächen wird. Hast du schon überlegt, welche zusätzlichen Dinge du beispielsweise für das Handy anbieten oder welche anderen Sachen du vielleicht mitverkaufen kannst? Vielleicht etwas Zeitloses? Du solltest Dir darüber unbedingt Gedanken machen. Ich kenne eine sehr gute, erfolgreiche Unternehmerin. Sie ist in der Modebranche, produziert Waren im Ausland und verkauft sie weltweit. Diese Frau solltest Du unbedingt mal kennen lernen. Sie heißt Michele Rosenberg. Ich werde sie anrufen und fragen, ob sie einen Kontakt zu dir wünscht und ob sie damit einverstanden ist, wenn ich dir ihre Nummer gebe."

„Ich danke dir Helmut, dass du mir gleich wieder gute Tipps gibst und diesen Kontakt aufbaust. Jedes Mal, wenn ich mit erfolgreichen Menschen zusammen bin, entstehen neue Ideen und Inspirationen. Kennst du eigentlich Aron Arcadius? Er wohnt neben deiner Mutter, nur zwei Häuser weiter."
„Ist mir leider nicht bekannt."
„Das sollten wir unbedingt ändern. Arcadius ist ein sehr erfolgreicher Unternehmer und hilft Menschen dabei, ebenfalls erfolgreich zu werden."
„Das hört sich prima an. Ich werde baldmöglichst Michele anrufen und dir ein Feedback geben. Vielleicht können wir uns ja irgendwann mal alle gemeinsam treffen und du kannst mir dabei Aron Arcadius vorstellen."
„Super, das hört sich nach einem guten Plan an."

In den nächsten Tagen warte ich sehnsüchtig auf Helmuts Anruf. Gott sei Dank habe ich so viel zu tun, dass die Tage wie im Fluge vorbeigehen. Und endlich erhalte ich eine Nachricht von Helmut. Ich dürfe Michele Rosenberg unter der angegebenen Handynummer anrufen. Sofort setze ich es auf meine To-do-Liste. Es ist schon wieder Wochenende und mein Treffen mit Aron steht an. Ich muss ihm unbedingt von Helmut und Michele erzählen. Bei Aron angekommen, sehe ich, dass viele Autos vor der Haustür parken. Nachdem die Haushälterin mich ins Haus gelassen hat, frage ich, ob es gerade ungünstig ist und ob Aron Besuch hat. Sie informiert mich darüber, dass seine Führungskräfte momentan bei ihm sind und er gerade ein Meeting abhält. Sie bittet mich um Geduld und stellt mir eine Tasse Kaffee in den Vorraum. Ich gehe mit der Tasse in den Garten, um dort auf das Ende von Arons Meeting zu warten.

Nach einer halben Stunde empfängt mich Aron. Sein Führungsteam hat kurz zuvor das Haus verlassen. Wie immer frage ich ihn nach seinem Befinden. Er müsse sich noch schonen, aber sonst gehe es bergauf. Neugierig frage ich ihn nach seinem Besuch. „Ja, alle Führungskräfte meines Unternehmens waren zu einem von mir einberufenen Meeting im Haus. Ich habe ein paar Ideen und möchte diese gerne schnellstmöglich umsetzen. Es geht um die Planung eines großen Kongresses mit 10.000 Teilnehmern. Wir haben Ideen gesammelt, erste Marketing-Strategien entwickelt, Termine festgelegt und natürlich unsere Vorgehensweise." Es ist faszinierend, wie schnell Aron schon wieder an solch große Projekte denkt. Ich sorge mich trotzdem um ihn.
„Bitte denk auch daran, dass du dich noch etwas schonen musst."
„Weißt du Leon, wenn du etwas mit Leidenschaft und Enthusiasmus machst, dann motiviert dich das so sehr, dass du deine Tätigkeit nicht als Arbeit oder Anstrengung empfindest. Ganz im Gegenteil, das gibt mir Lebensmut, Kraft und Energie. Doch genug von mir, erzähle mir, wie geht es dir, Leon?" „Ich habe dir doch von Bettys Sohn Helmut erzählt. Ein Unternehmer im Import und Export. Als wir am Telefon miteinander gesprochen haben, habe ich ein wenig über dich erzählt. Dabei bin ich auch auf die Idee gekommen, ein Treffen zu organisieren. Aber was ich dir eigentlich erzählen wollte ist, dass er eine erfolgreiche Unternehmerin kennt, die ich kontaktieren soll. Michele Rosenberg ist in der Modebranche und ebenfalls im Import und Export tätig. Sie vertreibt Mode weltweit. Helmut hat mich darin bestärkt, eine Unterhaltung mit ihr zu führen."
„Ich finde es toll, dass Helmut dir gute Kontakte eröffnet und dich auch dabei unterstützt." „Helmut hat mir außerdem gesagt, ich solle mir Gedanken machen. Ich brauche neue Ide-

en, weil möglicherweise der Markt langsam abflaut und es Zeit wäre, zu überlegen, welche Produkte ich als nächstes vermarkten möchte."

„Das ist ein sehr guter Tipp von Helmut. Hast du denn schon ein paar Ideen?"
„Ehrlich gesagt, noch nicht". Aron rät mir, den Markt zu beobachten und Trends rechtzeitig zu erkennen. „Und woran erkenne ich Trends? Und wie kann ich den Markt am besten beobachten?"
„Versuche das Kaufverhalten zu analysieren. Ich empfehle dir unbedingt die nächsten Seminare zu besuchen. Dieses Mal würde ich dir ein Seminar im Bereich Verhandlung und Verkauf empfehlen, damit du deine Ware noch besser einkaufen und wiederverkaufen kannst. Erfolg hängt im Handelsbereich nur von einem ab: dem guten Einkauf durch gutes Verhandeln und – na klar – dem ebenso schnellen Verkauf deiner Ware. Du kennst ja meine Webseite, schau dich um und besuche ein Verkaufsseminar."

Da ich weiß, dass das letzte Seminar bei mir eingeschlagen hat wie eine Bombe und mich extrem gefördert hat, vertraue ich Aron und entschließe mich innerlich, baldmöglichst das Seminar zu besuchen. Ich bemerke, dass Aron gedanklich schon wieder mit ganz anderen Themen – wahrscheinlich seinem großen Event – beschäftigt ist. Zeit, das Gespräch zu beenden und den Heimweg anzutreten.

Ich beherzige Arons Tipp und schaue mir am heimischen Computer gleich seine Webseite an. Ich melde mich bei einem Gesprächsführungs- und Verkaufsseminar an, damit ich meine Ware zukünftig noch besser verkaufen kann. Vielleicht muss ich andere Texte kreieren und neue Ideen hinsichtlich neuer

Produkte brauche ich auch noch. Heute lege ich mich entspannt und guter Dinge ins Bett.

Immer wieder sonntags kommt … die Recherchearbeit. Es gibt bestimmt tausend Ideen, aber ich brauche eine Innovation, ich brauche einen Grundgedanken, um mehr Ware an den Mann und die Frau zu bringen. Ich frage mich, welche Produkte außer Handyhüllen noch benötigt werden. Sehr oft werden beim Handy-Neukauf auch „Panzerglas-Folien" geordert. Eine wirklich interessante Idee! Und wieder schreibe ich alles auf, was mir auffällt. Texte, Bilder, Layout und Produkte, die ich noch zusätzlich verkaufen könnte. Schon habe ich eine neue Idee. Warum gibt es nicht eine Hülle, die vorne und hinten gleichzeitig einen Schutz bietet? Vielleicht gibt es die Möglichkeit, das Ganze wie eine Art Tasche zu machen, damit vorne die Scheibe geschützt ist und auch das Gehäuse? Dann brauchen die Kunden nicht zwei Produkte zu kaufen, sondern nur noch eins. Zusätzlich stelle ich mir die Frage, ob die Hülle nicht noch dünner sein könnte, weil eine gewisse Unauffälligkeit erwünscht ist. Gestaltet man die Hülle inklusive Panzerglas auch hinten komplett, dann wäre alles noch dünner und man erkennt gar nicht, dass eine Schutzhülle vorhanden ist. Ich schreibe mir alle Ideen auf und beschließe, bei nächster Gelegenheit einfach meinen chinesischen Lieferanten nach dieser Möglichkeit zu befragen.

Am Anfang muss man Zeit investieren und die schöpfe ich voll und ganz aus. Bemerkenswert ist jedoch, dass mich Zeit nicht mehr interessiert, wenn ich mich auf eine Sache konzentriere und mit voller Leidenschaft dabei bin. Trotzdem ist es spät geworden und ich lege mich total aufgewühlt ins Bett. Ich habe viele neue Ideen gesammelt, die mir wirklich sehr gut gefallen. Kein Wunder, dass die Gedanken nur so durch meinen Kopf schwirren und ich einfach keinen Schlaf finde. Ich wälze mich hin und her. Dabei weiß ich innerlich ganz genau: Ich bin auf dem richtigen Weg! Nach einer Weile muss ich wohl doch eingeschlafen sein, denn am nächsten Morgen wecken mich die ersten Sonnenstrahlen aus einem traumlosen Schlaf.

Wie üblich stehe ich um halb sieben auf und irgendwie frage ich mich, ob es noch Sinn macht, zur Arbeit zu gehen oder ob ich nicht doch kündigen soll, um mich voll und ganz auf mein Geschäft zu konzentrieren. Bestimmt kann Aron mir darauf eine Antwort geben. Ich möchte nicht den richtigen Zeitpunkt verpassen und außerdem beschäftigt mich die Angst, dass meine Ideen versiegen könnten. Jetzt muss ich mich aber für die Arbeit fertigmachen, damit ich pünktlich erscheine.

Der Arbeitstag geht schnell und unspektakulär vorbei. Kaum dass ich meine Wohnung betreten habe, setze ich mich wieder an den Computer, um mich weiter über verschiedene Produkte zu informieren. Für die Glassicherheit eines Handys gibt es das sogenannte Panzerglas. Laut verschiedener Anbieter und Shops gibt es für sämtliche Handys, sei es Samsung, iPhone und auch andere Hersteller, eine Art Panzerglas-Schutzfolie. Es wird keine komplette Beschichtung für das gesamte Handy angeboten und ich frage mich warum. Ich werde morgen meinen chinesischen Lieferanten anrufen und nachfragen, ob die so etwas auch anbieten.

Mein Englisch ist sehr gut und ich kann mich hervorragend mit meinem Gesprächspartner austauschen. Als ich ihn frage, ob die Firma so etwas auch produziert, verneint er. Aber er versichert mir, dass er eine Firma kenne, die sich damit beschäftigt. Wenn ich möchte, könne er mir den Kontakt geben. Ich sage: „Sehr gerne!", und er gibt mir auch gleich eine Telefonnummer.

Weil ich gerade so schön beim Telefonieren bin, rufe ich den Kontakt auch gleich an. Ich werde verbunden und weiter zum Vertrieb geleitet. Ich erkundige mich, ob die Firma Folien produziert, die über das gesamte Handy gehen.

Ich frage den Vertriebsmitarbeiter, warum die Schutzfolie überhaupt geklebt werden muss. Wäre es nicht praktischer, wenn es eine ganze Hülle wäre? Er erklärt mir, dass die Bildqualität dadurch sehr stark eingeschränkt würde. Außerdem sei das Aufkleben der Folie auf das Display notwendig, damit man eine gute Qualität habe und das Betrachten der Bilder nicht darunter leide. Aber er versichert mir, er werde mit den Produktentwicklern Rücksprache halten und ich könne mich gerne in drei Tagen noch einmal telefonisch bei ihm melden. Sehr gut! Mit einem zufriedenen Lächeln im Gesicht mache ich mich fertig und gehe zur Arbeit. Auf dem Weg fällt mir Michele Rosenberg ein, die ich auf jeden Fall heute Abend kontaktieren werde.

Der Tag geht schnell vorbei und abends, noch während des Heimweges, wähle ich Michele Rosenbergs Nummer. Als sie sich meldet, stelle ich mich kurz vor und erzähle ihr, von wem ich die Telefonnummer habe. Überraschenderweise hat sie meinen Anruf schon erwartet. „Hallo Leon, Helmut hat mir berichtet, Sie sind ein junger Unternehmer und ich sollte mich mal mit Ihnen treffen. Wenn Sie Lust haben, kommen Sie doch einfach diese Woche bei mir vorbei, dann können Sie sich bei mir mal alles anschauen." Ich vereinbare Termin und Treffpunkt für Freitag nach der Arbeit. Wir legen auf.

Die Tage vergehen und es ist Freitag. Direkt nach Feierabend fahre ich zu der Adresse, die Michele mir gegeben hat. Ein Modeunternehmen, wie es im Buche steht. Am edlen Empfang bittet mich eine junge Dame hinein. Vom ersten Augenblick an bin ich sehr beeindruckt. Alles ist so stilvoll. Man merkt einfach, dass es hier um Mode geht. Alle sind außergewöhnlich schick gekleidet und sehr freundlich.

Dann endlich stehe ich der erfolgreichen Unternehmerin persönlich gegenüber. Sie ist sehr schick und elegant gekleidet und sieht unheimlich attraktiv aus. Wir machen uns bekannt und gehen gleich zum Du über.

„Na, Leon, dann zeige ich dir mal mein Unternehmen." In der Designabteilung hängen viele Modeentwürfe an der Wand und sie erklärt: „Hier werden alle Ideen entwickelt." Sie zeigt mir ihre neuesten Kollektionen und dann fragt sie mich: „Was machst du denn eigentlich?" „Zurzeit verkaufe ich nebenbei Handyhüllen, bin aber noch im Angestelltenverhältnis."

„Ah, verstehe, du willst dich selbstständig machen und bist gerade dabei, eine eigene Existenz aufzubauen."

Ich bin angetan und zugleich verwundert, dass sie mir ihr gesamtes Unternehmen zeigt und so offen über vieles redet. Ich hätte mir niemals träumen lassen, dass eine Unternehmerin so über ihr Business und ihre Geschäfte spricht. Ich habe immer gedacht, alle Unternehmer sind hochnäsig und eingebildet. Als Selbstständiger hat man dafür eh nie Zeit. Diese Annahme ist aber komplett falsch. Je mehr erfolgreiche Menschen ich kennenlerne, desto mehr erlebe ich, dass viele davon anderen Menschen gerne helfen wollen. Vielleicht können sie sich ja noch gut daran erinnern, wie sie selbst angefangen haben und dass sie manchen Fehler nicht hätten machen müssen, wenn ihnen jemand zur Seite gestanden hätte. Solch eine Hilfe, gerade zu Beginn der Karriere, ist wirklich unendlich viel wert und ich bin allen, die mich bis hierher begleitet haben, in diesem Moment sehr, sehr dankbar.

Ich frage sie, warum sie hauptsächlich Damenmode und keine Herrenmode fertigt. „Ach, Leon. Frauen kaufen einfach mehr, immerhin 70 Prozent mehr Kleidung als Männer. Sie lieben die Abwechslung, zumindest was Kleidungsstücke betrifft. Frauen sind – was Mode anbelangt – einfach trendbewusster und experimentierfreudiger als Männer." Sie zeigt mir einige der aktuellen Modelle, wir unterhalten uns noch eine Weile und dann verabschieden wir uns. Sie sagt: „Wenn du irgendwann mal was brauchst, dann sage mir einfach Bescheid."

Mit vielen neuen Eindrücken, mache ich mich auf den Weg nach Hause. Aber auch das, was Michele mir über Frauen gesagt hat, lässt mich nicht mehr los. Und noch während der Heimfahrt kommt mir so eine Idee. Warum sollte die Frau von morgen nicht ihre Handyhülle passend zur Handtasche oder passend zu den Schuhen auswählen? Das heißt, modebewusst auch hier immer mal zu wechseln. Warum soll die Frau von morgen nicht mehrere unterschiedliche Handyhüllen besitzen? Das wäre doch ein toller Trend!

Da ich mir mittlerweile angewöhnt habe, mein Notizbuch immer bei mir zu tragen, schreibe ich die Idee gleich auf. Zu Hause recherchiere ich, welche unterschiedlichen Arten von Handyhüllen es für die Frau von morgen schon gibt. Natürlich ist bereits eine breite Auswahl vorhanden. Na und? Es gibt ja auch immer wieder zahlreiche neue Kleidungsstücke auf dem Markt und trotzdem setzen sich gewisse Moden durch und andere nicht. Ich bin ganz schön erledigt, lege mich aufs Bett und schlafe in voller Montur ein.

Am nächsten Morgen entledige ich mich der alten Kleidungstücke vom Vortag, gehe unter die Dusche und mache mich wohlriechend auf den Weg zu Aron. Wieder bin ich ganz euphorisch, ihm die Ideen, die ich entwickelt habe, zu präsentieren. Aron geht es schon so gut, dass wir uns in seinem heimischen Büro am Schreibtisch treffen können. Voller Eifer berichte ich ihm ausführlich über die letzte Woche. Er ist begeistert darüber, dass ich so engagiert bin und momentan neben meiner regulären Arbeit viel Zeit und Herzblut in mein Geschäft stecke.

Ich erzähle ihm, dass ich tatsächlich jeden Abend immer wieder im Internet bin und recherchiere, überprüfe und lese und mich informiere. Mittlerweile habe ich auch schon mehrere Bücher gelesen, mich anhand von Berichten über Ebay und Amazon schlau gemacht, wie ich zum Beispiel meine Produkte dort besser platzieren kann und wie meine Waren auch öfter und schneller gefunden werden. Das ist eine Wissenschaft für sich. Jedes Internetportal hat leider auch unterschiedliche Regeln.

22

Aron möchte von mir wissen, was ich mit dem Geld gemacht habe, dass ich bis jetzt verdient habe. Stolz berichte ich ihm von ein oder zwei privaten Anschaffungen. Er schaut mich an und sagt:
„Leon, jetzt ist noch nicht der richtige Zeitpunkt, um zu konsumieren. Sondern jetzt ist ein wichtiger Zeitpunkt, deine Gewinne immer wieder in dein Unternehmen zu reinvestieren. Du musst wissen, erfolglose Menschen machen Geld und geben es sofort wieder aus. Sie bleiben auf der Erfolgsleiter stecken oder stehen. Es verändert sich gar nichts in ihrem Leben. Erfolgreiche Menschen hingegen geben nicht so viel aus, sondern sind sehr sparsam und investieren immer wieder das Geld in das Unternehmen. Ich gebe dir einen Tipp. Lege dir als allererstes verschiedene Konten an. Ein Gehalts-Konto und ein Geschäftskonto. Eröffne noch ein Konto für die Steuern. Denk daran, die Steuern werden fällig – irgendwann sicher. Sei sparsam! Behalte deinen Lebensstandard genauso bei, wie er ist. Reinvestiere dein Geld lieber, damit dein Unternehmen weiterwächst und du so immer größere Schritte machen kannst, weil du immer mehr Kapital zur Verfügung hast."

„Ah, gut, die Steuern, die habe ich ganz vergessen".
„Weißt du, die meisten Menschen, die langsam erfolgreich werden und zu mehr Geld kommen, erhöhen automatisch ihren Lebensstandard. Sie kaufen sich ein größeres Auto, ziehen in eine größere Wohnung oder gleich in ein eigenes Haus, obwohl sie noch nicht wirklich finanziell über den Berg sind. Mit dem erhöh-

ten Lebensstandard erhöhen sich auch die monatlichen Ausgaben. Dabei besteht die wahre Kunst – gerade zu Beginn – darin, die Ausgaben erst einmal möglichst niedrig zu halten und die Einnahmen immer wieder zu erhöhen. Das Geld sollte in neue gute Innovationen reinvestiert werden. Wer mutig ist, kann mit einer Innovation auch einmal scheitern. Möglicherweise investierst du in ein neues Produkt und es läuft nicht so gut. Wenn du dann das gesamte bisher verdiente Geld ausgegeben hast, fällst du komplett in ein Loch. Nicht jeder kann mit Geld umgehen, Leon. Sei wachsam und lerne, dein Geld richtig zu verwalten."
„Übrigens, hast du dich schon zum Seminar angemeldet?"
„Ja, das habe ich!"
„Sehr gut, denn dort lernst du die nächsten Schritte des Erfolges, das Verkaufen, die Kommunikations- und Verhandlungssicherheit." Gleichzeitig berichtet Aron über sein aktuelles Projekt, was er vorhat, was sich seit letzter Woche getan hat und dass er zum ersten Mal wieder in sein Büro gegangen ist und dort für ihn eine große Empfangsparty stattgefunden hat.

„Ich war so gerührt, dass alle meine Mitarbeiter mich so schön empfangen haben und sehr dankbar dafür, dass alle einfach weitergemacht und an mich geglaubt haben. Wie ich hörte, hat mein Co-Trainer auch einen sehr guten Job gemacht und die Seminare in meinem Sinne durchgeführt. Leon, ich werde noch ein bisschen weiterarbeiten. Wir sehen uns dann nächsten Samstag um die gleiche Zeit."

Eines wird mir zu Hause klar: Ich muss unbedingt ein neues Kontenmodell aufbauen, um besser mit meinem Geld zu haushalten. Im gleichen Zug frage ich mich: „Warum kaufe ich keine weiteren Hüllen ein? Das Geld soll schließlich weiterarbeiten." Also beschließe ich, gleich am Montag weitere 5.000 Hüllen zu kaufen, um sie wieder über Ebay und Amazon zu verkaufen. Helmut und Aron haben mich vor dem Risiko gewarnt, aber ich gehe es ein.

Am Montagvormittag gebe ich die Bestellung raus und mache einen Termin mit meiner Bank. Gleichzeitig erreicht mich ein Anruf von meinem chinesischen Lieferanten, der mir mitteilt, dass meine Idee nicht so einfach zu realisieren ist. Doch man könne etwas ausprobieren. Er sagt mir, er entwickelt einfach mal weiter und gibt mir im Laufe der nächsten zwei Wochen ein Feedback. Schön, dass die Kommunikation mit den chinesischen Lieferanten so gut klappt.

Bei meinem Termin in der Bank erkundige ich mich bei meiner Beraterin nach der Eröffnung unterschiedlicher Konten. Erst schaut sie mich erstaunt an. „Wozu brauchen Sie so viele Konten? Das kostet alles extra Geld, Kontogebühren etc. Ein Konto reicht doch vollkommen aus." Aber dann denke ich an den wichtigen Tipp, den Felix mir gegeben hat. Höre dir immer wieder die Ratschläge von den Menschen an, die das haben, was du gerne haben möchtest. Würde ich einen Angestellten fragen, ob die Selbstständigkeit sinnvoll und eine gute Chance ist, dann würde er mit Sicherheit verneinen, weil es nicht sein Modell der Welt ist. Also vertraue ich auf Aron und bestehe auf die Eröffnung unterschiedlicher Konten. Ich nehme ein Blatt Papier und schreibe auf, auf welches Konto wie viel Geld gehen soll. 25 Prozent des Gewinns lege ich gleich zur Seite auf das sogenannte Steuerkonto. Den Rest der Summe soll sie auf mein neues Geschäftskonto buchen. Nachdem ich alles erledigt habe, gehe ich nach Hause.

Ich beschließe, gleich am nächsten Tag noch einmal Michele Rosenberg anzurufen, um mit ihr über die tollen Ideen zu sprechen und zu erfahren, was sie davon hält. Mode und Handy-Etuis, vielleicht hat sie dazu ja auch noch ein paar gute Ideen. Ich merke, dass ich total überarbeitet bin. Mittlerweile arbeite ich fast rund um die Uhr. Jeden Abend komme ich von der regulären Arbeit im Angestelltenverhältnis nach Hause und arbeite an meinem Unternehmen und neuen Ideen. Mein Körper und auch meine Seele kommen nicht mehr zur Ruhe. Stress ist die Folge. Mittlerweile sitze ich fast jeden Abend bis elf oder zwölf Uhr am Schreibtisch. Die Wochenenden sind auch immer voll mit irgendwelchen Terminen und Aufgaben. Ich fühle mich total ausgelaugt. Lange halte ich das nicht mehr aus. Und so viel Spaß und Freude mir meine Selbstständigkeit auch macht, ich muss bald eine Entscheidung treffen. Die Kündigung steht also im Raum. Eine wichtige Entscheidung, damit ich mich zu 100 Prozent auf mein neues Unternehmertum konzentrieren kann.

Ich bin so erschöpft und möchte nur noch schlafen. Aber es fällt mir schwer, zur Ruhe zu kommen. Einige Zeit später finde ich aber doch noch etwas Schlaf. Morgens fühle ich mich gar nicht ausgeruht. Der wenige Schlaf war wohl nicht sehr tief, weil mein Geist die ganze Zeit beschäftigt war und auch mein Körper irgendwie ausgelaugt ist. Mein Spiegelbild spricht Bände. Ich sehe dunkle Augenränder, eine blasse Gesichtsfarbe und müde Augen. Abgekämpft schleppe ich mich aber doch irgendwie zur Arbeit. In der Firma bin ich unkonzentriert und im Laufe des Vormittags werde ich immer müder. Der Tag schleppt sich dahin, nichts passiert, was mich interessieren würde. Es stehen nur Routineaufgaben auf dem Programm.
Abends kontaktiere ich Michele Rosenberg. Ich wähle ihre Nummer, stelle ihr meine Idee vor und frage sie nach ihrer Meinung. Sie ist begeistert. „Ja Leon, das ist eine sehr gute Idee! Ich gebe dir gerne ein paar tolle Farb-Kollektionen, die gerade

in sind und eine Auswahl, welche Muster gerade gut ankommen. Vielleicht kannst du daraus ein oder zwei Handy-Etuis produzieren lassen?" Sie sprudelt nur so vor Ideen und schickt mir gleich im Anschluss ein paar Entwürfe zu, die sie zurzeit favorisiert. Noch während des Telefonats öffne ich meine E-Mails und tatsächlich: Besondere Motive, besondere Farben, besondere Muster.
„Michele, ich danke dir recht herzlich, dass du mir hilfst. Ich hoffe, dass ich für dich irgendwann etwas Ähnliches tun kann."
„Keine Sorge, Leon, ich helfe dir gerne, nur habe ich jetzt keine Zeit mehr. Ich schicke dir morgen gerne weitere Informationen."
Trotz dieser tollen Neuigkeiten bin ich immer noch müde und kaputt und gehe gleich zu Bett, um wieder Energie zu tanken.

Entkräftet und sehr angespannt geht so auch die restliche Woche ganz langsam zu Ende. Und endlich besuche ich wieder Aron. Er empfängt mich selbst an der Tür und ich freue mich, ihn so gesund und munter zu sehen. Auf dem Weg ins Haus fragt er mich: „Und wie läuft es bei dir, Leon?"
„Wenn ich ehrlich bin, bin ich sehr müde und kaputt, weil ich mittlerweile die ganze Zeit sehr lange arbeite. Oft bis spät in die Nacht hinein. Ich mache weitere Recherchen und überprüfe, ob alles richtig läuft wie ich es mir vorstelle. Mein Kopf und mein Geist sind ganz voll und ich weiß eigentlich nicht mehr, wo oben und unten ist."

Aron schaut mich an, dann sagt er zu mir: „Leon, weißt du, eines haben wir beide gemeinsam, eines haben alle Menschen gemeinsam. Wir haben alle nur 24 Stunden am Tag und die Frage ist nicht, wie viel du in der Zeit arbeitest, sondern was du genau machst. Es kommt nicht darauf an, immer noch mehr und länger zu arbeiten, sondern die richtigen Arbeiten zu verrichten. Auf der einen Seite gibt es Aufgaben, die sind dringend, die erscheinen uns zumindest dringend. Wir denken, diese Aufgaben müssen wir sofort lösen, bearbeiten, erledigen. Alltägliche Aufgaben. Und dann gibt es Arbeiten, die wichtig sind. Wichtig deshalb, weil diese Tätigkeiten wegbereitend sind und langfristig eine große Wirkung haben. Überprüfe bei all deinen Aktivitäten oder Erledigungen immer, ob sie wichtig oder dringend sind. Manchmal haben wir das Gefühl, dass irgendwelche Dinge so dringend sind, dass sie unbedingt als erstes erledigt werden müssen. Und wir vergessen dabei, die wichtigen Dinge zu machen, die die langfristigen Wirkungen haben. Es kommt also nicht darauf an, sehr beschäftigt zu sein, sondern es kommt darauf an, die richtigen Arbeiten in Angriff zu nehmen. Prüfe deine Aufgaben, prüfe deinen Tag, prüfe deinen Abend und treffe dann eine kluge Entscheidung, was du wirklich machst."

Entscheidung ist das Stichwort. Und weil ich schon seit einigen Tagen immer wieder darüber nachgrüble, frage ich einfach Aron: „Meinst du, es ist der Zeitpunkt gekommen, mich komplett selbstständig zu machen?" Aron antwortet schnell und eindeutig: „Nein, noch nicht, habe Geduld und bringe dein Unternehmen erst ordentlich zum Laufen. Du brauchst neue Ideen, neue Produkte, neue Innovationen, damit du gut weiterverkaufen kannst. Du musst diese Phase jetzt einfach überstehen. Aller Anfang ist immer schwer. Am besten nimmst du noch einmal deine Liste zur Hand und liest dir immer wieder ganz bewusst durch, warum du das machst, was du machst. Denke daran, 80 Prozent ist das ‚Warum' und nur 20 Prozent das ‚Wie'. Um wirklich erfolgreich zu sein, musst du leidenschaftlich für dein Projekt brennen und dich täglich selbst motivieren."

23

„Ehrlich gesagt, Aron, habe ich Angst. Angst, eine Fehlentscheidung zu treffen. Ich habe so viele Ideen und ich weiß nicht, welche Strategie die Richtige ist." „Leon, machst du deine Autosuggestionen noch?" Schweren Herzens verneine ich seine Frage. „Warum nicht? Halte dich bitte genau an die Regeln. Du musst dir das so vorstellen, Leon: Es gibt ein Kochrezept und wenn ich dir Erfolgsstrategien gebe, ist es genauso wie bei einem Kochrezept. Du musst die Menge beachten, die Reihenfolge berücksichtigen und dabei darfst du nichts verändern. Wie bei „copy and paste" musst du alles ganz genauso machen, wie die Gesetze des Erfolges es vorschreiben. Genauso, wie du es im Seminar gelernt hast, genauso, wie du die ganzen Dinge bis jetzt von mir oder Felix gelernt hast. Halte dich an den Plan, halte dich an die Erfolgsgesetze und du wirst merken, dass du wieder auf den richtigen Weg kommst."

Wir verabschieden uns und irgendwie bin ich müder als je zuvor. Auf dem Weg nach Hause treffe ich Betty. „Wie geht es dir, Leon?" Ich gehe zu ihr an den Zaun und erzähle ihr, dass mein Import/Export-Vorhaben gerade anläuft. „Grundsätzlich ist alles gut, aber ich bin kaputt und weiß nicht mehr weiter. Erschöpfung und Überarbeitung machen meinem Körper zu schaffen."
Sie beruhigt mich:
„Helmut ging es am Anfang seiner Selbstständigkeit genauso. Du musst durchhalten, du musst Ausdauer und Geduld haben. Bleib beharrlich und glaube an dich und deine Idee." Sie spricht

mir Mut zu. Wir verabschieden uns und ein wenig zuversichtlicher fahre ich nach Hause.

Die Hüllen wurden endlich geliefert. Sofort beginne ich mit dem Verkauf. Leider muss ich feststellen, dass die Bestellungen rückläufig sind. Ich sorge mich und habe Angst, alles wieder zu verlieren. Sogar während meiner Arbeitszeit schaue ich regelmäßig nach, ob Bestellungen eingehen oder nicht. Es läuft nicht mehr so gut und ich beginne zu zweifeln – an mir, an allem. Gut, dass endlich wieder Samstag ist. Ich freue mich wirklich sehr, Aron zu treffen. Ich hoffe, dass er eine Lösung hat oder mir zumindest Mut zuspricht. Bei Aron angekommen, klingle ich. Die Haushälterin öffnet die Tür und lässt mich hinein. Aron ist mittlerweile wieder ganz fit und hat seinen Arbeitsalltag wieder. Er plant weitere Projekte, achtet auf seine Ernährung, treibt Sport und sieht wieder blendend aus. Ich hingegen bin sehr müde, ausgelaugt, fix und fertig. In den letzten Wochen habe ich mindesten fünf oder sechs Kilo abgenommen. Mein Gesicht ist schmal und eingefallen, meine Haut grau und die Augenränder werden auch immer schlimmer. Nachts kann ich so gut wie gar nicht mehr richtig schlafen. Mein Akku ist leer.

Aron strotzt nur so vor Energie und ich bin wie eine leere Batterie. Die vergangenen Wochen haben mich mental einfach enorm gestresst, alles nervt nur noch und die Angst steht mir förmlich auf meine Stirn geschrieben. Die Handyhüllen lassen sich einfach nicht mehr verkaufen. Aron fragt mich: „Wie geht's dir, Leon? Du siehst nicht so gut aus." Ich klage ihm mein Leid und dass die Handyhüllen sich gerade nur sehr schwer verkaufen lassen. Mittlerweile sind schon drei Wochen vergangen. Vorher hatte ich die gesamten Hüllen innerhalb von drei Wochen verkauft und jetzt habe ich gerade einmal 500 Stück verkauft.

„Hab Geduld und ändere deine Strategien. Wann hast du eigentlich das Seminar, das Verkaufsseminar?" „Leider erst in zwei Wochen." „Super, dann werden wir uns dort sehen." Ich frage ihn: „Bist du denn auch da?" „Ja, selbstverständlich und du wirst mit großer Sicherheit viele gute Tipps und Ideen bekommen, wie du die Produkte sehr schnell verkaufen kannst. Hab Geduld."

Ich merke wieder einmal, dass ich mir einfach viel zu viele Sorgen mache. Aron schaut mir tief in die Augen und sagt, als könne er meine Gedanken lesen: „90 Prozent unserer Sorgen treffen niemals ein. Und eins ist gewiss: Nach jedem Winter kommt ein Sommer. Nach jedem Sommer kommt auch wieder ein Winter. Das ist nicht nur in der Natur so, sondern auch im Geschäftsleben ein völlig normaler Zyklus. Du musst mental stark sein. Du musst an dich glauben."
„Ich glaube an mich, nur die Hüllen sind anscheinend nicht das Richtige."
„Es liegt nicht an den Hüllen, es liegt daran, wie du sie vermarktest und wie du die Situation interpretierst. Zuerst musst du dir weniger Sorgen machen. Hör auf, deine Gedanken auf negative Dinge zu lenken, was passieren könnte, was schlimm läuft, was nicht gut ist und lerne Entscheidungen zu treffen. Das, was dich momentan plagt, ist nur eines: Du bist blockiert, weil du viele Dinge noch nicht entschieden hast. Du weißt nicht, wie du dich weiterentwickelst. Weißt du Leon, wenn du immer wieder viele Ideen hast, dir Gedanken darüber machst, aber dich nicht wirklich entscheidest, welchen Weg du gehst und es immer mehr und mehr wird, dann plagt dich das; es frisst dich auf. Die Befreiung ist, endlich Entscheidungen zu treffen. Entscheidungen zu treffen und dann loszulassen. Mit Sicherheit hast du sehr viele Dinge geplant. Die plagen dich und nagen

an dir. Viele Menschen schieben ihre gesamten Entscheidungen vor sich her und dann wird das Ganze immer größer, wie ein hoher Turm oder ein riesiger Berg. Man ist völlig durcheinander und weiß letztendlich gar nicht mehr, was man tun soll. Man sieht den Wald vor lauter Bäumen nicht mehr. Was du machen musst, ist Klarheit zu schaffen. Du musst dir alles aufschreiben und überprüfen, wofür du noch keine Entscheidungen getroffen hast. Sobald du diese Entscheidungen triffst, geht es wieder vorwärts. Der Berg, den du vor dir herschiebst, mit vielen noch nicht getroffenen Entscheidungen, wird dich irgendwann überrollen. Leon, du musst dich unbedingt hinsetzen und dir alles aufschreiben, sortieren und dann Entscheidungen treffen."

24

Aron hat Recht. Ich habe zwar sehr viele Ideen entwickelt, wie ich meine Produkte besser vermarkten könnte, welche neuen Produkte ich machen möchte, aber getan habe ich im Grunde genommen gar nichts oder zumindest nicht besonders viel. Es sind viele kleine Dinge irgendwo angeleiert, aber ich habe meine Strategien nicht wirklich konsequent umgesetzt. Ich schiebe nur alles vor mir her. Ich muss anfangen, jetzt. „Vielen Dank Aron, dass du mir wieder Mut zusprichst und mir sagst, wie ich aus dem Schlamassel rauskommen kann."

Leicht niedergeschlagen und doch motiviert fahre ich nach Hause. Total erschöpft lege ich mich schon mittags ins Bett. Bevor ich schlafe, schreibe ich mir noch verschiedene Dinge auf und beschließe gleich am Sonntag alles einmal zu sortieren. Ich muss notieren, welche Punkte noch offen sind und wo noch eine Entscheidung ansteht. Irgendwann nicke ich ein und schlafe tatsächlich tief und fest bis zum nächsten Morgen durch.

Als ich aufwache, bin ich sehr durstig und hungrig, also hole ich mir etwas zum Trinken und mache mir etwas zu essen. Danach mache ich mich an die Arbeit. Die Liste der offenen Entscheidungen wird länger und immer länger. Ein bedrückendes Gefühl kommt auf. Ich weiß nicht, was ich tun soll, wie ich entscheiden soll. Es macht mich einfach fertig. Dann frage ich mich, warum ich mir diesen Stress überhaupt mache. Früher hatte ich das nicht. Ja, früher lebte ich in einem Hamsterrad, aber ich hatte nicht diesen Stress, diese Sorgen, diese Gedanken. Diese ganzen Dinge erschlagen mich regelrecht. Ich lege das Blatt auf die Seite und lasse mich die nächsten beiden Stunden einfach vom Fernseher berieseln.

Der ganze Sonntag vergeht, ohne dass ich mich geistig oder körperlich bewege. Niedergeschlagen lege ich mich abends wieder ins Bett, lustlos und erschöpft. Am nächsten Morgen klingelt mein Wecker um halb sieben, ich stehe auf, mache mich fertig und gehe wie gewohnt zur Arbeit. Der Tag geht schnell vorbei. Auf dem Weg nach Hause hole ich mir etwas zu Essen, leere meinen Postkasten und öffne, kaum, dass ich mich an den Tisch gesetzt habe, gleich einige Briefe. Dabei trifft mich der Schlag. Es sind Rechnungen. 1.000 Euro hier, 2.000 Euro da. Ich muss ca. 5.000 Euro bezahlen. Mein Geld ist aber weg, weil ich alles in die Hüllen investiert habe. Die Logistikfirma will für das Lagern der Ware plötzlich mehr Geld haben. Einleuchtend, da die Ware nicht schnell genug verkauft wurde, zumindest nicht zum vereinbarten Termin.

Ich bin verzweifelt und habe Angst. Wie konnte ich nur glauben, dass ich das schaffe? Mich irgendwie selbstständig zu machen und dann kommt schon der Geldsegen? Ich schaffe das nicht. Ich bin nicht gut genug. Ich kann das nicht. Ich verkrieche mich in meinem Bett. Gerne würde ich alles rückgängig machen. Die Zeit zurückdrehen und einfach der bleiben, der ich bin. Dann hätte ich bestimmt nicht diese Probleme. Wie soll ich nur die ganzen Rechnungen bezahlen?

Alles fällt zusammen wie ein Kartenhaus. Nach einer Weile schlafe ich ein. Am nächsten Morgen fühle ich mich immer noch wie gerädert und total kaputt. Ich wünsche mir, dass alle Probleme verschwinden. Die Tage verstreichen und mir geht es immer schlechter und schlechter. Am Samstag sage ich den Termin mit Aron ab, mit der Begründung, dass ich beschäftigt bin. Jetzt erhalte ich schon Mahnungen der Lieferanten. Sie verweigern mir die Lieferung der Ware, bis das Geld eintrifft und ich alles bezahlt habe. Ich mache nur eins: Ich verkrieche mich immer weiter unter die Bettdecke und wünsche mir, dass alles nur ein böser Traum ist.

Seit einer Woche mache ich jetzt nichts mehr und lege alles nur auf die Seite. Aber anstatt dass die Probleme sich erledigen, werden sie immer nur noch schlimmer. Im Laufe der Woche kommen auch immer wieder neue Rechnungen. Jetzt bin ich bereits mit 6.500 Euro im Minus. Ich kann sie nicht bezahlen und die Ware wird auch nicht verkauft. Am Freitagabend schaue ich in meinem Kalender nach und stelle fest, dass am morgigen Samstag mein Seminar beginnt. Ehrlich gesagt, traue ich mich nicht, dorthin zu gehen. Aron wird da sein und Fragen stellen. Ich weiß nicht, was ich ihm sagen soll. Ich habe das Gefühl, dass ich versagt habe. Ich entschließe mich, trotzdem hinzugehen. Vielleicht findet sich ja dort eine Lösung.
Ich prüfe, wo das Seminar genau stattfindet, schaue mir die Unterlagen noch einmal durch und gehe zu Bett. Am nächsten Morgen stehe ich rechtzeitig auf. Mittlerweile ist die Kleidung, die ich besitze, zu groß für mich geworden. Ich habe mehr als acht Kilo abgenommen, sehe blass aus und habe dunkle Augenränder. Wie zerschlagen und total erschöpft ziehe ich mich an und gehe einfach los.
Im Seminarhotel sind ganz viele Menschen, doch irgendwie will ich mit niemandem reden. Ich bin verunsichert und fühle mich als Verlierer. Es ist als ob ich nicht dazu gehören würde. Nach einer Weile beginnt das Seminar. Diesmal suche ich mir einen Platz ganz weit hinten. Eine nette Dame kommt auf

die Bühne und kündigt Aron an. Ganz plötzlich ertönt Musik, alle stehen auf und applaudieren lautstark. Aron kommt auf die Bühne in einem wunderschönen, eleganten, dunkelblauen Anzug. Er heizt die Menge an und alle machen begeistert mit. Nach nur wenigen Minuten reißt er auch mich mit und sofort bin ich wieder optimistischer. Er bringt uns viele Strategien über das Verkaufen bei. Ich schreibe alles mit, ja sauge förmlich alles auf wie ein trockener Schwamm. Es ist für mich wie ein Rettungsring in der Not.

Es gibt sehr viele Übungen, Beispiele, Möglichkeiten, Formulierungen für Verkaufsgespräche und Verhandlungstaktiken. Ich notiere viel, übe mit meinem Nachbarn und festige so die Inhalte. Mehrmals peitscht Aron uns hoch und ich bin wieder motiviert. Er spricht über Niederlagen und dass diese nicht so schlimm sind, wenn wir wieder aufstehen. Er spricht darüber, wie man Probleme als Herausforderung betrachtet und dass wir daran wachsen können. Er gibt mir wieder Mut. Er gibt mir wieder Kraft. Ich weiß, dass die Probleme noch nicht gelöst sind, aber ich bin voller Elan, wieder daran zu arbeiten, die Dinge zu meistern. Jetzt betrachte ich die Aufgaben als eine Art Prüfung, um zu wachsen, um für die nächste Ebene bereit zu sein.

Die Geschichten, die er über Niederlagen und Erfolg erzählt, reißen mich mit und geben mir Zuversicht. Erst am Ende des Seminars, am zweiten Tag, gehe ich zu Aron und begrüße ihn. Er ist voller Energie und sehr charismatisch. Mit leuchtenden Augen schaut er mich an und fragt mich: „Wie geht's dir, Leon? Bist du nun wieder bereit, deine Herausforderungen anzugehen? Bist du bereit, die Dinge zu meistern, die da sind? Bist du jetzt bereit, die Entscheidungen zu treffen, die du treffen musst, um voranzugehen?"

Seine Tonalität, sein Gesichtsausdruck kommen so eindringlich bei mir an, dass ich ganz verzaubert bin. „Aron, ich bin wahnsinnig beeindruckt und wirklich stolz auf dich, was du gemeistert hast. Deine Präsentation, deine Darstellung ist so faszinierend, so mitreißend, dass du mich wieder aus dem Loch herausgeholt hast und ich nun bereit bin, endlich die Dinge zu erledigen, die ich erledigen muss." Wir verabschieden uns und Aron sagt: „Wir treffen uns nächste Woche Samstag wieder um zwölf Uhr. Und diesmal lässt du mich nicht sitzen!" „Ich verspreche es dir, Aron. Ich bin Samstag um zwölf Uhr da und werde dir Ergebnisse liefern!" Absolut motiviert gehe ich nach Hause.

Mit viel neuem Wissen über Vermarktung, Verkauf und Verhandlungstaktiken sowie Strategien, mache ich mir einen Plan. Ich verändere die Texte und die Bilder auf meiner Ebay-Seite und bei Amazon. Ich mache unterschiedliche Arten von Angeboten beispielsweise „Kaufe zwei und du bekommst eines gratis". Ich probiere verschiedene Kampagnen aus, so wie es mir Aron empfohlen hat. Am Montag nehme ich gleich das Telefon in die Hand und rufe bei allen an, denen ich Geld schulde. Ich bitte darum, die Ware zu verschicken, dann werde ich ganz schnell alles bezahlen. Durch das neue Verhandlungsgeschick kann ich sie davon überzeugen, die Ware wieder zu versenden und mir zu vertrauen. Und die Strategie funktioniert tatsächlich. Innerhalb von drei Tagen verkaufe ich 2.500 Stück!

Ich feile an allen Punkten und innerhalb kürzester Zeit kann ich alle meine Rechnungen bezahlen. Es fällt mir ein Stein vom Herzen. Eine Erlösung. Eine Befreiung. Ich fühle mich erleichtert, so leicht wie schon lange nicht mehr und es fühlt sich sehr gut an. Endlich wieder Erfolgserlebnisse. Ich nehme meine Liste mit den Entscheidungen zur Hand und treffe eine nach der anderen. Ich kann es kaum erwarten, Aron am Samstag zu berichten, was in dieser einen Woche, nur einer einzigen Woche, passiert ist. Er hat mich nicht nur motiviert und mir Mut zugesprochen, sondern er hat mich überzeugt. Die Strategien, die Techniken, die Systeme sind so einfach und leicht umsetzbar und führen tatsächlich zum Erfolg.

Endlich ist es Samstagvormittag. Ich fahre zu Aron, beeile mich und komme sogar eine halbe Stunde früher an. Da ich noch nicht klingeln will, gehe ich noch eine kleine Runde vor dem Haus spazieren. Pünktlich um zwölf Uhr klingle ich dann an der Tür. Die Haushälterin begrüßt mich und sagt: „Herr Arcadius erwartet Sie." Ich trete ein und als allererstes muss ich Aron umarmen und einfach Danke sagen. Er schaut mich überrascht an, schmunzelt dann spitzbübisch und fragt: „Was ist passiert?"

„Gleich nach dem Seminar habe ich angefangen, alles umzusetzen, was ich gelernt habe. Du hast mir begreiflich gemacht, dass ich meinen Kopf in den Sand gesteckt habe, mich verkrochen und gehadert habe. Selbstzweifel, Sorgen und das Kopfkino hatten Macht und Kontrolle über mich. Durch die neuen Strategien habe ich mittlerweile 3.500 Hüllen verkauft. Davor hatte ich 700, das heißt alles in allem sind jetzt 4.200 verkauft. Noch 800 Hüllen sind übrig und ich bin wieder in der Gewinnzone. Meine Schulden sind getilgt und ich habe endlich wieder Geld zur freien Verfügung." Ich lache dabei und er fragt mich: „Und, wie fühlt sich das an?"
„Hervorragend! Ich fühle mich wie ein Sieger, wie ein Eroberer. Als ob ich einen Marathon gelaufen wäre, mir meine Füße am Ende so wehgetan haben und ich vor lauter Erschöpfung schon fast nicht mehr konnte und doch endlich am Ziel angekommen bin." „Das ist ein gutes Gefühl, oder?" „Aber klar doch".

„Siehst du, Leon, das ist deine erste wichtige echte Lektion als Unternehmer, nämlich Herausforderungen zu meistern. Für jede Herausforderung gibt es eine Lösung. Und wenn etwas nicht funktioniert, dann mache es anders. Und wenn das nicht klappt, dann verändere die Strategie. Lerne Neues und setze die Dinge um. Du hättest es niemals verstanden, wenn ich dir das theoretisch erklärt hätte. Du musst es erlebt haben, damit du genau weißt, was das für dich bedeutet."

Wir unterhalten uns, lachen und ich schreibe mir wieder sehr viele gute Tipps auf. Frohen Mutes erkläre ich Aron meine zwei neuen Ideen.
„Was meinst du, Aron, welche Idee soll ich umsetzen?" „Teste es einfach, bevor du die Bestellung aufgibst. Biete es schon mal im Internet an und prüfe, wie die Nachfrage ist."
„Das ist eine sehr gute Idee, aber verärgere ich da nicht die Kunden?"
„Du kannst ihnen ja schreiben und mitteilen, dass es durch die hohe Nachfrage Lieferengpässe gibt und sie sich leider gedulden müssen. Gerne erstattest du ihnen das Geld wieder zurück, wenn sie vom Kauf zurücktreten möchten. Du wirst sehen, dass 80 Prozent nicht vom Kauf zurücktreten werden. Erst verkaufen, Leon, dann produzieren. So minimierst du dein Risiko."
„Das ist wirklich ein guter Tipp, Aron." Wir verabschieden uns und ich fahre zufrieden nach Hause.

Erst essen, dann arbeiten. Essen hält Leib und Seele zusammen. Ich bin begeistert und es motiviert mich sehr, dass Aron auch stolz auf mich ist. Schließlich möchte ich ihn nicht enttäuschen. Nach dem Essen prüfe ich gleich meine Internetplattformen und die Anzahl der verkauften Hüllen. Nach getaner Arbeit lege ich mich zufrieden ins Bett. Ich weiß ganz genau, jetzt geht es bergauf.

Am nächsten Morgen mache ich mir Gedanken über die Zukunft. Welche Produkte oder welche Dinge ich noch an den Mann oder die Frau bringen könnte. Es wäre geschickt, mit Michele eine Kooperation einzugehen. Sie könnte mir bei den schönen Designs helfen und würde dafür einen kleinen Anteil von der verkauften Ware erhalten. Schließlich kennt sie sich aus in der Modewelt und weiß, was Frauen gefällt. Außerdem werde ich bei dem chinesischen Lieferanten anrufen um zu prüfen, wie weit die neuen Hüllen sind. So geht auch der Sonntag schnell vorbei. Ich merke, dass meine Nebentätigkeit, das Unternehmertum, die Selbstständigkeit, viel mehr Raum, Konzentration und Fokus einnehmen und mein Hauptjob eigentlich nur noch nebenherläuft. Sicherlich vernachlässige ich nichts, es läuft nur automatisch und ohne Anstrengung.

Montagmorgen, alles wie gewohnt. In meiner Mittagspause rufe ich Michele an, um mit ihr einen Termin zu vereinbaren. Sie willigt ein und wir verabreden uns für Donnerstagabend nach Büroschluss. Leider ist es schon zu spät, um den chinesischen Lieferanten anzurufen. Ich beschließe, dies gleich morgen früh zu erledigen.

Gesagt, getan – am nächsten Morgen rufe ich um sieben Uhr an und informiere mich über die Möglichkeiten der neu kreierten Hüllen. Er macht mich darauf aufmerksam, dass es nicht so einfach geht, aber sie haben eine Lösung, wie die Hülle doch aus einem Guss kommt. Sie haben ein Werkzeug entwickelt, welches die Hüllen nahtlos in ihrer Ganzheit herstellen kann. Vielleicht sieht man nur ganz wenige Nähte. Damit lässt sich eine komplette, sehr dünne Hülle für ein iPhone oder andere Smartphones realisieren. Ich vereinbare mit ihm, dass er diese Idee niemand anderem geben darf und verspreche ihm, eine große Menge abzunehmen, wenn es funktioniert. Wir sind uns soweit einig, also bitte ich ihn darum, ein Muster zu produzieren und mir zu schicken. Ich möchte mir sie einmal in der Praxis anschauen. Das kann eine Weile dauern, aber in fünf Wochen würde ich die ersten Muster in der Hand halten können.

Es ist Donnerstagabend. Ich gehe wie vereinbart zum Termin mit Michele und unterbreite ihr meinen Vorschlag. Da sie eine absolute Koryphäe in der Modebranche ist und sie genau weiß, welche Farben, Muster und dergleichen zurzeit in sind, frage ich sie, ob sie mir nicht helfen kann. Sie müsse mir nur ein paar Beispiele geben, was zu ihren Kleidern oder zu ihren eigenen produzierten Waren am besten passen könnte. Ich biete ihr dafür zehn Prozent vom Umsatz an. Mein Verkaufsgeschick und meine im Seminar gelernte Verhandlungstechnik sind so überzeugend, dass sie sofort einwilligt.

Sie muss nur ihrer Grafikabteilung die Aufgabe erteilen, ein Muster für eine Handyhülle zu gestalten. Sonst hat sie keine weitere Zeitinvestition mehr, würde daraus aber gute zusätzliche Einnahmen erlangen. Wir gehen noch einmal alles durch, treffen eine konkrete Vereinbarung und halten die wichtigsten Punkte schriftlich fest. Zusätzlich biete ich ihr an, dass ich ihre gesamte Kollektion mit Bildern und Logos verwende, um für sie Werbung zu machen. Im Gegenzug soll sie gleichzeitig die Handyhüllen abbilden und bewerben.

Wir vereinbaren, dass wir erst einmal sieben verschiedene Designs erstellen. Verbrauchertests zeigen, dass vier Designs einschlagen wie eine Kanonenkugel. Die Nachfrage ist enorm. Also nehme ich gleich Kontakt mit meinem chinesischen Lieferanten auf und bitte ihn darum, die ersten Handyhüllen mit diesen Mustern zu produzieren. In der Zwischenzeit erhalte ich schon von meinem anderen Lieferanten die Muster. Es gibt zwar kleine Verbesserungen, aber alles in allem finde ich sie sehr gut gelungen. Also teste ich, bevor ich die Bestellung aufgebe, auch diese Variante erst einmal. Aber auch hier ist die Nachfrage enorm. Ich drehe dafür sogar einen kleinen Werbefilm, den ich für wenig Geld übers Internet beauftrage. Die Geschäfte laufen gut. So vergehen einige Monate.

25

In der Zwischenzeit verkaufe ich über 20.000 Hüllen. Ich treffe mich regelmäßig mit Aron und er ist über meine Entwicklung absolut begeistert. Dann beschließe ich, den nächsten großen Schritt zu machen. Endlich zu kündigen, um mich nur noch auf mein Unternehmen zu konzentrieren. Ich habe immer noch Angst, weil ich nicht weiß, was die Zukunft bringt. Mein Gehalt ist zwar im Verhältnis zu den Einnahmen aus der selbstständigen Arbeit sehr klein, aber immerhin ist es eine sichere Einnahmequelle. Diese Unsicherheit zu haben, nicht zu wissen, was die Zukunft bringt, beschäftigt mich immer noch sehr. Ich kann ja mit Aron darüber reden.

Es ist Samstag, zwölf Uhr und ich bin wie immer pünktlich bei Aron. Wir begrüßen uns ganz herzlich und er fragt mich, wie so oft in den vergangenen Wochen und Monaten, wie es mir geht. „Aron, mir geht es sehr gut. Ich glaube, jetzt ist der Zeitpunkt gekommen, an dem ich mich komplett selbstständig machen sollte. Ich wage den nächsten Schritt, zu kündigen, um mich nur noch auf das Unternehmen zu konzentrieren. Ich merke, ich arbeite immer noch Tag und Nacht und bin so eingespannt, dass ich viel schneller sein könnte, wenn ich mehr Zeit hätte. Aron, ich habe auch immer noch wirkliche Angst und Sorge. Denn auch wenn das Gehalt im Verhältnis zu meinen momentanen Einnahmen gering ist, ist es sicher und bequem, jeden Monat ein Angestelltengehalt auf dem Konto zu verbuchen."

Aron nimmt ein Blatt Papier und schreibt das Wort „Gedanken" auf. Er schaut mich an und sagt „Leon, alle unsere Gedanken, die wir haben, die vollkommen in uns drin sind, worauf wir uns fokussieren, beeinflussen unsere Emotionen." Und er schreibt „Emotionen" auf. „Die Gedanken beeinflussen unsere Emotionen. Und unsere Emotionen", er schreibt das Wort „Verhalten" auf, „beeinflussen unser Verhalten. So wie unsere Handlungen und Aktivitäten sind. Und die Handlungen beeinflussen unsere Ergebnisse." Er schaut mir tief in die Augen und sagt noch einmal: „Unsere Gedanken beeinflussen unsere Emotionen, die Emotionen unser Verhalten und das führt schließlich zu Ergebnissen. Leon, ich kann mich daran erinnern, wie ich zu den Seminarteilnehmern spreche und ein Wunsch der Seminarteilnehmer immer wieder ist, bessere Umsätze, bessere Ergebnisse zu erzielen. Und ich merke, dass die Ergebnisse ganz andere sind, als das, was sie sich wünschen, was ihre wirklichen, echten Gedanken sind. Ich erkläre den Teilnehmern, dass sie, wenn sie bessere Ergebnisse erzielen möchten, nicht ihr Handeln, sondern vor allem ihre Gedanken verändern müssen. Also halte deine Gedanken rein, konzentriere und fokussiere dich auf die Erfolge, die du dir erhoffst und wünschst. Wenn deine Gedanken um Sorgen kreisen, dann beeinflusst dies deine Emotionen und diese negativen Emotionen wiederum dein Verhalten. Und dann hast du schlechte oder negative Ergebnisse. Achte darauf, dass du deinen Fokus immer richtig lenkst und deine Gedanken entsprechend steuerst, damit du das gewünschte Ziel erreichst. Leon, prüfe immer wieder, wie deine Gedanken sind. Stell dir einfach vor, du könntest aus dir heraussteigen und würdest dich von außen beobachten und prüfen, was du denkst. Und je öfter du diese Übung machst, desto besser kannst du deine Gedanken lenken und steuern."

Eifrig schreibe ich mir alle wichtigen Punkte auf und bin sehr angetan von diesem wichtigen Tipp. „Leon, du musst wissen, auf der einen Seite brauchst du das Know-how, das Wissen, wie unsere Gedanken funktionieren, du musst die Erfolgsregeln beherrschen und kennen. Auf der anderen Seite ist es wichtig, diese Erfolgsregeln permanent zu leben und in dir zu festigen. Nur wenn du stets danach handelst und lebst, wirst du langfristig Erfolg haben. Das erinnert mich wieder an Goethe: Wir sind Wissensriesen und Handlungszwerge. Wir wissen so viel und setzen so wenig um'. Du brauchst also eine Erfolgsgewohnheit, damit du sehr gute, langfristige Ergebnisse erzielst."

Ich schaue Aron an und erinnere mich. Es geht um die Gewohnheit. „Weißt du, alles, was wir permanent trainieren und wiederholen, das werden wir verinnerlichen. Kannst du dich noch daran erinnern, als du die neue Arbeitsstelle angenommen hast? Da war alles neu für dich und alles fremd für dich. Du fühltest dich überfordert. Doch nachdem du immer wieder geübt hast und Routine bekommen hast, wurde alles zur Gewohnheit und später zur Selbstverständlichkeit.
Du weißt ja: Wiederholst du etwas 30 Tage lang, wird es zu einer Gewohnheit. Hältst du es sechs Monate durch, ist es schließlich eine Gewohnheit.
Erfolgreiche Menschen haben Erfolgsgewohnheiten. Erfolglose Menschen haben erfolglose Gewohnheiten. Du brauchst nur die Erfolgsgesetze immer wieder zu wiederholen, damit sich dein Verhalten früher oder später dank dieser Gewohnheit manifestiert. Die ersten Schritte sind natürlich die schwierigsten, aber dann wird's immer leichter. Aus diesem Grund habe ich eine sogenannte 10-Tage-Challenge entwickelt. Entscheide dich für eine neue Gewohnheit beispielsweise die Autosuggestionen oder regelmäßiges Lesen und Lernen, um dein Wissen

zu vertiefen. Beginne also mit einer Gewohnheit, die du konditionieren möchtest." „Und warum nur zehn Tage? Warum nicht gleich 30 Tage oder die kompletten sechs Monate?"

„Leon, ganz einfach. Zehn Tage, das sind eine Art Probetage. Du gibst dir selbst eine Testphase, eine Probezeit. Sobald du dir nur diese zehn Tage vornimmst, ist die Aufgabe nicht zu groß, sie ist überschaubar, sie hat einen Endtermin. Nach den zehn Tagen kannst du prüfen, ob es dir guttut und du mit einer weiteren 10-Tage-Challenge fortfahren möchtest. Somit kommst du Schritt für Schritt zu einer neuen Gewohnheit. Und du merkst, dass die anfänglich lang wirkenden 30 Tage ganz schnell vorbei sind. Beginne also mit kleinen Schritten, umso leichter gelingt es dir nach einer Weile neue Gewohnheiten zu integrieren. Und denke daran: Das, was du permanent trainierst, das bist du."

Ich denke, es ist wirklich erstaunlich: Jetzt besuche ich Aron schon so lange und immer noch lerne ich jede Woche etwas dazu.

„Zusätzlich, Leon, möchte ich dir noch einen ganz wichtigen Tipp geben. Viele Menschen denken, ‚Wenn ich dieses oder jenes erreicht habe, dann bin ich glücklich.' Man strebt also permanent nach etwas und während der gesamten Zeit ist man nicht wirklich glücklich. Das ist falsch. Lerne lieber, gleich heute auf dem Weg über die neue Gewohnheit glücklich zu sein. Im Hier und Jetzt und an jedem Tag, in jedem Moment. Es geht nicht darum, nur erfolgreich, sondern auch glücklich zu sein. Darum empfehle ich dir, jeden Tag aufzuschreiben, wofür du dankbar bist. Halte schriftlich fest, was dir gut gelungen ist, damit du lernst, im Hier und Jetzt glücklich zu sein."

Ich schreibe mir alles auf, beschließe, gleich mit meiner ersten 10-Tage-Challenge zu beginnen, und teile es Aron mit.

„Ich werde als allererstes wirklich regelmäßig, das heißt jeden Tag, die Autosuggestion durchführen. Und gleich danach werde ich mir bewusstwerden und aufschreiben, wofür ich dankbar bin und was mir an diesem Tag gut gelungen ist, damit ich im Hier und Jetzt glücklich bin. Wie findest du das, Aron?"

„Das ist eine sehr gute Idee, Leon. Beginne sofort, am besten gleich heute Abend oder spätestens morgen früh. Mach es zu einem Ritual, regelmäßig und mit einem immer gleichen zeitlichen Ablauf geht es wesentlich leichter. Folglich stehst du morgens auf, du richtest dich her, du putzt deine Zähne, machst dich frisch und danach, wenn du fertig angezogen bist, beginnst du gleich mit der Autosuggestion und danach setzt du dich hin und schreibst die Dinge auf. Erst dann beginnst du deinen Tag. Es ist wichtig, dass es immer zur selben Uhrzeit und im selben Ablauf vonstattengeht, damit es zu einem festen Lebensbestandteil wird. Wenn du möchtest, kannst du auch einen anderen Ablauf wählen. Morgens beginnst du mit deiner Autosuggestion, nachdem du dich angezogen hast und abends, bevor du ins Bett gehst, schreibst du die Dinge auf, die dir gelungen sind und wofür du dankbar bist. Welche Reihenfolge oder welcher Ablauf ist völlig egal, wichtig ist nur: Es muss zu einem Ritual werden." Ich entscheide mich, morgens die Autosuggestion zu machen und abends kurz vor dem Zubettgehen meine Notizen zu vervollständigen. Wir verabschieden uns und ich freue mich sehr darüber, dass Aron mir wieder so viel beigebracht hat.

Gleich am nächsten Tag beginne ich mit meiner neuen Gewohnheit. Der restliche Tag geht schnell vorbei und als ich müde bin, lege ich mich ins Bett und schlafe zufrieden ein. Morgens stehe ich auf, beginne damit, mich frisch zu machen, meine Zähne zu putzen und etwas zu essen zuzubereiten. Nach einer Weile bemerke ich, dass ich vergessen habe, die Autosuggestion zu machen. Ich schaue mir die Autosuggestions-Sätze im Bad an und beschließe, diese noch einmal neu und schön aufzuschreiben.

Ich setze mich an meinen Computer und fange an, die Sätze zu Autosuggestionen aufzuschreiben, die ich gehört und gelernt habe.

Ich schaffe alles, was ich will.
Ich bin ein Sieger.
Ich liebe mich und ich liebe die Menschen.
Mein Reden und mein Sprechen überzeugen die Menschen.
Ich ziehe Geld an wie ein Magnet.
Mir geht es von Tag zu Tag und in jeder Hinsicht immer besser und besser und besser.

Ich beschließe, diese sechs Autosuggestionen täglich morgens mindestens zehn Mal zu machen. Die Schrift ist bei dem neu ausgedruckten Blatt groß und gut leserlich. Ich hänge das Blatt direkt neben meinem Spiegel im Bad auf. Schnell beginne ich mit den Autosuggestionen. Zuerst komme ich mir irgendwie blöd vor, doch ich sage zu mir selbst: Einfach machen! Sieht doch keiner. Und schon nach dem fünften oder sechsten Mal fühlt es sich gut an und ich merke, dass ich innerlich in einem anderen emotionalen Zustand bin. In einem starken Zustand. Und am Ende der zehnten Wiederholung, fühle ich mich selbstbewusst und voller Energie.

26

Es ist Sonntag und die Geschäfte laufen gut. Mithilfe meiner Notizen versuche ich zu rekapitulieren, wann es losging und wie alles begonnen hat. Mittlerweile sind mehr als acht Monate vergangen und ich bin ein vollkommen anderer Mensch geworden. Als ich so in meinen Notizen blättere und nachlese, frage ich mich, wie es wohl Felix geht. Ich habe ihn schon sehr lange nicht mehr gesehen oder von ihm gehört. Später werde ich ihm mal eine SMS schreiben. Vielleicht kann ich ihn wieder am Bahnhof treffen.

Ich beschäftige mich nochmal mit dem Thema Glaubenssätze. Sind bei mir Glaubenssätze vorhanden, die mich blockieren oder hemmen, noch erfolgreicher zu werden? Ich mache mir Notizen und schreibe alles auf, was ich Aron beim nächsten Termin fragen möchte. Dann fällt mir Felix wieder ein. Ich greife zum Handy, schreibe ihm eine Nachricht und frage ihn, ob er morgen am Bahnhof ist und wir uns kurz treffen wollen. Nach einer halben Stunde antwortet er: „Ja, sehr gerne, ich freue mich, dich wiederzusehen."

Ich blättere weiter in den Notizen und komme zu der Stelle, als ich meinen ganzen Mut zusammengenommen und endlich entschieden habe, meine Kündigung zu schreiben.

Ich habe furchtbare Angst. Was ist, wenn es nicht funktioniert? Was ist, wenn die Waren sich nicht mehr verkaufen lassen? Ich kann mich daran erinnern, wie Helmut mir sagte, dass die Handyhüllen sich bestimmt nur eine begrenzte Zeit gut verkaufen lassen. Aron hat dasselbe gesagt, und es kommen bei mir immer mehr Zweifel hoch und Sorgen machen sich breit. Ich erinnere mich wieder an die Situation, als die vielen Rechnungen hereinflatterten und ich sie nicht bezahlen konnte. Plötzlich habe ich wieder diese Angst. Tausend Gedanken schwirren durch meinen Kopf und ich bin irgendwie besorgt. Da denke ich an Aron und seinen wichtigen Tipp, dass meine Gedanken meine Emotionen beeinflussen, meine Emotionen wiederum mein Verhalten, also mein Handeln beeinflussen, was dann meine Ergebnisse beeinflusst.

Ich betrachte mich bewusst von außen und merke, dass ich unbedingt meinen inneren Fokus verändern muss, um mich auf den Erfolg zu konzentrieren. Ich versuche, jegliche Sorgen und Gedanken aus meinem Kopf zu verbannen. Beim Durchlesen meiner Kündigung fühle ich mich aber immer noch schlecht. Dann beschließe ich fest, mir keine Sorgen mehr zu machen. Ich kündige, egal was kommt. Es kommt mir in den Sinn, wie oft Aron zu mir gesagt hat, dass sich die meisten Menschen viele Gedanken und Sorgen um die Zukunft machen und dass 90 Prozent davon sowieso nie eintreffen werden. Aron sagte mir auch immer wieder: „Mach dir keine Sorgen und Gedanken. Und wenn die Probleme oder Herausforderungen vor deiner Tür stehen, dann weißt du auch, dass es für jedes Problem, beziehungsweise jede Herausforderung, eine Lösung gibt. Erst dann beginnst du, dir gezielte Gedanken zu machen, um eine Lösung zu finden."

Im Bad denke ich daran, dass ich diese Autosuggestionen brauche, damit ich meinen inneren Fokus lenke und steuere. Und ich spüre, wie sich mein Denken vollkommen auf diese magischen Sätze konzentriert und ich nach einer Weile ein ganz anderes Gefühl in mir habe: Wieder diese Stärke, dieses Selbstbewusstsein und diese Kraft.

Es war ein langer Tag, der auch irgendwann zu Ende geht. Weil ich müde bin, lege ich mich ins Bett, aber irgendwie finde ich keinen Schlaf. Dieser Schritt der Kündigung ist einfach so groß für mich. Meine Arbeit war und ist für mich wie eine Versicherung, eine Absicherung, falls irgendetwas schiefgeht, damit ich noch meine Miete und meinen Lebensunterhalt bezahlen kann. Ich wälze mich hin und her, schlafe dann aber doch irgendwann ein.

Am nächsten Morgen stehe ich auf, mache mich fertig und beginne, wie versprochen, mit meiner 10-Tage-Challenge und meiner Autosuggestion. Plötzlich fällt mir ein, dass ich gestern Abend total vergessen habe, mir aufzuschreiben, wofür ich dankbar bin und was mir an diesem Tag gut gelungen ist. Ich war gestern wohl zu müde. Es ist besser, wenn ich meine Gedanken gleich morgens nach der Autosuggestion aufschreibe. Also nehme ich mir ein Blatt Papier und schreibe auf, wofür ich dankbar bin. Erstaunlich, wie viel mir einfällt. In den letzten acht Monaten ist aber auch so viel passiert. Ich bin vor allem Felix, Aron, Helmut und Michele dankbar. Ich bin dankbar dafür, dass ich nicht alleine bin, sondern wertvolle Menschen habe, die mich unterstützen. In dieser positiven Stimmung packe ich meine Sachen und fahre los.

Im Bahnhof warte ich auf Felix. Und da erscheint er auch schon. Wieder absolut elegant und schick gekleidet, mit einem dunkelblauen Nadelstreifenanzug, einem schwarzen Aktenkoffer, in aufrechter Haltung und mit einem selbstbewussten Gang. Wieder sehe ich als erstes sein Schmunzeln im Gesicht. Ich freue mich so sehr, Felix wieder zu sehen und erinnere mich sofort an unsere allererste Begegnung. Wir begrüßen uns ganz herzlich und ich berichte Felix, dass ich mich regelmäßig mit Aron treffe. Immer samstags um zwölf Uhr erfahre und lerne ich wieder neue, tolle Dinge von ihm.

Der Zug trifft ein und wir suchen uns einen Platz. Ich erzähle ihm, dass ich mein Unternehmen auf Vordermann gebracht und die ersten Tiefphasen gemeistert habe.
„Das war sicher nicht einfach", sagt Felix beeindruckt.
„Nein, ich war oft am Ende und dachte, es geht nicht mehr, aber durch die vielen Tipps in den Seminaren und vor allem durch die Gespräche mit Aron und mit dir, konnte ich diese Tiefphasen erfolgreich meistern." Felix ist sehr gerührt und dankbar für meine Worte. „Denkst du denn noch an dein Versprechen, Leon?" „Was für ein Versprechen?"
„Du hast mir versprochen, dass auch du, wenn du erfolgreich wirst, drei anderen Menschen helfen wirst erfolgreich zu werden. Du kennst doch das Projekt von Aron. Das Erfolgsbote-Projekt."
„Ja, selbstverständlich, Felix. Mein Versprechen werde ich in jedem Fall halten."

Dann erkläre ich ihm, was ich heute Wichtiges vorhabe: „Ich werde meine Kündigung einreichen." Er gratuliert mir: „Klasse, Leon, du hast ausreichend Geduld bewiesen und bist bereit. Jetzt kannst du deine Sicherheitsleine durchschneiden und anfangen, richtig große Erfolge zu machen. Du hast genügend Zeit, um dich voll und ganz auf deine Projekte zu konzentrieren."
„Felix, ehrlich gesagt, habe ich immer noch etwas Angst. Die ganze Zeit war dieser Job für mich eine gewisse Sicherheit."
„Kannst du dich noch daran erinnern, als ich dir gesagt habe,

dass du deine Komfortzone verlassen sollst? Und wenn du sie immer wieder verlässt, beginnst du zu wachsen – mit deinem Horizont, deiner Persönlichkeit, deiner Erfahrung und deiner Kompetenz. Leon, wir alle entwickeln uns mit unseren Herausforderungen. Nur wenn du immer wieder deine Wohlfühlzone verlässt und neue Dinge machst, wächst du weiter. Genau das ist das Leben, und du machst das vollkommen richtig."
„Einfacher gesagt als getan." „Ich kann mich noch ganz genau daran erinnern, wie es war, diesen großen Schritt zu wagen. Konzentriere dich ausschließlich auf dein Ziel, auf deine Vision, auf deine Mission, auf die Aufgaben und verschwende keinen Gedanken und keine Energie an das Versagen."

Ich nehme mir die Worte von Felix zu Herzen und lenke meine Gedanken auf die Projekte, die vor mir stehen. Da sagt er noch zu mir: „Habe keine Angst vor der Angst. Die Angst ist im Grunde genommen dein bester Freund. Wir entwickeln uns durch Krisen und Herausforderungen, also betrachte diese immer wieder als eine Art Prüfung." Ich schaue ihn zweifelnd an, als er auch schon weitererzählt: „Weißt du, das ist wie eine Raupe, die sich in ihrer Haut wohlfühlt. Und doch beginnt irgendwann die Evolution und die Raupe verändert sich. Um sie herum entsteht ein Kokon und sie verändert ihre Form. Die erste große Herausforderung für die Raupe ist, das gewohnte Leben aufzugeben – aber es gibt von Natur aus keine Alternative. Nachdem sich die Raupe im Kokon zum Schmetterling verwandelt hat, ist die zweite Herausforderung, sich aus diesem Kokon zu befreien. Der neu entwickelte Schmetterling muss die hart gewordene Kokonschale erst mit seinen Flügeln durchbrechen. Das ist sehr anstrengend und sehr mühselig, doch nach langem Kämpfen und Hadern befreit sich der neue Schmetterling. Und genau durch diesen Prozess der Befreiung werden die Flügel des Schmetterlings gestärkt, er bekommt Muskeln und wird kräftiger, damit er fliegen kann. Wäre diese Krise, diese Herausforderung, ausgelöst durch eine Veränderung, nicht gewesen, wären seine Flügel sehr schwach und dann hätten die Muskeln keine Kraft, den Schmetterling zu tragen."

Das kann ich mir gut vorstellen. Wie einprägsam die Geschichten und Vergleiche von Felix und Aron doch immer sind. Da erzählt Felix auch schon weiter:

„Auch wir Menschen entwickeln uns erst durch Schmerzen, auch wenn sie manchmal Herausforderungen mit sich bringen. Manchmal ist das einfach notwendig. Weißt du Leon, das ist wie im Kraftsport: Erst wenn du sehr kräftig und ausdauernd trainierst, bekommst du ein Muskelwachstum. Nur durch die Anstrengung wächst dein Muskel. Durch deine Herausforderung wächst du in deiner Persönlichkeit, dein Horizont erweitert und deine Fähigkeiten entwickeln sich. Wenn wir Menschen versuchen, diese Herausforderungen zu meiden und diese Anstrengung zu umgehen, bleiben wir in unserem Kokon gefangen."

Und plötzlich ist da auch schon meine Haltestelle. Ich hätte sie fast verpasst. Ich verabschiede mich von Felix mit den Worten: „Danke dir, lieber Felix, das, was du sagst, ist immer wieder sehr lehrreich für mich. Treffe ich dich morgen auch wieder im Bahnhof?" „Ja selbstverständlich. Jetzt wünsche ich dir aber erst einmal viel Erfolg bei dem großen Schritt."

Der große Schritt fühlt sich tatsächlich an wie ein Sprung ins kalte Wasser. Doch wage ich ihn nicht, bleibe ich immer stehen, wo ich jetzt gerade bin. Ich bin fest entschlossen und sicher, den Weg zu gehen. Endlich bei meiner Arbeit angelangt, rufe ich bei der Personalabteilung an und frage nach einem kurzfristigen Termin. Gleichzeitig vereinbare ich noch heute einen Gesprächstermin mit meinem Vorgesetzten. Bis zum Gespräch konzentriere ich mich auf meine Arbeit. Dann darf ich endlich zu meinem Chef ins Büro. Während ich dorthin laufe, merke ich, dass meine Hände ganz feucht werden und ich wieder Angst habe. Doch ich weiß auch, dass ich diesen Schritt jetzt tun muss.

Im Büro erkundigt sich mein Chef danach, wie ich an meinem neuen Arbeitsplatz zurechtkomme. Dies gibt mir die Gelegenheit, gleich zum Thema zu kommen: „Ja, soweit ist alles okay, aber ich möchte gerne kündigen." Ich überreiche ihm meine schriftliche Kündigung und er schaut mich mit großen Augen an. „Wie kommt es dazu? Bist du mit deiner Arbeit nicht zufrieden?" „Unzufrieden kann ich nicht behaupten, aber ich möchte mich gerne weiterentwickeln und mich selbstständig machen." „Du willst dich selbstständig machen?" Mit einem hämischen Grinsen auf den Lippen sagt er: „Ich hoffe nur, dass du dir das gut überlegt hast und dir sicher bist, Leon. Der Weg zurück ist nicht immer einfach."

Aufgrund seiner Worte bekomme ich es wieder mit der Angst zu tun, aber ich kämpfe dagegen an. „Leon, wenn du das willst, dann soll es so sein. Auf jeden Fall wünsche ich dir für deinen weiteren Lebensweg viel Erfolg." Ich nicke nur. „Denk aber daran, du hast eine Kündigungsfrist." „Natürlich halte ich die Kündigungsfrist ein. Ich werde bis dahin 100 Prozent geben und meine Arbeit weiterhin gut verrichten. Selbstverständlich werde ich auch den neuen Mitarbeiter gut einarbeiten." Ich informiere ihn außerdem darüber, dass ich einen Termin bei der Personalabteilung habe.

Als ich das Büro verlasse, werde ich das Gefühl nicht los, dass mich mein Vorgesetzter nicht ernst genommen hat und er denkt, dass mein Vorhaben nicht funktionieren wird. Trotzdem bin ich erleichtert. Als ich durch die Tür trete, fällt mir ein Stein vom Herzen. Endlich habe ich den Schritt gewagt. Die nächsten Stunden vergehen schnell und ich habe ja noch den Termin bei der Personalabteilung. Ich bespreche das Procedere, reiche vorschriftsgemäß meine Kündigung ein und füge hinzu: „Zum frühestmöglichen Termin, bitte." Der Leiter der Personalabteilung antwortet: „Klären Sie bitte alles mit Ihrem Vorgesetzten und ich mache eine Notiz in Ihre Akte." Wir besprechen alles Nötige, dann gehe ich an meinen Arbeitsplatz zurück.

Die Tatsache, dass ich kündige, hat in meiner Abteilung schon die Runde gemacht. Einer nach dem anderen fragt mich, was ich vorhabe. Ich berichte ihnen, dass ich mich selbstständig machen möchte. Alle, wirklich alle, gucken mich mit großen Augen an und sind zum Teil sogar entsetzt über meine Entscheidung. Neugierige Fragen und Kommentare der Kollegen werden laut: „Wie, selbstständig machen? In dieser Situation? Obwohl es so schwer ist, einen sicheren Arbeitsplatz zu bekommen?" Ich merke, dass mich keiner wirklich versteht und bin heilfroh, als dieser Arbeitstag zu Ende geht. Ich packe meine Sachen und fahre nach Hause.

Was für ein erlebnisreicher Tag. Was für ein großer Schritt. Als allererstes gehe ich zu Hause ins Badezimmer und mache noch einmal die Autosuggestionen. Ich habe einfach das Bedürfnis, mich nach den vielen negativen Kommentaren energetisch aufzuladen und neue Kraft zu tanken. Danach fühle ich mich viel besser.

Die Tage verstreichen, ich halte meine 10-Tage-Challenge ein, treffe mich regelmäßig morgens mit Felix und habe tolle Gespräche mit ihm. Am Donnerstag bittet mich mein Chef noch einmal zu einem Gespräch in sein Büro, um mir mitzuteilen, dass es schon einen Nachfolger für mich gibt. Ich könne ihn ab der nächsten Woche zwei Wochen lang einarbeiten. Außerdem müsse noch ein Aufhebungsvertrag unterschrieben werden. Oh mein Gott! Das geht ja alles schneller als ich gedacht habe. Jetzt wird es ernst und ich habe furchtbare Angst.
Zurück am Arbeitsplatz sage ich zu mir: „Leon, jetzt musst du wirklich Vollgas geben." Der Arbeitstag geht sehr schnell vorbei und zu Hause erwartet mich ein Päckchen. Endlich habe ich das erste Exemplar des neuen Produkts erhalten. Ich bin sehr zufrieden mit dessen Entwicklung und dem Muster und beschließe, gleich am nächsten Tag 5.000 Stück zu bestellen. Das ist eine echte Innovation. So etwas gab es im Markt bislang noch nicht. Hinten eine Schutzhülle und gleichzeitig ist die Glasfront durch das integrierte Panzerglas mitgeschützt. Es sieht sehr filigran aus.

Alles ist gerade so aufregend, dass die Zeit wie im Flug vergeht. Am nächsten Tag bereite ich alles auf den unterschiedlichen Internetseiten vor und beginne auch schon mit dem Vorverkauf. In der Zwischenzeit habe ich auch die Designs von Michele erhalten. Ich bestelle von jedem 1.000 Stück und beginne auch hier mit der Vorbereitung aller Details.

27

Heute ist mein letzter Arbeitstag. Ich gehe beim Bäcker vorbei und kaufe ein paar Kleinigkeiten, um mich standesgemäß von meinen Kollegen zu verabschieden. Schließlich sind mir meine Arbeitskollegen in der Zwischenzeit sehr ans Herz gewachsen. Als ich sie später zu dem kleinen Snack einlade, plaudern wir kurz. Einer sagt: „Leon, du bist wirklich mutig, dass du diesen Schritt wagst." Aber die anderen sind eher skeptisch. Das steht ihnen förmlich auf die Stirn geschrieben. Eine andere Kollegin versucht meine Entscheidung zu schwächen: „Wenn das so einfach wäre, würde sich ja jeder selbstständig machen und die große Kohle verdienen."
Jetzt wird es ganz deutlich. Ich lebe in einer anderen Welt. Ich habe mich in der letzten Zeit sehr gut weiterentwickelt und fühle mich stark. Also packe ich meine restlichen Sachen ein, verabschiede mich von allen und verlasse mein Büro. Ein kleiner Teil von mir ist immer noch besorgt und ängstlich, der wesentlich größere Teil jedoch ist höchst motiviert.

Ich weiß, nun fängt ein vollkommen neuer Lebensabschnitt an und ich bin sehr froh, dass ich mir die neuen Gewohnheiten bereits angeeignet habe. Die morgendliche Autosuggestion und die Dankbarkeits- und Erfolgsliste funktionieren hervorragend. Ich bin fokussiert und konzentriere mich absolut auf meine Erfolge. Auf dem Heimweg wird mir klar, dass ich diese Strecke zum letzten Mal fahre. Jetzt müssten meine Flügel fliegen können; ich hoffe, sie sind stark genug.

Mittlerweile ist mein ganzes Zuhause fast nur noch Büro. Ich beschließe, meine Zwei-Zimmerwohnung umzubauen und ein Zimmer komplett als Büro zu nutzen. Alle überflüssigen Möbel verstaue ich unten im Keller. Ich arbeite die ganze Nacht am Computer, bis ich fertig bin. Zum Schluss schaue ich mir alles noch mal genau an. So sieht also mein Unternehmen aus – klein, aber fein. Erschöpft lege ich mich ins Bett und schlafe augenblicklich ein.

Am nächsten Morgen fahre ich zu Aron. Diesmal öffnet mir eine hübsche, charmante Frau die Haustür. Vermutlich ist das Arons Frau, denn ich habe schon Bilder von ihr im Haus gesehen. Sie begleitet mich zu Aron, der am Schreibtisch sitzt und arbeitet.

„Hallo Leon. Darf ich dir vorstellen: Das ist meine Frau Larissa. Und ich weiß gar nicht, ob du schon meine Kinder kennengelernt hast. Die werden bestimmt gleich hier sein." Und schon stürmen zwei Kinder tobend und schreiend ins Zimmer und rennen auf ihren Papa zu. „Hallo Kinder, das ist übrigens Leon. Und das, Leon, sind meine Kinder Lena und Alexander, der Große." Er grinst dabei und seine Augen leuchten förmlich. Larissa spricht mich freundlich an: „Leon, Aron ist total begeistert von dir. Er berichtet mir immer wieder von deinen Fortschritten und wie gut du dich entwickelst. Außerdem hat er mir verraten, dass ihr ganz alte Schulkameraden seid. Das ist wirklich ein Zufall. Wollt ihr gerne einen Tee trinken?" Ich bestätige ihre Frage mit einem Nicken und sie fordert ihre Kinder auf, ihr zu folgen. Aron sagt zu mir: „Komm und setz dich hin, Leon. Erzähl mir, wie es dir in der letzten Woche ergangen ist. Gestern war ja dein letzter Arbeitstag, oder?"

„Ich bin noch in einem Zwiespalt. Auf der einen Seite freue ich mich, jetzt endlich mit voller Kraft meiner Selbstständigkeit nachgehen zu können. Und auf der anderen Seite habe ich immer noch etwas Angst und bin verunsichert. Ich fühle mich, als ob ich zwar mehr Kontrolle über mein Leben bekommen habe, das aber auch mit mehr Verantwortung verbunden ist." Während ich erzähle, nehme ich mir einen Stuhl und setze mich hin. „Leon, ich weiß genau, wie es dir geht. Auch bei mir war das so, als ich zum allerersten Mal den Schritt in die Selbstständigkeit gewagt habe. Es ging sicherlich jedem Einzelnen vor uns genauso. In dieser Phase ist es wichtig, deinen Fokus einfach immer wieder auf die Dinge zu lenken, die du willst. Deine Gedanken sollten sich nur noch mit dem Thema Erfolg, deiner Selbstständigkeit und deinem neuen Leben beschäftigen. Denke an Lösungen, denke in Chancen und verschwende keine Zeit auf negative Gedanken und Sorgen. Ich möchte dir unbedingt noch einen ganz wichtigen Rat geben. Zuerst solltest du so tun, als ob du in deinem Unternehmen angestellt bist. Stell dir vor, du nimmst ein Blatt Papier und schreibst die Öffnungszeiten deines Büros beziehungsweise Unternehmens auf. Wann du Mittags-, Frühstücks- oder Nachmittagspause hast. Hänge dir den Zettel gut sichtbar ins Büro oder in deinem Zimmer auf. Gaukle dir ein Angestelltendasein vor. Jeden Morgen solltest du pünktlich aufstehen, dich frisch machen, rasieren, dich schick kleiden, als würdest du noch immer angestellt sein. Mit dem feinen Unterschied, dass du zu deinem eigenen Unternehmen gehst."
„Meinst du das jetzt ernst?"
„Ja, das ist eine wichtige Angelegenheit. Du brauchst jetzt Disziplin und wichtige Gewohnheiten. Die meisten Menschen, die ein Unternehmen aufbauen und von zu Hause aus starten, lassen sich von ihrem Umfeld gerne ablenken. Sobald Probleme auftauchen, wird entweder der Fernseher eingeschaltet, man macht etwas zu essen oder beschäftigt sich mit irgendwelchen

anderen Dingen, wie zum Beispiel aufräumen. Alles nur, um nicht die unausweichlichen Herausforderungen angehen zu müssen. Dabei geht es um nichts anderes, als genau diese zu meistern. Deshalb musst du Privates und Geschäftliches zunächst einmal gedanklich unbedingt trennen. Am einfachsten gelingt dir das, wenn du einfach so tust, als ob du bei dir selbst angestellt bist. Achte darauf, dass du mindestens 40 Stunden pro Woche arbeitest. Wenn du Überstunden machst, umso besser. Die meisten, die sich selbstständig machen, arbeiten plötzlich weniger. Ist ja auch verlockend, wenn niemand da ist, der sie kontrolliert."

Ich nehme mein Notizbuch zur Hand und schreibe gleich alles auf. Aron nimmt mir sofort das Versprechen ab, gleich am Montag seinen Rat zu befolgen und eine Gewohnheit daraus zu machen. Larissa kommt mit dem Tee, stellt eine Tasse direkt vor mich hin und sagt fürsorglich: „Wenn ihr irgendwas braucht, dann sagt Bescheid. Ich wünsch euch viel Spaß."
Aron erfährt alles von mir; wie mein letzter Arbeitstag war und wie die anderen Kollegen darüber gesprochen haben. Ich erkläre ihm kurz, dass meine Kollegen kein Verständnis für meine Entscheidung hatten.

„Leon, warum meinst du, ist das so? Und wie siehst du dich selbst dabei? Beziehungsweise verstehst du es?" „Ja, weil ich mittlerweile eine andere Weltanschauung habe und die Möglichkeit und Chancen erkannt habe."
„Ganz genau, deine Kollegen haben das noch nicht erkannt. Für sie ist es ein anderes Territorium. Sie sind vielleicht unzufrieden mit sich und ihrem Leben, suchen jedoch die Schuld bei anderen. Sie geben die Verantwortung einfach weg und fühlen sich als Opfer. Sie sind nicht der Designer ihres Lebens und können dich daher auch nicht verstehen.

Jeder verwirklicht sich auf seine eigene Weise und jeder legt den Fokus auf etwas anderes, das für ihn Erfolg bedeutet. Ich kenne zum Beispiel einen jungen Mann namens Thomas, der hat schon die ganze Welt bereist. Er wählt sich ein Land aus, das er sehen möchte, sucht sich dort eine Arbeit und bleibt dann erst einmal ein paar Monate dort, bis ihn das Reisefieber wieder packt und es ihn weiterzieht. Findet er keine Anstellung, lebt er einfach sporadisch bei Bekannten oder netten Gastfamilien. Er braucht für sich keinen Luxus, für ihn ist das Wichtigste seine Freiheit. Frei zu sein ist für ihn der Inbegriff eines erfolgreichen Lebens.

Oder nimm meine Nachbarin von schräg gegenüber, Katharina. Sie ist Mutter von fünf Kindern und geht in ihrer Familie vollkommen auf. Ich habe mich schon oft mit ihr unterhalten. Ihre Lebensmission ist es, für ihre Kinder da zu sein und ihnen ein gutes Leben zu ermöglichen. Erfolg bedeutet für sie, ihre Kinder zu netten und anständigen Menschen zu erziehen.

Und jetzt nimm dich als anderes Modell. Für dich besteht der Erfolg darin, dich selbstständig zu machen. Für deine Kollegen bedeutet es etwas anderes oder sie wissen vielleicht gar nicht genau, was sie eigentlich wollen. Jeder Mensch lebt in seiner Welt und keine Welt ist besser oder schlechter als die andere. Nur lebt eben jeder in seiner eigenen Welt. Und das ist auch gut so."

Aron wechselt das Thema und berichtet mir über sein Projekt: „Leon, du kennst ja mein Erfolgsbote-Projekt. Jeder hilft drei Personen und die drei helfen auch wieder jeweils drei Personen. Das Ziel ist, dass irgendwann ganz viele Menschen auf der ganzen Welt an sich glauben und an sich arbeiten und mehr aus ihrem Leben machen." Während Aron darüber spricht, beginnen seine Augen zu glänzen. Ich spüre regelrecht, dass es ihm eine Herzensangelegenheit ist, den Menschen die Augen zu öffnen. Es ist ihm ein wichtiges Anliegen, dass alle Menschen genau das Leben führen, das sie leben wollen. Aron verfolgt eine Mission. Diese Mission ist stark und bemerkenswert.

„Leon, ich möchte einen Erfolgsbote-Kongress veranstalten und mein Projekt mindestens 10.000 Teilnehmern näherbringen. Ich wünsche mir, dass ganz viele Menschen erhellt werden und alle mithelfen, die Welt ein wenig besser zu machen. Weißt du, ich habe das Projekt sonst immer bei meinen Seminaren kundgetan, doch die Wirkung ist noch nicht so, wie ich es mir vorstelle. Ich hoffe, wenn ich so einen Kongress ins Leben rufe und ich diesen Menschen die Augen über die Möglichkeiten des Lebens öffne, dass sie mir dann helfen, die Augen weiterer Menschen zu öffnen. Mein Traum ist, dadurch einen wesentlich höheren Wirkungskreis zu erhalten."

Er erzählt mir jedes kleine Detail und sprudelt nur so vor Ideen und Gedanken. Seine Augen strahlen und er ist ganz in seinem Element. Nachdem wir alles besprochen haben, verabschiede ich mich von Larissa, Alexander und Lena und fahre nach Hause. Das Projekt von Aron ist wirklich toll. Ich denke auch daran, was ich Felix versprochen habe, dass auch ich drei Menschen helfen werde. Nur muss ich mich zunächst darauf konzentrieren, dass ich mein Unternehmen nach vorne bringe.

Während der Heimfahrt lese ich meine Notizen und freue mich über die Tipps, die Aron immer für mich hat. Hungrig schließe ich meine Haustür auf und begebe mich gleich in die Küche. Während ich mir ein Brot schmiere, schaue ich mich in meiner Wohnung um. Es sieht alles so anders aus. Mein Büro ist mein

Unternehmen und mein Unternehmen ist in meinem Büro. Ich habe sehr wenig Platz und muss mit diesen neuen Gegebenheiten erst einmal zurechtkommen. Nun muss ich mir Gedanken über die offiziellen Arbeitszeiten meines Unternehmens machen. Ich lege die üblichen Uhrzeiten fest, die ich auch als Angestellter in meiner bisherigen Firma hatte. Ich schreibe alles auf und hänge den Zeitplan an mehreren Stellen in meiner Wohnung beziehungsweise meinem Büro, auf. Und schon ist es Abend und auch dieser Tag ist vorbei.

Die Zeit vergeht. Ich halte mich an die Gewohnheiten, die morgendlichen Autosuggestionen und das Aufschreiben, weswegen ich dankbar und worauf ich stolz bin. Immer wieder sehe ich mir die Seminarunterlagen an und gehe die gesamten Erfolgsstrategien durch, die mir in meiner weiteren Entwicklung – menschlich und unternehmerisch – weiterhelfen. Der Verkauf meiner Produkte läuft gut und ich nehme auch immer wieder neue Produkte hinzu. Die Kooperation mit Michele mit den neuen Kollektionen wird auch immer besser. Ich besuche weitere Seminare von und mit Aron und arbeite 70 bis 80 Stunden wöchentlich.

In der Zwischenzeit haben Aron und ich unsere Treffen auf Montag 19 Uhr verschoben. Aron ist am Wochenende sehr viel unterwegs und hält seine Seminare. An einem Montagabend klingle ich also an seiner Tür. Larissa öffnet mir und bittet mich herein. An den letzten Montagen habe ich mich glänzend mit ihr unterhalten. Wir verstehen uns sehr gut. Ich gehe also hinein und laufe direkt zu Arons Büro. Er fragt mich gleich: „Und, Leon, wie laufen deine neuen Projekte und Produkte, die du aufgenommen hast?"

„Es gibt Projekte, die laufen gut und andere Produkte nicht. Mittlerweile mache ich mir nicht mehr viele Sorgen, falls ein

Produkt nicht gut läuft. Denn ich befolge deinen Rat auch weiterhin und bestelle geringere Mengen. Testen und prüfen! So tut es nicht so weh, wenn ein Produkt etwas länger braucht, bis es verkauft ist. Unterm Strich erziele ich sehr gute Ergebnisse."

Aron schaut mich lächelnd an. „Ich bin sehr stolz auf dich. Es wird jetzt Zeit, dass du den nächsten Schritt machst."
„Was meinst du genau?", frage ich verwundert.
„Hast du schon einmal darüber nachgedacht, eine Mitarbeiterin oder einen Mitarbeiter einzustellen, damit du dich auf die wesentlichen Dinge konzentrieren kannst?" „Ich bin jetzt sechs Monate selbstständig, es läuft alles sehr gut, aber wenn ich jemanden einstellen möchte, müsste ich mir ein Büro suchen. Es würden Kosten für Büro und Personal anfallen. Ich möchte mir lieber erst ein finanzielles Polster aufbauen."

Aron unterbricht mich schnell: „Leon, denk daran: Wachstum bedeutet, seine Komfortzone zu verlassen." „Schon wieder?" Aron grinst. „Ja, du darfst immer wieder deine Komfortzone verlassen, damit du wachsen kannst. Ich bin mittlerweile 18 Jahre selbstständig und auch ich darf jedes Mal meine Komfortzone verlassen, wenn ich persönlich wachsen will. Das ist so, da führt kein Weg dran vorbei. Du kannst doch erst einmal eine Halbtagskraft einstellen. Ein neues Büro ist vermutlich gar nicht notwendig. Stelle einfach einen zweiten Schreibtisch auf. Natürlich nur, wenn der Platz reicht. Die Halbtagskraft könnte viele Kleinigkeiten für dich abarbeiten, damit du dich besser auf die wirklich wichtigen Dinge konzentrieren kannst." Es stimmt, ich habe viele kleine Dinge, die mich aufhalten und ich würde diese zu gerne loswerden. „Du kennst die Methode. Nimm dir ein Blatt Papier und schreibe dir alle Dinge auf, die du abgeben könntest. Du wirst sehen, es wird zeitlich sogar mehr sein als nur eine Halbtagskraft."

28

„Es gibt heute noch eine weitere wichtige Lektion, die du lernen darfst. Das Gesetz von Innen und Außen. Schaue dir deine Umgebung an, deine äußere Welt. Die äußere Welt ist das Spiegelbild deiner inneren Welt. Die meisten Menschen möchten gerne ihre äußere Welt verändern, ein größeres Haus, ein schöneres Auto, einen besseren Job, eine große Karriere. Sie denken, sie müssten in der Außenwelt arbeiten. Dabei müssen sie an ihrer inneren Welt arbeiten, um ihre äußere Welt zu verändern. Leon, weißt du, die meisten Menschen denken, wenn man erfolgreich ist und viel Geld hat, ist man spirituell innerlich leer. Oder man ist glücklich, innerlich reich und dafür finanziell arm und ohne Erfolg. Und ich, Leon, ich bin davon überzeugt, dass wahrer Reichtum beides beinhaltet und für wahren Erfolg beide Seiten der Medaille notwendig sind."

„Verstehe ich das richtig, Aron? Innerer Reichtum und Fülle, glücklich sein, zufrieden sein, Liebe in seinem Leben erfahren zu dürfen, einen tieferen Sinn des Lebens zu verfolgen und materieller Erfolg – also von innen nach außen. Wahrhaftiger Erfolg, wahrhaftiger Reichtum ist auf beiden Ebenen?"
„Genau Leon, vielleicht kannst du dich noch an das Thema der Glaubenssätze und tief sitzenden Programme erinnern? Ich finde, es ist an der Zeit, dass du jetzt mein großes Seminar besuchst. Da geht es genau um diesen wichtigen Punkt: Neue Konditionierungen. Also alte Glaubenssätze zu eliminieren und neue förderliche Glaubenssätze zu installieren. Wir haben bei unseren vorherigen Treffen schon öfter daran gearbeitet

und vielleicht kannst du dir noch ein, zwei Coachings ins Gedächtnis rufen. Hast du dich nicht schon mal gewundert, dass Felix und ich immer wieder ein leichtes Schmunzeln im Gesicht haben? Das kommt vom inneren Reichtum. Und das projiziert sich in die Außenwelt, zum äußeren Reichtum. Und um wirklich erfolgreich zu sein, sind beide Seiten der Medaille notwendig."

Er steht von seinem Schreibtisch auf und holt mir eine schöne Seminar-Mappe. „Besuche dieses Seminar und du bekommst innere Fülle, inneren Reichtum. Wer weiß, wenn du angefangen hast, deinen inneren Reichtum zu erweitern, dann kommt vielleicht auch endlich deine Traumfrau. Die Balance im Leben ist unheimlich wichtig und notwendig, um die komplette Fülle des Lebens genießen zu können."

Eifrig schreibe ich mir alle Informationen ins Notizbuch. Aron erklärt mir in der Zeit noch einmal das Gesetz. Ich merke, dass alles einen viel tieferen Sinn hat.
„Weißt du Leon, es gibt Menschen, die sind sehr erfolgreich, haben viel Geld und sind innerlich leer. Und das alte Modell des Denkens, man müsse arm sein und hat dann die Erfüllung von innerlichem Reichtum, das ist veraltet. An den Früchten wirst du sie erkennen. Wirklicher Erfolg ist innerlicher und äußerlicher Erfolg." Ich notiere alles und spüre dabei, dass heute eine ganz andere Energie im Raum ist. Der Tiefgang der Worte von Aron fasziniert mich. Ich beschließe, mich gleich am nächsten Tag für das Seminar anzumelden. Nach diesem äußerst intensiven Gespräch verabschieden wir uns.

Eigentlich kann ich nur erahnen, was Aron meint. Den echten inneren Reichtum in sich zu fühlen und aufzunehmen. Ich packe meine Sachen und fahre nach Hause. Obwohl es schon sehr spät ist, schaue ich gleich noch auf Arons Internetseite. Und sehe, dass der Kurs neun Tage dauert, im Ausland stattfindet und mehr als 5.000 Euro kostet. Mein erster Gedanke ist: „Oh mein Gott, so lange, und so viel Geld." Doch ich denke, Aron hat mir immer wieder so gute Tipps gegeben, das muss einfach das richtige Seminar für mich sein. Vertrauensvoll buche ich sofort und gehe zu Bett.

Während ich versuche, einzuschlafen, durchfahre ich eine Achterbahn der Gedanken und Emotionen. Innerer Reichtum, äußerer Reichtum, was bedeutet innerer Reichtum genau? Irgendwann finde ich dennoch in den Schlaf.

Wie üblich stehe ich um halb sieben auf und eröffne mein Homeoffice. Autosuggestionen und meine Liste anfertigen – beides ist schon zum Ritual geworden. Ich setze mich mit einer Tasse starken Kaffee in der Hand an meinen Schreibtisch und beginne zu arbeiten. Alltägliche Aufgaben, die gemacht werden müssen. Dabei fällt mir auf, dass ich viele Dinge tue, die jemand anders auch für mich erledigen könnte. In der Zeit könnte ich strategische Aufgaben verrichten. Ich sollte Arons Rat befolgen und jemanden einstellen.
Ich informiere mich darüber, was ich grundsätzlich wissen muss und worauf ich achten sollte. Im Internet gibt es genügend Hinweise dazu. Noch am gleichen Tag setze ich eine Anzeige ins Internet, um jemand Geeignetes zu finden. Innerhalb kürzester Zeit treffen viele Bewerbungen per E-Mail ein. Für mich ist das alles Neuland und ich weiß nicht genau, wie ich vorgehen soll und wer geeignet ist oder nicht. Ich schaue mir die Bewerbungsschreiben und Lebensläufe an. In kürzester Zeit wähle ich mir qualifizierte und ansprechende Kandidaten aus. Per E-Mail vereinbare ich gleich Vorstellungstermine für die nächste Woche.

Ich habe alle Gespräche auf einen Tag gelegt, damit ich mich zu 100 Prozent nur auf diese Tätigkeit konzentrieren kann. Die erste Bewerberin erschrickt förmlich, als sie plötzlich in einer Wohnung steht. Ich erkläre ihr, dass ich ein junges Unternehmen gegründet habe und momentan noch von hier aus alle Aktivitäten erledige. Ich kann an ihrem Gesichtsausdruck sehen, dass sie das sehr verwundert und auch irgendwie ängstigt. Sie fragt sich sicher, ob das eine seriöse und sichere Arbeitsstelle ist.

Nach dem ersten Vorstellungsgespräch ist mir klar, dass ich meine Strategie verändern muss, bevor die nächste Bewerberin kommt. Ich ziehe mir einen Anzug an, binde eine Krawatte um, verändere das Büro noch ein wenig, schließe alle anderen Türen und versuche das Beste aus der Situation zu machen. Und tatsächlich, es hilft. So gehen den ganzen Tag Bewerberinnen ein und aus. Die Bewerbungsgespräche laufen gut und ich werde immer souveräner. Ich verdränge den Gedanken, dass dies eine Wohnung ist. Wir sind hier in meinem Büro und ich verhalte mich entsprechend und meine Gedanken sind vollkommen darauf konzentriert. Von Mal zu Mal fühle ich mich besser in meiner Rolle.

Am Ende des Tages bin ich wirklich sehr erschöpft und weiß ehrlich gesagt nicht, wen ich nehmen soll. Hätte ich vorher Aron fragen sollen, wie ich bei Bewerbungsgesprächen am besten vorgehe? Das nächste Mal werde ich das in jedem Fall tun. Inzwischen habe ich von den fünf Bewerbern drei telefonische Absagen erhalten. Die meiner Meinung nach beste Kandidatin, die für mich in Frage gekommen wäre, hat leider auch einen Rückzieher gemacht. Das Blatt hat sich für mich definitiv gewendet. Sonst war ich immer Arbeitnehmer und suchte unbedingt nach einem tollen Arbeitsplatz und jetzt bin ich Arbeitgeber und suche dringend eine geeignete Mitarbeiterin. Das Buhlen um gute Mitarbeiter ist gar nicht so einfach. Schließlich gibt es viele große Unternehmen, Konzerne, die einen viel schöneren Arbeitsplatz bieten und ein viel besseres Angebot unterbreiten können. Im Grunde genommen habe ich eigentlich schlechte Karten. Doch ich sage mir selbst: „Sei flexibel und denk an die Strategien, die Aron dir gegeben hat. Wenn etwas nicht funktioniert, dann mache es anders. Arbeite so oft an deiner Strategie, bis du eine Lösung gefunden hast." Jetzt könnte ich Aron gut gebrauchen.

Endlich ist es soweit, Montag 19 Uhr, ich fahre zu Aron. Nur Aron und ich sind im Haus. Larissa und die Kinder sind unterwegs. Aron begrüßt mich und fragt mich gleich: „Leon, was macht dein Unternehmertum?" „Eine geeignete Mitarbeiterin zu finden ist herausfordernder als ich erwartet habe. Ehrlich gesagt, waren viele entsetzt, als sie bei mir in der Wohnung standen. Ich hatte fünf Vorstellungsgespräche und von diesen fünf Bewerberinnen haben drei relativ schnell abgesagt. Die anderen zwei Bewerberinnen gefallen mir irgendwie nicht so ganz. Die Chemie stimmte nicht. Aron, hast du vielleicht einen Rat für mich?"

„Hast du schon einen Schreibtisch und einen Arbeitsplatz eingerichtet?" „Nein, aber es ist ja auch sehr eng bei mir." „Dann musst du zunächst versuchen, Platz zu schaffen. Auf jeden Fall musst du dir einen zweiten Schreibtisch holen. Wenn die Bewerberin nicht sieht, dass da ein Arbeitsplatz für sie eingerichtet ist, kann sie sich auch gar nicht vorstellen, bei dir zu arbeiten. Kaufe dir eine neue schöne Einrichtung und etwas Dekoration, um eine gute Arbeitsatmosphäre zu schaffen. Du solltest auch ein Firmenschild außen an der Tür anbringen und den Firmennamen auf das Klingelschild schreiben." „Okay, Aron, ich habe verstanden. Hast du sonst noch irgendwelche Tipps, worauf ich bei den Bewerbungsunterlagen und beim Gespräch achten sollte?" Er drückt mir zwei Bücher in die Hand. „Lies die Bücher durch und bringe sie mir das nächste Mal einfach wieder mit."

Nach unserem Termin fahre ich nach Hause und prüfe gleich, was ich alles brauche, um schnell eine neue Büroatmosphäre herzustellen. Die Arbeit wird immer mehr und mehr und ich brauche Unterstützung. In der nächsten Woche hole ich mir eine komplett neue Büroeinrichtung, stelle alles um und es wirkt tatsächlich ganz anders. Alles nimmt immer mehr Form an. Ich lasse ein Schild mit meinem Firmennamen anfertigen und verändere in meiner Wohnung so gut wie alles. Einen Schrank für Ordner stelle ich sogar bei mir ins Schlafzimmer. Kaum habe ich alles fertiggestellt, starte ich am nächsten Tag schon die nächste Bewerber-Runde. Es ist noch nicht alles perfekt, allerdings merke ich bereits an der Reaktion der ersten Bewerberin, dass alles viel vertrauenswürdiger aussieht.

Zum Glück finde ich am zweiten Bewerbungstag auf Anhieb eine geeignete Mitarbeiterin. Im Vorstellungsgespräch stimmt die Chemie und ich will es mit ihr versuchen. Leider gibt es schon nach einer Woche Probleme. Sie glänzt durch Abwesenheit, ist plötzlich immer wieder krank, macht viele Fehler. Ich bin verzweifelt. Hätte ich die Aufgaben selbst erledigt, wäre es viel schneller und besser gegangen. Doch vielleicht bin ich nur zu ungeduldig, denn irgendwie arrangieren wir uns im Laufe der Zeit. Die Zusammenarbeit mit meiner neuen Mitarbeiterin entwickelt sich und wird immer besser und besser. Wir arbeiten viele Dinge ab und nach einer Weile ist sie mir eine echte

Hilfe. Ich bin viel produktiver geworden, was sich auch auf die Verkaufszahlen und den Umsatz auswirkt.

Der Tag, an dem das große Seminar stattfindet, ist nicht mehr weit. Ich warte schon lange darauf. Ich bitte meine Mitarbeiterin, dass sie in der Zeit, in der ich auf dem Seminar bin, ihre Arbeiten von zu Hause erledigen soll. Ich gebe ihr Anweisungen und alles was sie braucht, um von zu Hause aus weiterzuarbeiten. Jetzt kann ich beruhigt zum Seminar fahren.

Zugegeben, ich hatte es mir ganz anders vorgestellt. Beim Seminar gehen wir wirklich ans Eingemachte, zurück in die Kindheit. Bei einigen fließen Tränen, viele lachen gequält. Es ist eine echte Achterbahn der Gefühle, der Emotionen. Und so habe ich auch Aron noch nicht kennengelernt. Er coacht die Teilnehmer direkt auf der Bühne und verändert so schlagartig die Einstellung und die unbewussten Programme. Und auch bei mir passiert viel. Ich entdecke Themen, von denen ich nicht gedacht habe, dass sie tief in mir drinsitzen. Es ist so emotional, dass auch ich weine. Ich kann alte Kindheitstraumata verarbeiten und verändern. Durch all das fühle ich mich leichter, wie befreit. Wir machen sehr viele personenbezogene Übungen und plötzlich fühle ich eine ganz tiefe innere Selbstliebe und ich spüre, wie alles eins ist. Die anderen Menschen sind eins mit mir und ich mit ihnen, mit den Pflanzen, mit den Bergen und Tälern, mit dem gesamten Universum und aller Materie. Alles fließt zueinander, das vollkommene Eins-Sein mit mir und mit allen und allem.
Wir Menschen sind untereinander verbunden und ich fühle mich eins mit mir und der ganzen Welt. Das ist der innere Reichtum. So etwas habe ich noch nie erfahren – Fülle und inneren Reichtum, innere Größe. Meine Gefühle überschlagen

sich und werden immer intensiver. Ich habe auf einmal mehr Selbstvertrauen, ich glaube an mich, an meine Visionen und verstehe aus tiefstem Herzen, dass jeder Mensch wirklich alles erreichen kann, was er sich vorstellt. Mit diesem inneren Reichtum fahre ich nach Hause.

Neun Tage, die eine Bereicherung für mich waren, sind zu Ende. Zu Hause nehme ich mir zwei Tage frei, um alles zu verarbeiten und zu begreifen. Nach diesen zwei Tagen stürze ich mich wieder mit Elan in die Arbeit, bloß mit einer anderen Leichtigkeit und einem anderen Plan. Es ist wie im Traum. Mein Unternehmen wächst immer mehr. Es nimmt weiter Fahrt auf und ich auch. Neue Produkte bereichern das Portfolio und die Vermarktung läuft blendend. Das Zusammenspiel mit meiner neuen Mitarbeiterin wird auch immer besser. Innerhalb kürzester Zeit verdopple ich meinen Umsatz. Wir ziehen in neue Büroräume um und jetzt kann ich tatsächlich behaupten, dass ich ein erfolgreicher Unternehmer bin. Das Unternehmen wächst zusehends und ich kann einen weiteren Mitarbeiter einstellen.

Wie jeden Montag treffen wir uns um 19 Uhr bei Aron, doch diesmal fahre ich mit meinem eigenen Auto zu ihm. Pünktlich bei ihm angekommen, öffnet Larissa die Tür und bittet mich herein. Ich trete ein und frage sie: „Wie geht es dir, Larissa?" „Sehr gut und ich hoffe dir auch? Ich höre, deine Geschäfte laufen sehr gut." „Ja, ich bin wirklich sehr zufrieden." Wir laufen beide zu Arons Büro.
Aron berichtet mir über seinen großen Kongress, der in drei Wochen stattfinden wird. Er erwartet 10.000 Teilnehmer und möchte sein Erfolgsbote-Projekt vorstellen. „Das wird mein nächster und bislang größter Meilenstein. Viele Erfolgsboten, die ich bisher begleitet habe, werden kommen und hoffent-

lich auch sehr viele neue Leute. Ich hoffe, dass alle die Mission weitertragen, um die Welt ein klein wenig besser zu machen." Er fragt mich, ob ich auch komme. „Selbstverständlich, Aron." Dann klingelt das Telefon.

29

„Entschuldigung Leon, warte bitte kurz". Aron geht ans Telefon und plötzlich wird er kreidebleich. Er setzt sich mit dem Telefon am Ohr hin und wirkt wie versteinert. Plötzlich schießen ihm Tränen in die Augen. Was mag das wohl für eine schreckliche Nachricht sein? Aron telefoniert weiter: „Lisa, ich komme vorbei." Er legt den Hörer auf, schaut mich ganz entsetzt an und sagt: „Felix ist tot. Als er erneut nach Bangkok geflogen ist, ist die Maschine abgestürzt". Ich kann es kaum glauben. Ich bin wie gelähmt.

Aron geht zu Larissa, die soeben den Raum betritt, und umarmt sie. „Was ist passiert, Aron, was ist nur geschehen?" Kreidebleich und mit Tränen im Gesicht sagt er mit zittriger Stimme: „Felix ist gestorben, sein Flugzeug ist abgestürzt." „Oh mein Gott. Wie schrecklich, seine arme Frau und die Kinder! Oh mein Gott, Felix." Plötzlich ist der Himmel über mir wie mit einer schwarzen Wolke der Trauer bedeckt. „Larissa, bleib du bei den Kindern. Ich fahre sofort zu Lisa und versuche, ihr Halt zu geben."

Aron und ich packen unsere Sachen und fahren zügig zu Lisa. Während der Fahrt ist es still, keiner sagt ein Wort. Mir schießen tausend Bilder durch den Kopf; wie ich Felix kennen gelernt habe, wie oft wir uns früh auf dem Bahnhof getroffen haben und was er alles für mich getan hat. Dann kommen wir endlich bei seinem Haus an. Wir klingeln an der Tür und nach wenigen Augenblicken öffnet Lisa. Sie weint. Als sie Aron sieht, rennt sie auf ihn zu und umarmt ihn. Ihre Stimme zittert, als sie sagt:

„Das kann doch alles nicht sein, das kann doch alles nicht sein." Aron hält sie fest und sagt: „Ich weiß, Lisa. Komm wir gehen rein."

Die Kinder wissen noch nicht, was passiert ist. Lisa konnte es ihnen bislang noch nicht sagen. Sie ist selbst zu verzweifelt und total durcheinander. Sie weint nur und die Kinder fragen immer wieder: „Was ist los, Mama? Was ist los?" Doch Lisa bekommt kein Wort heraus. Sie weint einfach still und leise vor sich hin. Ich entschließe mich, die Kinder erst einmal etwas abzulenken und frage sie, was sie denn gerade spielen und ob sie mir ihr Kinderzimmer zeigen möchten. Sie sind einverstanden und so gehe ich mit den Kindern ins Kinderzimmer und schließe die Tür. Kaum ist die Tür hinter uns ins Schloss gefallen, werde ich mit Fragen bombardiert: „Was ist passiert? Was ist passiert?" Ich weiß nicht, was ich sagen soll, deshalb versuche ich sie weiter abzulenken: „Kommt, lasst uns was spielen." Das Ablenkmanöver gelingt nur kurzzeitig. Die Kinder spüren, dass auch ich nicht ganz bei der Sache bin. Meine Gedanken sind ganz bei Felix. Eine halbe Stunde nachdem die Kinder und ich das Wohnzimmer verlassen haben, kommt Lisa ins Kinderzimmer. Sie ist ein wenig ruhiger, aber ich merke, dass sie den Kindern zuliebe ihren Schmerz unterdrückt.

„Mama, bitte sage uns, was los ist." „Alles gut, kommt, macht euch bettfertig." In der Zeit, in der Lisa die Kinder ins Bett bringt, gehe ich zu Aron ins Wohnzimmer. Wir reden kein Wort miteinander. Wir sitzen nur völlig erschüttert da. Nach einer Weile kommt auch Lisa wieder zu uns und sagt: „Gott sei Dank, die Kinder schlafen." Sobald sie Aron sieht, fängt sie wieder an zu weinen und fällt ihm in die Arme. Aron tröstet sie und sagt: „Ich bin immer für dich da. Mach dir keine Gedanken. Gemeinsam schaffen wir das schon. Felix hätte sicherlich gewollt, dass wir stark sind, auch wenn wir trauern." Wir sitzen fassungslos zusammen und eine unbändige Trauer kommt auf. Ich bekomme kaum ein Wort heraus, weil ich nicht weiß, was ich sagen soll. Es ist schon spät und ich bin einfach nur entsetzt, was dieser Tag gebracht hat.

Bevor wir gehen, sage ich zu Lisa: „Lisa, auch ich bin immer für dich da und wenn du was brauchst, kannst du jederzeit zu mir kommen oder mich anrufen." „Danke, ich weiß das zu schätzen, Leon." Aron und ich verabschieden uns und fahren nach Hause. Auch auf der Rückfahrt sprechen wir kein Wort. Wir müssen erst einmal alles verdauen, um wieder klar denken zu können. Aron ruft mir beim Abschied noch zu, dass wir morgen telefonieren. Er dreht sich um und geht zu seinem Haus. Ich bin immer noch durcheinander, steige aber in mein Auto und fahre ebenfalls nach Haus. Alleine im Auto, übermannt mich die Trauer und auch mir schießen die Tränen in die Augen. Zu Hause angekommen, bin ich immer noch ganz verzweifelt, gehe schnell nach oben in meine Wohnung und lasse meinen Gefühlen freien Lauf. Ich lege alles hin, was ich in der Hand habe, setze mich auf die Couch und denke einfach nur still und leise nach. Erinnerungen an Felix bestimmen meine Gefühle. Meine Gedanken an die Kinder, Lisa und Felix' Unternehmen rauben mir den Schlaf. Irgendwann muss ich wohl doch eingeschlafen sein. Am nächsten Morgen stehe ich auf und schreibe erst einmal eine SMS an Lisa, dass ich immer für sie da bin und sie mich unbedingt ansprechen soll, wenn sie etwas braucht. Ich schreibe auch eine SMS an Aron und biete ihm in der schweren Zeit meine Hilfe an.

Trotzdem muss alles weitergehen. Ich packe meine Sachen und fahre ins Büro. Völlig unkonzentriert mache ich nur die notwendigsten Dinge. Mittags rufe ich bei Aron an. „Hallo Aron, kann ich irgendetwas tun?" „Nein Leon, momentan nichts, aber wenn ich etwas brauche, melde ich mich bei dir. Ich habe schon mit Lisa telefoniert, ihr geht es ein wenig besser. Der Schock sitzt natürlich sehr tief. Ich werde mit ihr gleich nach der Beerdigung Termine beim Rechtsanwalt, Notar und Steuerberater machen. Jemand muss sie dabei unterstützen, die Nachfolge von Felix anzutreten. Ich werde sie einweisen und zeigen, wie sie das Unternehmen weiterleiten kann. Ich muss ihr Mut und Kraft geben."

„Aron, du kannst immer mit meiner Unterstützung rechnen." „Ich danke dir, aber für den Augenblick ist erst einmal alles in die Wege geleitet." Wir legen auf und vereinbaren, dass wir nochmal miteinander telefonieren, wenn der Beerdigungstermin feststeht und für die Beisetzung noch etwas vorbereitet werden muss.

Der Arbeitsalltag hat mich wieder und ich erledige ein paar wirklich wichtige Dinge. Der Tag neigt sich dem Ende zu und ich realisiere immer noch nicht, dass Felix nicht mehr unter uns weilt.

Am nächsten Tag rufe ich wieder bei Aron an und erkundige mich nach Lisa. Ihr geht es zwar ein wenig besser, sie hat es aber ihren Kindern noch nicht sagen können. Aron ist zurzeit für Lisa von Termin zu Termin unterwegs. Rechtliche Angelegenheiten müssen geprüft werden. „Aron, kann ich nicht irgendetwas tun?"
„Nein, Leon, alles ist gut". Das Gespräch endet wie das vorherige. Am nächsten Tag entschließe ich mich, direkt bei Lisa anzurufen. Vielleicht braucht sie meine Hilfe? Ich wähle ihre Nummer und nach ein paar Mal Klingeln geht sie ran. „Hallo Lisa, ich bin

es, Leon. Wie geht es dir inzwischen? Kann ich irgendetwas für dich tun?" „Nein danke, alles ist gut."
„Ich kann gut verstehen, dass du das alles noch verkraften und dich mit der neuen Lebenssituation arrangieren musst. Das ist sicher nicht einfach!" Sie fängt wieder an zu weinen. „Heute habe ich es unseren Kindern gesagt." Ihre Stimme bricht und ein paar Minuten lasse ich sie einfach weinen, bevor ich sie frage, ob im Unternehmen alles klargeht. Sie erzählt mir, dass Aron zurzeit sehr viel für sie tut und dass er auch gerade in Felix' Büro ist und mit allen spricht. Außerdem hat er einen hauptverantwortlichen Geschäftsführer bestellt.
„Ich bin froh, dass ich ihn habe. Er prüft gerade alle Unterlagen und hilft mir wirklich sehr. Danke Leon, dass auch du dich um mich kümmerst, obwohl wir uns eigentlich gar nicht so gut kennen."
„Das mache ich doch gerne. Wenn du wüsstest, wie oft Felix für mich da war. Es ist einfach unbegreiflich, dass er nicht mehr unter uns ist. So kann ich wenigstens dir ein klein wenig von dem zurückgeben, was er mir in den letzten Wochen und Monaten gegeben hat. Etwas Zuversicht und den Glauben daran, dass alles wieder gut wird."

Nachdem wir das Gespräch beendet haben, denke ich weiter an sie. Die arme Lisa hat kaum Zeit, alles richtig zu verarbeiten und muss sich schon um so viele andere Dinge kümmern. Zum Glück ist Aron da und hilft ihr. So geht ein weiterer Tag vorbei und ich habe das Gefühl, dass die Zeit gerade viel zu langsam verstreicht. Da klingelt das Telefon, Aron ist dran. Er informiert mich, wann der Beerdigungstermin ist und versichert mir, alles im Griff zu haben. Lisa bräuchte nur Zeit und die verschaffe er ihr gerade. „Wir alle brauchen Zeit, um den Schicksalsschlag zu verarbeiten."

Dann kommt der Tag der Beerdigung. Mittlerweile hat sich das tragische Ereignis herumgesprochen. Neben Lisa und ihren Kindern sowie den engsten und guten Freunden, sind mehr als 300 Menschen zur Beisetzung gekommen. Lisa erzählt mir während unserer kurzen Umarmung, dass sie die meisten Menschen gar nicht kennt. Es sind Mitarbeiter, Kunden und Menschen, die Felix durch das Erfolgsbote-Projekt kennengelernt haben. Menschen, denen er geholfen hat, Menschen, die er begleitet hat. Und diese Menschen werden von anderen Menschen begleitet.

30

Aron hält eine sehr rührende, emotionale Rede. Es fließen sehr viele Tränen. Auch ich muss weinen. Nach der Beerdigung fahre ich nach Hause und nehme mir den restlichen Tag frei, um über alles nachzudenken. Bereits in den vergangenen Tagen habe ich immer wieder über die vielen Gespräche mit Felix nachgedacht und dabei eine tiefe und absolute Dankbarkeit empfunden, weil er mir so sehr geholfen hat. Wenn Felix nicht gewesen wäre, wäre ich heute nicht da, wo ich bin. Ich bin Felix wirklich so dankbar. Er hat mir dieses neue Leben geschenkt und eine vollkommen neue Welt eröffnet.

Ich bin fest entschlossen, das Erfolgsbote-Projekt zu unterstützen und Arons Projekt unbedingt weiterleben zu lassen. Nur drei Menschen zum Erfolg verhelfen. Schließlich hat Felix das Ganze initiiert und bei mir den Glauben ans Leben wieder geweckt.

Meine montäglichen Termine bei Aron haben wir erst einmal vertagt. Irgendwie hat gerade jeder mit sich selbst zu tun. Es dauert eine Weile, bis ich wieder zu mir finde, aber dann konzentriere ich mich wieder auf meine Arbeit und neue Projekte. Alles läuft prima.

Und schon steht Arons besonderer Tag vor der Tür – der Erfolgsbote-Kongress. Bemerkenswert, wie er in den schwierigen letzten Wochen auch das noch meistern konnte. Schließlich ist es ja wirklich ein riesengroßes Projekt.

Das Stadion ist voll. Tausende, ja an die 10.000 Menschen strömen herein. Es ist ein Riesenspektakel. Das Publikum ist gemischt. Prominente und viele erfolgreiche Menschen. Menschen, die durch das Erfolgsbote-Projekt erfolgreicher wurden, sind dabei. Aber auch viele Menschen, die das Projekt noch nicht kennen. Alles ist bis ins kleinste Detail perfekt organisiert. Als Aron die Bühne betritt, sehe ich ihm an, dass er wieder in Topform ist. Seine Aura ist unbeschreiblich und er begeistert die gesamte Menschenmenge. Seine Außenwirkung ist phänomenal und seine Rhetorik genial. Er gibt den Zuhörern konkrete Tipps und zahlreiche Erfolgsgesetze mit auf den Weg.

Das Erfolgsbote-Projekt wird zwischendurch immer erwähnt. Mehrere Personen dürfen auf die Bühne und über ihre Erfolge berichten. Das macht den Teilnehmern natürlich Mut. Ich sitze ganz vorne und darf alles hautnah miterleben. Urplötzlich ruft Aron mich auf die Bühne.

„Ich habe hier noch einen ganz besonderen Menschen, den möchte ich euch heute gerne vorstellen. Als ich ihn kennengelernt habe, war er im Angestelltenverhältnis und unzufrieden mit seinem gesamten Leben. Wir haben uns zum ersten Mal über einen Erfolgsboten getroffen und beide nicht schlecht gestaunt. Wir kennen uns schon von Kindesbeinen an, seit vielen, vielen Jahren. Aber das Schicksal hat uns erst wieder zusammenführen müssen. Er ist ein alter Klassenkamerad von mir. Ich möchte bitte einen kräftigen Applaus für Leon!"

Ich höre meinen Namen und gehe wie hypnotisiert in Richtung Bühne. Ich bin überhaupt nicht darauf vorbereitet, er hat mir auch gar nichts gesagt. Was soll ich da tun? Ich habe Angst, vor tausenden von Menschen zu sprechen. Aber irgendwie nehme ich all meinen Mut zusammen und gehe hoch auf die Bühne. Ich bin so nervös und während ich die Treppe hochlaufe, schaue ich Aron fragend an. Was soll ich jetzt nur sagen? Aber dann legt er seinen Arm um meine Schulter, lächelt mich aufmunternd an und sagt zu mir: „Leon, erzähle bitte deine Erfolgs-Geschichte und mache den Menschen Mut!"

Und ich erzähle meine Geschichte ... über meine Niederlagen, über meine Ängste, über den Mut, den mir Aron die ganze Zeit gegeben hat, über das Erfolgsbote-Projekt und selbstverständlich spreche ich auch über Felix. Als ich erzähle, wie sehr Felix mir geholfen hat, übernimmt Aron wieder das Wort und erzählt weiter von seinem Freund. In dem Augenblick ist es im gesamten Stadion mucksmäuschenstill. Man könnte eine Stecknadel fallen hören. Mit Tränen in den Augen erzählt Aron von Felix, von diesem besonderen Menschen, der nun von uns gegangen ist. Er habe mit Leib und Seele das Erfolgsbote-Projekt mitgetragen, ja mitgelebt. Es ist eine so rührende und berührende Rede, dass auch ich mit den Tränen kämpfe. Ich blende alles aus und in diesem Moment merke ich gar nicht mehr, wo ich gerade stehe, wer ich gerade bin. Ich bin einfach nur von Emotionen ergriffen. Als ich in die Menge schaue, merke ich, dass es nicht nur mir so geht. Auf der Bühne und in den Zuschauerreihen greifen unzählige Menschen nach einem Taschentuch, um ihre Tränen zu trocknen. Trotzdem hängen sie an Arons Lippen. Nachdem Arons Geschichte über Felix zu Ende ist und wir uns gefangen haben, ertönt ein kräftiger Applaus und ich gehe zurück auf meinen Platz. Ich war so nervös, und jetzt bin ich so stolz auf mich, dass ich es geschafft habe, vor so vielen Menschen zu reden.

Aron erzählt vom Projekt bis auch der Letzte im Saal versteht, was es damit auf sich hat. „Wenn jeder von uns drei Menschen hilft, noch erfolgreicher zu werden und diese drei wiederum drei, dann sind es schon neun. Wenn wir das einmal weiter hochrechnen, dann profitieren innerhalb kürzester Zeit tausende, ja Millionen Menschen von dieser Botschaft." Er heizt die Menge an, alle sind motiviert und wollen die Mission von Aron weitertragen, sie leben lassen, um die Welt ein klein wenig besser zu machen. An diesem Tag wurden alle zu Erfolgsboten und auch ich habe meinen Anteil dazu beigetragen.

Mit einer spektakulären Choreographie und einer perfekten Inszenierung endet dieser außergewöhnliche Tag. Arons Tag. Am Ende der Veranstaltung gehe ich kurz zu ihm. „Aron, das war aber nicht besonders nett von dir, du hättest mich ruhig warnen können." Die Anspannung bei uns beiden ist weg und wir müssen laut lachen. „Aber Leon, wenn ich dich gewarnt hätte, dann wäre es nicht so spontan gewesen. Dann hätte es niemals so authentisch gewirkt. So wie es war, ist es genau richtig!"

In den nächsten Wochen passiert Gigantisches. Aron gestaltet und schaltet eine Webseite für das Erfolgsbote-Projekt frei. Auf dieser Seite kann man sich eintragen und über seine persönlichen Erfolge berichten und bekanntgeben, welchen Menschen man geholfen hat. Die Webseite boomt, immer mehr Menschen tragen sich ein. Mittlerweile sind es bereits mehr als 100.000 Menschen, die über unterschiedliche, kleine und große Erfolge berichten. Innerhalb kürzester Zeit verbreitet sich die Idee immer weiter. Aron hat zum Glück so groß gedacht, dass er die Webseite gleich in verschiedenen Sprachen vorbereitet hat. Es dauert nicht lange und die Idee breitet sich in ganz Europa aus. Nur ein Jahr später sind eine Million Menschen eingetragen. Alle schreiben über ihre Erfolge.

Aron erhält seitdem unzählige Anrufe. Alle wollen ihn als Redner zu diesem Thema buchen. Er hat weltweit Fans und hilft

natürlich auch weiterhin Menschen. Es ist einfach unglaublich, was er damit ins Rollen gebracht hat.
Innerhalb eines Jahres bereist Aron 13 verschiedene Länder. Überall trifft er Erfolgsboten und Personen, die das Projekt kennenlernen wollen. Selbst bei einem großen politischen Kongress wird per Simultanübersetzung über die Mission berichtet. Die Mission, Menschen zum Erfolg zu verhelfen. Aron spricht zu den Mächtigen dieser Welt:
„Wenn jeder nur drei Menschen hilft und diese drei Menschen wieder drei Menschen helfen, dann verändern wir die Welt."

Und ich? Ich habe mittlerweile 23 Mitarbeiter eingestellt und exportiere sowie importiere Waren aus aller Welt. Ich mache Millionen-Umsätze und habe ein versteuertes Einkommen von mehr als einer Million €. Ich bin tatsächlich Millionär!

Auch privat läuft alles so, wie ich es mir erträumt habe. Ich habe meine Traumfrau kennengelernt und wir erwarten eine kleine Tochter. Mittlerweile wohne ich in einem wunderschönen Haus und bin überaus glücklich. Ja, ich kann sagen, ich bin jetzt endlich erfolgreich und glücklich.

DANKE

Bedanken möchte ich mich zuallererst bei meiner Familie, ohne deren Liebe, Vertrauen und Beistand (und Verständnis für längere Schreib-Nächte) dieses Buch nicht hätte entstehen können.

Ein großes Dankeschön geht auch an mein gesamtes Team, das mich immer unterstützt und hinter mir steht, auch wenn es mal schwer ist!

Und mein ganz besonderer Dank gilt allen Erfolgsboten da draußen, die meine Mission mit mir gemeinsam in die Welt hinaustragen.

Unsere Webseite:
www.erfolgsbote.com

Unsere Facebook-Gruppe:
www.facebook.com/marcgalal-erfolgsbote

Stichwortverzeichnis

10-Tage-Challenge S. 293ff., 305
72-Stunden-Regel S. 199, 213, 224, 226

A
Ausdauer S. 209f., 213
Autosuggestion S. 117f., 216, 221, 277, 295f., 299

B
Bandler, Richard S. 7, 11, 138
Bewerbungsgespräch S. 318
Brainstorming S. 124

C
Churchill, Winston S. 113, 209
Coué, Émile S. 117f.

D
Disziplin S. 112, 227
Durchhalten S. 209ff., 213

E
Edison, Thomas Alva S. 199, 201
Emotionaler Stress S. 122
Entscheidungen treffen S. 192, 197ff., 213
Erfolgsbote S. 56, 60, 63, 93f., 127, 145f., 259, 311f., 322, 331ff.
Erwachsenenbildung S. 144
Evolutionspsychologie S. 93

F
Fokus S. 69ff., 117, 131, 183, 187, 198, 292, 309
Ford, Henry S. 197, 205

G
Gates, Bill S. 65, 209
Gedanken S. 53, 79, 116, 118f., 121ff.,131, 183f., 188ff., 279, 292f., 298, 309
Gedankenexperiment S. 16, 89, 121ff.
Generalisierung S. 181
Gesetze des Erfolges S. 46, 55, 277
Gewohnheit S. 184ff., 293ff., 307
Glaubenssätze S. 9, 12, 65ff., 74ff., 85f., 89ff., 117, 163f., 198, 297, 315f.
Goethe, Johann Wolfgang von S. 119, 165, 293
Grinder, John S. 138

H
Herausforderungen meistern S. 111ff., 257, 287, 301
Hesse, Hermann S. 181
Hypnose S. 77, 117ff.

I
Innen und Außen S. 315ff.
Innerer Schweinehund S. 226f.
Investition S. 153, 250

J
Jobs, Steve S. 65, 211f.

K
Kamera S. 68ff., 71ff., 84, 117, 181ff., 198
Komfortzone S. 41ff., 80ff., 152, 165, 178f., 301, 314
Kommunikation S. 211ff., 272
Konditionierung S. 65f., 86f., 96f., 315f.
Körperhaltung S. 188ff., 228

L
Lebensmission S. 142ff., 152, 157ff., 209f.
Lebensvision S. 142ff., 152, 157ff., 209f.
Leidenschaft S. 139ff., 195ff., 213, 216, 263, 276
Lösung S. 111, 156, 205, 309

M
Marlboro S. 209f.
Modelling of Excellence S. 201ff., 213, 224f.

N
Nachahmung S. 87ff.
Nancyer-Schule S. 118
Neun Schritte zum Erfolg S. 179ff., 213
NLP S. 76, 138

P
Pawlow, Ivan S. 66
Persönlichkeitsentwicklung S. 144, 151
Programm S. 65, 87ff., 117, 315

R
Referenzerlebnis S. 67, 78, 86, 192, 253
Reframing S. 138

S
Schwarzenegger, Arnold S. 8, 65, 112, 209
Selbstverwirklichung S. 76
Selbstwertgefühl S. 181ff., 213
Selbstwertmuskel S. 163ff., 227
Sokratische Methode S. 124
Stallone, Sylvester S. 112f., 209
Strategie S. 124, 151, 202f., 205ff., 213, 236
Systematische Desensibilisierung S. 49

T
Treibende Kraft S. 155ff.
Twain, Mark S. 149, 195, 211

U
Umfeld S. 15, 41ff., 74f., 87ff.
Unterbewusstsein S. 65f.

V
VAKOG S. 187
Verantwortung S. 29ff., 37ff., 46, 310
Verhalten S. 41, 66f., 78f., 115, 117, 184, 187, 190ff., 392f., 298
Vorbild S. 201ff., 213, 220, 224f., 236

Z
Zeitplan S. 258, 313

No Limits

Wie Sie in 48 Stunden mehr erreichen, als in den vergangenen 3 Jahren

Soll es das schon gewesen sein? Ist das etwa schon alles?
- Du arbeitest jeden Tag hart und hast dennoch nichts erreicht?
- Du hast den Mut verloren oder hast Angst zu versagen, weil du in der Vergangenheit bitter enttäuscht worden bist?
- Du trittst nur auf der Stelle, während alle anderen um dich herum erfolgreicher werden?

Besuche **No Limits**, das einzigartige Mega-Highlight und erlebe **die größte persönliche Weiterentwicklung deines Lebens.**

Erfahre beim 2-Tages-Seminar mit **Marc Galal:**
- wie du mit nur **5 Schritten deinen Traum lebst**. Das ermöglicht es dir, dein wahrhaftiges Potenzial zu entfalten.
- was Glaubenssätze sind und welche gravierenden Auswirkungen diese auf dein gesamtes Leben haben.
- wie du **weniger Angst vor Armut** hast und dadurch **mehr Reichtum erhältst.**

Grenzenlose Verkaufspower

Wie Sie mit 5 einfachen Schritten Ihr Einkommen verdoppeln

Hast du dir diese Fragen auch schon einmal gestellt:
- Bin ich da, wo ich sein will?
- Bin ich beruflich angekommen?
- Bin ich erfolgreich?
- Geht noch mehr? Was steckt noch in mir? Und was hindert mich daran, mein volles Potential auszuschöpfen?

Ich habe mich dasselbe gefragt, bevor ich mich vor über 18 Jahren selbstständig gemacht habe. Und ich wusste, in mir steckt noch viel mehr.

Besuche **Grenzenlose Verkaufspower** und werde **erfolgreicher Eliteverkäufer.**

Erfahre beim 2-Tages-Seminar mit **Marc Galal:**
- wie du deine **Verkaufsblockaden,** wie Angst vor Akquise, Abschlussängste, Angst vor Einwänden oder Angst auf Menschen zuzugehen, augenblicklich **löst.**
- welche Phasen ein **erfolgreiches Verkaufsgespräch** hat und welche Strategien zu **mehr Verkaufsabschlüssen** führen.
- wie du die Kraft der **Verkaufshypnose** nutzen kannst, die dafür sorgt, dass du absolut anziehend bist und deine **Kunden einfach führen** kannst.

e dir jetzt mehr Informationen unter:
w.marcgalal.com/events-eb

Von 0 auf 100

Wie Sie in nur 2 Tagen erfolgREICH werden

Hast du dich auch schon einmal gefragt,
- ob es Erfolgs-Gesetze gibt, mit deren Hilfe du wirklich erfolgREICH werden kannst?
- Was machen die wirklich erfolgreichen Menschen richtig, was machen die anderen falsch?

Besuche **Von 0 auf 100** und erlebe, wie einfach es ist, **schnell und dauerhaft wirklich erfolgREICH** zu sein!

Erlebe beim 2-Tages-Seminar mit **Marc Galal:**
- die **16 Gesetze des Erfolges**, mit denen du wirklich und nachhaltig **in allen Lebensbereichen erfolgREICH** sein wirst.
- wie du **mehr Anerkennung**, mehr Sicherheit, **mehr Selbstbewusstsein,** mehr Liebe in deinem Leben erhältst!
- das **Gesetz des Reichtums**, welches deinen Geldfluss exorbitant und nachhaltig steigert. **Du ziehst Geld an wie ein Magnet!**

e dir jetzt mehr Informationen unter:
w.marcgalal.com/erfolg-eb

Marc M. Galal

Willst du mit Marc Galal die Welt positiv mitverändern?

Sei mit Marc zusammen ein Sämann und säe Erfolg. Es gibt nichts Schöneres, als zu sehen, wie Menschen über sich hinauswachsen.

Die Webseite zum Buch:
www.erfolgsbote.com

So viele Menschen leben in einer eingeschränkten Realität. Durch den Erfolgsboten wollen wir Menschen ein Next Level von Realität aufzeigen.

Sei mit dabei und erzähle uns deine Geschichte auf:
www.facebook.com/marcgalal-erfolgsbote

Werde Teil der großen Erfolgsbote-Community!

Täglich wichtige Erfolgstipps von Marc Galal

- ✔ Willst du wissen, was Marc Galal privat macht?

- ✔ Willst du die ultimativen Erfolgstipps der erfolgreichsten Menschen der Welt?

- ✔ Willst du eine Nasenlänge Vorsprung haben und mit Leichtigkeit deine Träume erreichen?

Dann besuche Marc Galal in den Social Media Kanälen:

   facebook.com

   instagram.com

   youtube.com

Weitere Produkte von Marc Galal

Von 0 zur ersten Million
- das Hörbuch zum Buch, gelesen von Marc Galal
- 8 CDs, Gesamtspielzeit 10 Stunden

So überzeugen Sie jeden
- Neue Strategien durch „Verkaufshypnose"
- Der Verkaufsbuch-Bestseller von Marc Galal

So überzeugen Sie jeden
- das Hörbuch zum Buch
- 6 CDs, Gesamtspielzeit 7 Stunden

So geht verkaufen
- Mit 99 nls-Lektionen zum Eliteverkäufer
- Lese dich erfolgreich, in nur 3 Minuten täglich!

Hypnose-CD: Ziele setzen, Ziele erreichen
- Wie du in nur 3 Tagen deinen Selbstboykott beendest und deine Ziele schneller erreichst.

Hypnose-CD: Frei von Verkaufsblockaden!
- Wie du in nur 3 Tagen dein Verkaufstalent entfesselst und deine Umsatzzahlen sicher steigerst.